JN294771

軽いシティズンシップ

シティズンシップ

軽い

市民、外国人、リベラリズムのゆくえ

クリスチャン・ヨプケ
Christian Joppke

遠藤 乾／佐藤崇子……訳
井口保宏／宮井健志

岩波書店

CITIZENSHIP AND IMMIGRATION
by Christian Joppke
Copyright © 2010 by Christian Joppke
First published 2010 by Polity Press Ltd., Cambridge
This Japanese edition published 2013
by Iwanami Shoten, Publishers, Tokyo
by arrangement with Polity Press Ltd., Cambridge

目　次

目　次

凡例

一、訳文中の（　）、［　］は原著者によるものである。

二、〔　〕内の補足は訳者によるものである。

三、必要に応じて最低限の訳注を加え、各章末尾に記した。

四、人名、地名の呼称については、それぞれの国の原呼称にしたがうことを原則としたが、わが国に慣用の呼称がある場合はこれにしたがった。

五、原著に含まれる明らかな間違いや体裁上の不統一については、基本的に原著者に確認したが、訳者の判断で整理した場合もある。

六、引用文献中で邦訳があるものについては適宜参照したが、訳文は必ずしもそれと同一とは限らない。

七、巻末の参考文献一覧については、邦訳の書誌情報を追加した以外は原著のまま掲載した。

序

シティズンシップは、社会学において長らく鍵概念であり続けている。第二次世界大戦後のリベラルな社会学のなかで、「シティズンシップ」は、階級闘争の激化というマルクス主義的な筋書きに対する答えとなっていたのだが、それはやがて豊かになり福祉国家が成熟するにつれて信憑性を失いつつあった。T・H・マーシャル(Marshall［1950］1992)は、シティズンシップを社会的統合の装置と捉えるリベラルな見方を定式化し、それによって従来排除されてきた集団、とりわけ労働者に対して、平等な市民的・政治的・社会的権利が順次拡張されるとした。

シティズンシップによって国内での包摂を志向するというリベラルな筋書きをマーシャルが提示するやいなや、戦後に生起した大規模な移民によって、そのシナリオは台なしになった。シティズンシップは、その移民を契機に突如、従来と異なる非リベラルな観点によって、世界じゅうの国民国家社会を互いに厳格に分け隔てる囲い込みや締め出しの装置として描き出された。ロジャース・ブルーベイカー(Brubaker 1992)は、シティズンシップと国民性に関するいまや古典となった仏独比較研究のなかで、近代シティズンシップのもつ逆説的な二重性を最初に明示した論者である。その二重性とは、単一の平等な成員資格の地位を社会の全成員に与えるような「内部包摂性」と、国家間の流動性を阻止し、国家が相対的に閉じられた自己再生産的な単位として存在するのを可能にする「外部排他性」である。ブルーベイカーの画期的な研究によって、「シティズンシップと移民」について、まさに領域横断的なまったく新しい学問領域が立ち上がったのである。この新しい学問領域を再検討することが、本書のひとつの目的である。

しかし本書の主な狙いは、単に新たな学問領域を概観するだけでなく、戦後における移民流入の過程でシティズンシップ制度に生じた何点かの重要な変化を明らかにすることにある。こうした変化は、普遍的人権の基準の高まりや民族的・人種的差別の禁止といった特定の歴史的文脈の下で起きた。リベラルな人権と増大する移民とが重なったことから、シティズンシップは重大な影響を受け、過去よりも許容性が高く非差別的なものへと変わった。陳腐な言い方ではあるが、グローバル化の時代においては、以前に比べて国民国家の社会は厳密に境界を維持する絶対主権的な単位ではなくなり、シティズンシップは、従属変数かつ独立変数として、こうした変容に中心的な役割を果たしてきたのである。

ところで、シティズンシップ制度の変化は、北アメリカやオーストラリアよりも西ヨーロッパにおいてはるかに劇的であった。それはただ単に、ヨーロッパのシティズンシップ体制が、北アメリカやオーストラリアと比べて、大量の移民という現実とまるで嚙み合っていなかったためである。「シティズンシップと移民」について引証基準となってきたような研究が、おもにヨーロッパ諸国を対象としていたのは偶然のことではない。もっとも、それらのナショナルなシティズンシップに関する見解は、強靱だとするものから(Brubaker 1992)、衰退しているとするものまで(Soysal 1994; Jacobson 1996)、著しく対立していた。ただし、「強靱」派と「衰退」派の立場は一見相反するが、ともに同じことを看過している。つまり両者は、シティズンシップが、不変だとか衰退するとかいうよりもむしろ進化し続けるものであり、権利が目減りしながらもアイデンティティがますます普遍的になるような、リベラルな包摂的シティズンシップ・モデルへと収斂する点を見逃しているのである。本書は、ヨーロッパ、北アメリカ、オーストラリアにおけるシティズンシップの展開を一貫して比較することにより、こうした収斂を示そうとするものである。

シティズンシップは、多次元にわたる複合的な制度である。本書は、シティズンシップを地位、権利、アイデンティティの次元に分けて考える。まず地位としては、シティズンシップは公的な国家成員資格を指し、国民になろうとすれば国籍法による規制の下におかれる。次にシティズンシップとは、その地位に通常付随する一定の権利を意味する。ちなみに、戦後のリベラルな社会学に多大な影響力を及ぼしたマーシャル流シティズンシップが三部構成をとったのは、この次元においてであった。最後にシティズンシップは、市民集団に備わるある種の集合的アイデンティティを意味し、それをつうじてシティズンシップは、国民やナショナリズムにかかる意味論、および何が社会を統合させるのかという古典的な問いと緊密に結びつけられるのである。

「シティズンシップ研究」という領域において、相異なる論考が、シティズンシップのそれぞれの次元に関して進展してきたが、それらは他の次元での展開に留意してこなかった。その結果、諸次元にまたがるダイナミクスや影響力に払われる注意は希薄であった。さらに、これらの文献の多くには、シティズンシップを国家から切り離そうとする傾向がみられる。すなわち、いまや成員資格や忠誠が、都市や民族《エスニック》集団などの国家より小規模あるいは国家横断的な集合体や組織形態へ向かうとしたり、はたまたグローバル・シティズンシップの語りのように、国家より大規模で超国家的な体制に備わると論じるのである。本書は、悪魔祓いさながら国家を締め出す近年の「シティズンシップ研究」とは対照的な立場を採る。著者の狙いは、シティズンシップが国家内成員資格を意味する地位であるという本質に立ち戻り、そこからシティズンシップの権利およびアイデンティティという他次元を浮かび上がらせることにある。その際とりわけ、シティズンシップの三つの次元すべてが人権時代に生起した国際移民という文脈の下でどのように変化したのかを見極めたい。

本書が対象とするのは、狭い地域というわけではないものの、やはりありふれた国々であることには違いはない。そのため、ここでの議論は西側の安全地帯からみた見解として受け止められるかもしれない。もちろん、非西洋の発展途上国における「逆様の世界」のシティズンシップ理解を深める喫緊の必要があることに疑いはなく、著者も意識するところである。そこでは「国家成員資格が曖昧であり、地位と利益の因果関係が時として逆となり、非合法移民から完全な市民的地位へと楽に移動できる」(Sadiq 2009: 27)のである。視線を西洋から他地域に移せば、差異ある世界を示すだけではなく、驚くべき共通性があらわになるかもしれない。たとえば、シティズンシップが「共通の国家的アイデンティティをもたらさない」ことや「国家への義務感」が希薄化するといったようなことである(ibid: 197)。しかし、こうした探求には、別の書物や他の著者が必要となるだろう。

二〇〇九年三月、パリにて

クリスチャン・ヨプケ

第1章　シティズンシップの概念

シティズンシップは悪名高いほど多用される概念で、そこには数多くの意味と用例を見出すことができる。たとえば近年出版された『シティズンシップ研究の手引き』は、性的、文化的、生態的シティズンシップといった項目を立てているが（Isin and Turner 2002）、それらは今日出回っている多岐にわたるシティズンシップのごくわずかな例に過ぎない。しかしながら、ロジャース・スミスが指摘するように、シティズンシップの定義のほとんどは、それを「根深く政治的なもの」と捉えている（Smith 2001: 1857）。さらにスミスが説明を加えるところによれば、シティズンシップの「最古の、もっとも根源的かつ支配的な意味とは、政治的な共同体における何らかの成員資格である」（ibid.）。もし政治的なるものに関わらないとするシティズンシップの定義がほとんどないのならば[1]、そこでいう「政治的」とは一体どういう意味なのかという問いが浮かび上がるだろう。

それには少なくとも二つの答えがあり、ひとつは規範から、もうひとつは事実から導かれる[2]。規範的な答えは、「人間の手による社会秩序の生成」という考えが生み出された古代ギリシャのポリスにまで遡る（Popitz 1992: 12）。ここでいう政治的なるものとは、秩序の操作、つまり秩序を生み出す可能性に関わっており、ただいたずらにそれが生じるままに委ねないということである。ここには暗に「より善き」なにかを目指す観念が含まれている。そうでなければ変化には意義がないということになってしまうからである。ポーピッツの言葉で言い換えれば、「政治的なるものという理念には、善き秩序をつくりだす可能性への信念が付随している」のである（ibid. 強調は筆者による）。ここから始まったのが最善の政体の追求であり、それを評価するための原則、すなわち正義、法の支配、法の下での平等（*isonomia*）の明確化であった。これがプラトンからモンテスキューまでの政治思想の中身だったのである。しかしながら、近代の経験によって明らかとなったように、より善きものへの追求に突き動かされた規範的な政治は、結果的に一つの領域に留まりえなかった。近代の大衆民主政の時代には、国家と社会が分離せずに絡み合うので、規範的な政治がいたるところで現れるようになる慢性的な傾向があり、それゆえに「政治的な共同体における成員資格」としてのシティズンシップという命題で私たちが話を済ませようとしても、そこからずれていってしまう。政治的なるものを規範的に定義すると、複数形の「シティズンシップ」という理念に導かれ、またそのようにして今日いくつも見出せるハイフン付きシティズンシップ[*1]にたどりつくのである。

　逆に言うと、政治的なるものを事実的に定義することによってはじめて、単数形の「シティズンシップ」を考えることができるのであり、今日それは国家の成員資格を指す。政治的なるものがもつ非規範的な伝統への鍵は、秩序を暴力を封じ込めるものとしてみなす考え方にある。問題が多いとはいえ、この伝統のもっとも明快で洞察に富む文献は、カール・シュミットが二〇世紀のもっとも暗い時代の前夜に著した『政治的なるものの概念』（Schmitt 1963 [1932]）である。シュミットは、ごく一般的な次元では、政治的なるものを社会にある多くの領域のひとつとして捉えていた。その他の領域は数多いのだが若干挙げると、宗教、文化、経済、法、科学といった領域である。各領域は、特有の観点から世界を秩序立てる。例えば、科学においては「真理」対「虚偽」、宗教や倫理においては「善」対「悪」、経済においては「効率」対「非効率」という具合である。ここからが論争を呼ぶシュミットの命題なのだが、政治特有の区別は「友」対「敵」にあるという。彼が根底から提起しようとしたのは、政治を道徳から切断することにあった。この点は、シュミットがヒトラーおよびナチスに抱いた疑わしき共感ともあいまって、しばしば誤解されてきた。しかしながらそこには、近代の政治思想においてトマス・ホッブズが卓越した形で提起した、人間の存在と社会性がもつ脆弱で不安定な性質への深遠な洞察が宿っているのである。つまり、人間がお互いに対して示しあう物理的危険があり、それゆえに暴力が蔓延する可能性から自分たちを保護してくれる「人工的な組織体」(Hobbes 1998［1651］)、すなわち国家の創造に駆られるのだという洞察である[3]。この点で、政治的なるものは、多くの領域や人的結合体の形態のただ単なるひとつではなく、暴力や物理的絶滅という「緊急事態」に関わるがゆえに「至上」となる(Schmitt 1963: 39)。すなわち政治的なるものとは、人的結合体の終着点であり、その他すべてを相殺し包含するものなのである。事実、ハインリッヒ・ポーピッツがホッブズ＝シュミット流の伝統に沿って論じるところによると、政治的なるものとは「秩序の理念」自体に等しく、「暴力の恐怖」や「安全という対抗動機」のなかから生まれ出たものなのである(Popitz 1992: 61)。

と同時に、政治的なるものは、自らの領域を構成するという以上に、人間の結合ないし分裂の「強度」を意味する。より正確に言えば、政治的なるものとは結合体のなかで「もっとも強烈で極端な」ものである(Schmitt 1963: 30)。それは他のすべてを凌駕し、しかも「経済領域であれ、どの社会領域から出発してもたどりつく」ことができる地点である(ibid.: 72)。この意味で、政治的なるものは社会のいたるところから到達しうるので、その他の領域にもまたがっているといえよう。しかし、内戦のない近代社会では、政治的なるものは国家と同一化してゆく。というのも、これが「人間の物理的生に対する権力」を有する唯一の結合体だからである(ibid.: 48)。これは、国内的には、マックス・ヴェーバーがいう「正統な物理的暴力行使の独占」(Weber 1977 [1919]: 8)を要件とし、それによって国内社会は「平和、安全、秩序」が約束される区域となる(それこそが、シュミットが示す「ポリツァイ」[*2]の定義である。Schmitt 1963: 10)。また対外的には、「戦争法(*jus belli*)」、つまり国家の宣戦権を伴う。こうしてつねに政治的なるものが指し示すのは暴力と暴力からの保護である。これは決してシュミット的な悪ふざけなのではなく、マキャヴェリからヴェーバーまでの政治的なるものに関する世俗的で非感傷的な考察の行きつく先なのである。ヴェーバーが著書『職業としての政治』で端的に述べたように、「政治にとって決定的手段は常に暴力」なのだ(Weber 1977: 58)。

ここでロジャース・スミスに立ち戻り、シティズンシップが「ある政治的共同体の成員資格」だと想定すれば(Smith 2001: 1857)、それは初歩的な安全と保護を提供することですべてを凌駕するような人的結合体への成員資格を意味することになるだろう。近代社会ではこの「至上の」結合体とは国家なので、シティズンシップとは一国家内の成員資格を意味する。いや、それのみを意味すべきであろう[(4)]。こうしてシュミットの道具立てを使うと、国家成員資格としてのシティズンシップという狭い理解にたどりつく。なるほど、政治的なるものに関するシュミットの実存主義的で非規範的な理解に人は欠陥を見てとるかもしれない。なんとなればそれは血にまみれており、自由民主主義国家における日常的な「政治」

の余地を残さないからである。しかしながら、国家単位のシティズンシップが、単なる修辞や隠喩ではなく、形式を備え制度となった唯一の「シティズンシップ」であることは認めなければならない。これは、パスポートや国籍法、そして反面、市民だけが関わらずにいられる入国管理法といった形で存在する、厳然たる事実なのである。さらにシュミット流の視角に立つと、移民がシティズンシップに突きつけた難題の深刻さを感じ取ることができよう。なぜなら移民は「他者、よそ者」であり、それからの保護こそが政治的結合体の全目的だからである（Schmitt 1963: 27）。逆に言えば、こうした問題を孕む越境を、今日のシティズンシップおよび国籍法のなかで容易にし、日常化し、また法的基盤の上に位置づけるという作業がいかに巨大な文明的成果かということを、みな評価し始めるだろう。

政治的なるもの（についての特定の見解）に言及することで、シティズンシップを国家成員資格と狭く捉えることが可能になるとしても、私たちはなおも集団ではなく個人を重視するきわめてリベラルな制度としての「シティズンシップ」を相手にしている。シュミットの有名な見立てでは、リベラリズムは個人主義を称える分（個人主義の様々な意味については、Lukes 1973 を参照）、軽蔑すべき「政治的なるものの否定」とされる。対照的に「政治的統一体」は個人を従わせ、「命を犠牲にする」よう求める（Schmitt 1963: 69f.）。シュミットがいみじくも見通したように、リベラリズムとは「国家権力に対する国内闘争」（ibid.）であり、個人の自由や私有財産のために国家権力を制約する。そうしてリベラリズムは、主権国家が社会のなかに平和をもたらしたことで封印していた国内政治というブラックボックスを開けてしまう。そしてここにこそ、もっぱら政治的領域にシティズンシップを縛りつけることでそれまで締め出してきたハイフン付きシティズンシップが登場する入口があるのだ。これにさえもシュミットは気づいていた。このことは、政治的なるものと国家とが重複していた古典的な国家が、近代の大衆民主主義時代において「国家と社会の境界線が曖昧な」ものに取って代わったとする彼の診断から見て取れる（ibid.: 25）。しかしながら、一九世紀の「脱政治化」を帳消しする「全体国家」として誤解を招くような形で彼が叙述した現象は、実は全体社会の到来なのであった。そこでは、政治的結合体の地位は経済的、宗教的、文化的結合体などの他のどれとも同次元とされる。G・D・H・コールやハロルド・ラスキが唱導した多元国家論は、同時に複数存在し、政治がその中の一つでしかないような多元的な集団や結合体に個人を埋没させるとしてシュミットが嘲笑する対象であったものの、ある意味で現実となってきていた。こうしてこの理論は、「政治的な「社会」や「結合体」は存在せず、存在するのはただ政治的統一体、つまり政治的共同体のみなのだ」（ibid.: 45）というシュミット流「真理」を否定する。大いに誇張されているとはいえ、グローバル化時代においてこの事実は、国民国家の死滅や終焉ということばで表現されている。

再政治化した社会におけるハイフン付きシティズンシップがシティズンシップ研究のテーマになる約三〇年も前に、ラルフ・ダーレンドルフはそれを「分野別シティズンシップ」ということばで予期しており、近代社会を「統治不能」にするとして心からそれを嫌悪していた（Dahrendorf 1974: 697）。彼はシティズンシップを「対等な条件で参加するための一般的権利」と定義し、そのようなシティズンシップには、その原初的な拠点である国民国家の政治的領域から社会の別の分野へ移る本来的傾向が備わっていると論じた。「いったんシティズンシップの種子が社会に蒔かれると、雑草とまでは言わぬが蔦のごとく成長し、それは社会生活の可能な限り広範囲な部分における最大限の共同体成員を覆い包むまで続くだろう」と(ibid.: 680)。社会構造が公共圏に侵入するようになると、「経済的市民、制服を着た市民、市民による教会」が台頭する(ibid.: 695)。さらに今日の文脈でいえば、現代のアイデンティティ政治におけるハイフン付きシティズンシップがそこに加えられるべきである。シティズンシップは「権力の存在に対する疑惑の一般化」(Popitz 1992: 60)の培養基になったということができよう。ハインリッヒ・ポーピッツは、これを近代民主社会の風土病と考えたのだが、そのなかで権力はもはや国家の手に集中せず、「社会化される」ようになったのである。

もちろん、このような分野別ないしハイフン付きとなった複数形のシティズンシップは、シュミット的観点からは理解しえない。それらは規範的で、国家間というより国家内の政治理解に根を張っており、強制的な権力が頭をもたげる際にはいつでも、近代的シティズンシップのなかに制度化もされている平等や自由の原則に訴えて抵抗する。ここでのシティズンシップは「法の支配」と同義であり、主権者の「例外状態」(5)に関する非規範的な決定としての政治的なるものに真っ向から対置されるものである。シティズンシップの理念とは「イソノミア」(Hayek 1960: 164)、すなわち万人に対して平等な法である。そこにおいて一部の人が他の人にふるう非対称的な力は、まさに法に宿る対称的で自由を増進する力によって撤廃されるのである。シティズンシップは、一方で観念上は政治的なるものの領域と結びつけられており、核心においては「みかじめ料を取り立てる」(6)国家の成員資格なのだが、他方でそれはまた個人主義のウイルスを殖えつけ、その個人主義がやがてこの制限を解消し、政治的結合体の重要性をその他のありふれた結合体と同程度にまで引き下げるのである(あるいはむしろ、きわめて非シュミット的な意味で、社会内で従来非政治的だった領域を政治化するのである)。

確かなのは、ここで概念分析の結果のようにみえることは、実はある歴史過程がもたらしたということなのだ。つまり、第二次世界大戦後の西洋世界はホッブズ的な戦争地帯からロック的な交易地帯へと変容し、それによって集団レベルの「友敵」関係というシュミット流の政治理解はますます説得力を失っていったのである。

こうした歴史過程こそが、シティズンシップと移民に関して本書が展開する話の背景にある。その核心には、かつてナショナリズムや人種主義によって特徴づけられていたシティズンシップの排外的な刃が溶解しつつあり、またそれと逆向きの包摂的な推進力が強くなってゆくという物語がある。それを、リンダ・ボスニャック(Bosniak 2006: 2-4)は「外国人のシティズンシップ」という矛盾した用語で捉えているのだが、しかしまずは、近代シティズンシップがもつ、消えるとは決して考えにくい根本的な両義性にも触れねばならない。ロジャース・ブルーベイカー(Brubaker 1992: ch. 1)は、その両義性を、シティズンシップが「外部排他的」かつ「内部包摂的」であるとして特徴づけた。私たちがこの区別に辿り着いたのは以下をつうじてである。まず、シティズンシップを政治的領域のなかに位置づけ、その「外部排他的」な性質を示した。しかしそののち、シティズンシップの個人主義的で平等主義的な理念がもつ逆向きの原動力を跡づけることで、境界線を引く排他的な性質をひっくり返す働きをもつ「内部包摂的」な性質をあぶり出したわけである。

一 歴史とともに変化するシティズンシップ

近代的シティズンシップの際立った特徴や力学をよりよく見極めるためには、シティズンシップが歴史的にいかなるものであったかを手短に振り返っておくのが有益かもしれない（その簡潔な概観についてはGosewinkel 2001を見よ）。シティズンシップの誕生地は通常古代アテネと考えられており、アリストテレスによる有名な定義を引用すれば、そこでは市民は「支配し支配されるもの」だった。以来ずっと、シティズンシップと民主政には本源的な関係が続いてきた。だが周知のように、古典的なシティズンシップは非常に排他的で、公的な不平等に基づいていた。というのも、「家庭《オイコス》」の長である男性のみが「都市国家《ポリス》」の平等な成員となりえたのであり、したがって女性や奴隷はその範囲外だったからである。ポリスにおいて、市民は経済的な生の雑事にかかずらうことなく、非実利的な公共の目標を追求するものとされた。それによって動物的な生の上に人間的な生を引き上げうるのである。ハンナ・アーレントは、これを「行為」と「言論」として賛美し、集合体でのみ実現可能な「善き生」を追求した（Arendt 1981［1958］）。だが現実的には、ポリスでの生はほぼ戦争ばかりであった。(7) 一八世紀以降に社会と呼ばれるようになったもの、すなわち「個人的な関心事が公的意義を帯びるこの奇妙な中間空間」（ibid.：36）は、アテネ式シティズンシップの営みから締め出されていた。その営みは徹底的に政治的で、何にもまして優先すべき共同体の問題のために捧げられ、個人的にすぎないことからは一切影響を受けないものであった。

しかしながら、アテネ人はまた、政治的なるものや民主政に焦点を合わせると安易に忘れてしまいがちな、シティズンシップのより根本的で永続的な側面を創り出していた。すなわち市民とは、家族や部族などの原始的な絆を超越した他人同士だということである。シティズンシップとは市民《シビック》がつくるものなのである。ウルリッヒ・プロイスの示唆に富む表現によれば、シティズンシップによって「外国人が仲間となりうる一種の共同体」が存在しうる(Preuss 1995: 275)。あるいは、J・G・A・ポーコックによる同じ状況の解釈に従えば、「市民の共同体とは、演説が流血に取って代わり、決定行為が報復行為に取って代わるところなのである」(Pocock 1995: 30)。はなからシティズンシップとは文明的な装置であり、境界に反して作用するのである。その境界もまた、シティズンシップが自ら設定するものでもあるのだが。

古典的なアテネ式シティズンシップが、政治参加と公共的徳の重要性を強調するものだったとすると、帝政ローマは「一定の事柄に対する権利をともなう法的地位」という、より世俗的なシティズンシップ解釈を切り開いた(ibid.: 36)。これは現代のリベラルなシティズンシップ理解に非常に近い(Walzer 1970: 205)。というのもそれは、個人とその権利に重点をおき、後者は何人の介入も許さない内なる聖域としての私的領域を構成するからである。その底流にある個人像は、集団を形成し他の個人と自由に直に交流する生物としての「政治的動物《ツォーン・ポリティコン》」ではない。むしろそれは、「物の所有者」としての個人である(Pocock 1995: 35)。他の個人との関係は、所有が含意する本質的な競争性やゼロサム的関係ゆえに、法により規制される必要があった。ローマ式シティズンシップは、寛大に被征服民に対しても忠誠と引き替えに与えられるのであるが、その際、法的な国家成員資格という近代的シティズンシップ解釈の伏線をも初めて敷いたのであった。

中世になると、古典的な、政体あるいは国家中心的シティズンシップの伝統は崩壊した。アウグスティヌス的なキリスト教が、重要な成員資格の在り処を腐敗した「人間の国」から精神的な「神の国」へと移転してしまったのである。蔑まれた人間の国では、封建制のもと、シティズンシップの普遍性や平等と間逆である個別的な主従関係のシステムが築かれるようになっていた(これに関する簡明な説明はPoggi 1978: ch. 2を見よ)。

しかしながら、シティズンシップはその語源に近い姿で、西洋都市の自由な都市居住民の地位として生き残り、いまやもっぱらそれと同義となった。マックス・ヴェーバーの有名な議論によれば、西洋都市は、政治的自治、独立した裁判権、原初的なつながりとは異なる団体を重視し、さらに騎士や地方貴族の非生産的な生活よりも経済活動や貿易を肯定的に評価することで封建制を解体し、近代資本主義と国家の到来を準備したウイルスなのであった——すなわち「都市の空気は自由にする」わけである(Weber 1976 [1921]: 742)。

近代シティズンシップは、それでもまだ都市国家から領域国家へと射程を拡げることが求められていた。封建制下の多元的で非領域的な主従関係に取って代わった一元的な国家成員資格は、絶対主義国家によって初めて築かれた。対内的にいうと、絶対主義国家は旧来の身分がもっていた自治や特権をならし、代わりに一元的な法の支配を立ち上げた。また対外的には、出生に基づき、そのことで単なる居住より厳格となるような正式な国家成員資格を確立し、貧しい移住者の問題を緩和しようとした(ブルーベイカーのプロイセンに関する議論を見よ。Brubaker 1992: ch. 3)。そのような一元的国家成員資格は、フランス革命のなかで民主的かつ全国的に再評価されるようになった。それによって、同じ臣民であることが平等な市民であることに変形し、かくして私たちが今日知るところの近代的シティズンシップが生み出されることとなったのである。

二　社会・政治理論におけるシティズンシップ

シティズンシップがもつ豊かで多様な歴史や近代国家の人的構造を理解する際に果たす中心的役割に鑑みれば、それが古典的な社会理論のなかで周辺的にしか触れられてこなかったことには驚きを禁じえない。ヴェーバーの主たる関心は、近代国家の官僚制や政治的リーダーシップにあり、そこにある市民の側面についてはお茶を濁していた。デュルケームは、シティズンシップが近代社会の一体性にとってどれだけ重要であったとしても、それを教育学や道徳教育の問題へと降格してしまった。マルクス（Marx 1978 [1843]）にしてようやく、嫌味な非難としてであったにせよ、シティズンシップについて記憶に残る記述がみられたのであった。彼によれば、資本主義的な民主国における個人とは「天上と地上の二重の生」を送る存在である。すなわち、国家では天上で優雅に暮らす「市民」として、そして市民社会では地上の利己的な「ブルジョア」として。マルクスの考えでは、シティズンシップの形式的平等とは、資本主義階級社会の実質的な不平等を覆い隠すのに役立つだけであった。だが、シティズンシップは階級支配に黙従させる道具以上には決してなるまいというマルクスの見込みに大幅に反し、彼の分析は以後、「完全な市民」が様々な制度のなかを行進する際の主要な武器となった（Dahrendorf 1974）。それは、どこであろうと強制権力が醜い頭をもたげればそれを嗅ぎつけ、今日の多岐にわたるハイフン付きシティズンシップの到来を告げていたのである。

1　社会的シティズンシップ

これまで最も影響力のあるシティズンシップ研究は、T・H・マーシャルによる『シティズンシップと社会的階級』(Marshall 1992 [1950])であり、それは(名指しはないものの)マルクスに直接向けられた応答であった。もともと一九四九年のケンブリッジ大学講義録をもとにしたこの書では、シティズンシップは労働者を資本主義と和解させる平和の方程式と同然のものであった。資本主義が引き起こした社会問題が二〇世紀の中心的争点だったとすれば、シティズンシップとはその解決法だった。さらにマーシャルがシティズンシップを社会学語彙集の項目に初めて載せた草分けであったとすると、それは国家によって個人に与えられる権利や便益として位置づけるローマ的伝統のもとにある、もっぱら「内部包摂的」(Brubaker 1992: ch. 1)という意味でのシティズンシップであった。そこに移民の出番はなかった。

振り返ると、戦後イギリスの社会政策にまつわる周辺的で今では忘れ去られた悪戯のような事柄について長々と脱線したりするマーシャルの味気なく冗長な論考が、一体どのようにして聖典のような地位を得たのかと不思議に思うことだろう。一八世紀の市民的権利、一九世紀の政治的権利、二〇世紀の社会的権利といったかたちで次々に進化する有名な三連のシティズンシップの権利は、ちょっとした手品にすぎず、論考のなかで語られる田舎くさいイングランドの物語を超えて妥当する「理論」づくりを装ってさえいない。社会学は「この場にて私個人のなかで行われている実験」(Marshall 1992: 30)だと認めつつも(ちなみに、一九五〇年代のケンブリッジやオクスフォードにおいて社会学はまだまともに取り扱われていなかった)、マーシャルは英国の社会科学全体をつねに特徴づけていた経験主義論やその言い回しを再び持ちだした。彼の社会学は、窓を叩き割って、というより(イギリス人らしく?・)礼儀正しく保守的に論壇にしずしずと登場したのだった。

シティズンシップによって世界が変化したという全体的な構図は、マーシャルが遠慮がちに理論提起し経験主義的に詳細にこだわったからこそ、今なお説得的である。シティズンシップの導きの星は平等である。マーシャルは、シティズンシップを「共同体の完全な成員資格という概念と結びついた基本的な人間の平等」として定義した(Marshall 1992: 6)。そのようなシティズンシップをめぐる政治は、シュミット的観点からするときわめて非政治的である。というのも、その主眼は排除というより包摂で、法や権利が妥当するために必要な境界については、それをつくり出すというよりもむしろ前提としているからである。しかもマーシャルが焦点を合わせたのは、集合体としての市民集団ではなく、その単位としての個人である。集団次元に関して曖昧に触れているのは、シティズンシップが「共通財産である文明への忠誠に基づき、共同体の一員であると直接に感じる感覚……を要求する」(ibid.: 24)という部分だけであり、翻ってシティズンシップの進化は「近代における国民意識」(ibid.: 25)の高まりと軌を一にするということくらいである。ただし、こうした見解の要にあるのは、絆を結ぶのが「血縁関係」や「共通の祖先」でなく、「共通の法により権利を与えられ保護される自由な人間」だということである(ibid.: 24)。換言すれば、シティズンシップとは市民《シビック》がつくるものであり、原初からあるものではないのだ。なんとなればこれは憲法愛国主義[*3]であり、その中で「[シティズンシップという]権利獲得のための闘い」(ibid.: 25)自体がナショナルな語りをなすのである。そこには、ナショナルな共同体という揺るぎない感覚がシティズンシップにおける権利の前提となりうるという類の示唆は一切ない。このことは、今日になって民族的《エスニック》多様性と福祉の間に実は「進歩主義者のジレンマ」があり、その両立はありえないと主張する論者に付け入る隙を与えることとなった（Goodhart 2004. 本書第3章も参照）。

マーシャルは、シティズンシップがもしかすると民族的《エスニック》同質性のように、それ自体では自己規定不能ななんらかの外部を必要とするのではないかなどと気にかけることはなかった。それよりも彼はシティズンシップをまるで「統一文明」をつくりあげるかのような、おのずと人を統一し同質化する力として描いた（Marshall 1992: 47）。一九世紀に資本家と労働者の階級が「二つの国民」（ディズレイリ）として対峙していたとしても、まさしく二〇世紀の社会的シティズンシップの発展がかれらをひとつに融合した。その結果、「いまやあたかも一つの階級であるかのように扱われる……国民の内部における階級の……平等化に留まらず、個人間の平等化」に至ったとされる（ibid.: 33）。

マーシャルの問いは、シティズンシップがいかに階級間の不平等に働きかけるのかということだった。彼の答えは、マルクスのそれに関する正反対の見解と異なるものの、部分的には肯定しさえする。一八世紀イングランドといった初期の局面では、自由に団体をつくり、契約をし、財産を所有するといった市民的権利の創出が鍵であったのだが、そのときシティズンシップは資本主義と対立するものではなかった。それどころか資本主義は契約や所有権に基づくゆえ、シティズンシップの市民的権利を前提にするのである（Marshall 1992: 20）。この点でマルクスは正当に位置づけられている。マルクスもマーシャルも、当初はシティズンシップと資本主義とが相互依存的であり、また両者が相まって封建主義から根本的な乖離をとげるという考えで一致している。封建主義のもとでは、個人は異なる権利や特権をもつ集団（ないし身分）の成員とみなされていた。すなわち、人は貴族、聖職者、あるいは庶民なのかによって異なる法的世界で暮らしていたのである。ここでは不平等は公的に社会構造に刻み込まれていた。シティズンシップの上で社会構造に平等が正式に刻印されたのは、アメリカやフランスの民主革命以降のことである。不平等は非公式となり、階級的不平等の形をとる。すなわち「階級的な差異は、社会の（中世における意味での）法や慣習によって設定されたり定義されたりするのではなく、財産・教育制度や国民経済構造に関わる様々な要因の相互作用から生じる」（ibid.：19）ようになった。換言すれば、社会階級とは、シティズンシップによって確立した形式的平等の土台の上にある、財産と教育の非公式な不平等なのである。

マーシャルは、市民的権利の段階を超えたシティズンシップのさらなる進化に関して、唯一マルクスと意見を異にする。シティズンシップの政治的権利は、市民的権利とは異なり、すでに「資本主義体制に対する潜在的危険に満ちて」おり「暴力的で血ぬられた革命なしに……絶大な変化」を引き起こす（Marshall 1992: 25）。もっとも、シティズンシップと資本主義階級システムの全面「戦争」は、二〇世紀における社会的権利の高まりとともに初めて現れるとされた。不幸なことに、その「戦争」という比喩は概念の次元を超えてあまり掘り下げられなかった。概念の次元では、シティズンシップの原則は「地位」の原則であり、それによって市民に一定の権利や便益が自動的に発生し、その結果、特に社会的権利は「標準的な文明生活を送る絶対的権利を含む」ようになるという（ibid.：26）。これは地位から契約へという近代的傾向を逆転させることとなろう。すなわち、「近代的な形をなした社会的権利は地位による契約の侵害を当然伴う」のである（ibid.：40）。しかしながらマーシャルは、シティズンシップの社会的権利がいかにして既存の資本主義的な階級間不平等を解消しうるのかを実証的に跡づけていない。むしろ彼は、シティズンシップが特に教育に関連して「社会的階層化の装置」そのものとなると示すにとどめている。マーシャルによれば、「最終的には、不平等な能力に応じて公平に割り当てられた不平等な地位の構造に行きつく」という（ibid.: 38）。これはナイーブなまでに楽観的であり、能力本位主義《メリトクラシー》論の台頭に関する後年の理論を予示していた。こうしてマーシャルは、ピエール・ブルデューの研究（特に Bourdieu and Passeron 1970）において大いなる洞察力をもって探求されたことを見落としていた。すなわち、既存の階級的不平等が新たな形をとるシティズンシップの階層化と入れ替わるのではなく、公教育という新たな場でただ単に「再生産」されるにすぎないという可能性である。しかしながら、結果から判断するならば、両者の違いはさして重要でないかもしれない。というのも、どちらの場合も、持続する不平等に「正統性の保証印」を押すのがシティズンシップの機能だからである（Marshall 1992: 39）。この点で、シティズンシップは資本主義に戦争ではなく平和をもたらした。シティズンシップの進展は、「社会主義と区別がつかない」（ibid.: 47）とマーシャルが誤って確信を抱いていたようなものではなかったのだ。

資本主義が社会主義に勝利した後にマーシャルを再読すると、福祉国家を通り越した今日の世界がどれほどマーシャルの想定した社会と異なるのか気づかされることだろう。一九九〇年代半ば以降、アメリカや西ヨーロッパにおいてワークフェア[*4]が導入されたことで、「地位から契約へ」と再び反対方向に舵が切られた（Handler 2004: 2）。そしてシティズンシップにおける権利の裏面――すなわち義務――について、マーシャルは「どの文明においてもダンケルクの精神[*5]が永続的な特徴となる」（Marshall 1992: 46）のと同じくらい見込みのないものだと考えていたのだが、義務は彼にとって完全に予想外な形で前景に躍り出た[(8)]。今日ヨーロッパにおいて社会政策の枠組みとなっている「包摂」という言説は、市民の権利としての平等ではなく、賃金労働市場への再統合を説くもので、グローバルな資本主義において拡がりゆく不平等を明らかに無視している(Levitas 2005)。マーシャルは、シティズンシップの最終目的とは、「階級の弱体化」を超え、資本主義的な階級社会の「構築物全体をつくり変えること」だと考えた。それは極端な不平等の「摩天楼」から極端な貧富をならした「平屋」へと移行することであり、より大きな平等を追求するにあたっての「内在的な限界」は、シティズンシップそれ自体から派生する新たな不平等だけであると考えていた。これはイエスタ・エスピン＝アンデルセンが多少希望を込めて表現した「脱商品化」の世界を彷彿させる。それは、「市民が気兼ねなく、自分が必要と考えるときにはいつでも、職、所得、一般的福祉を失う恐れなしに仕事から離れることができる」世界である(Esping-Andersen 1990: 3)。これは、マーシャルが想定していたように、「大金を稼ぐことに興味が失せてゆく」世界であった(Marshall 1992: 48)。その理由は単純で、福祉国家が与える「実質所得」が市場による「現金収入」をますますわずかで無意味なものに変え、そのうえ「社会は、稼いだ額に関係なく、いかなる地位にあっても品格のある安定した生活に必要不可欠なもの全てを保障すべきであり、また保障するだろうという信念」があるからである。しかし、福祉国家の制度や政策のほとんどはまだ存在するものの、このような「全員を……紳士」(アルフレッド・マーシャルの言葉、ibid.: 5より引用)にする試みをかつて燃え立たせていた精神は消えてしまった。そしてそれが消えてなくなるということは、まさに「統一文明」(ibid.: 47)という理念そのものが奇妙に偏ったものだったからである。そしてこの理念が、イングランドの外には「統一文明」なる狭窄な理念へと頑迷に抵抗する世界が広がっており、そのことがとりわけ国際移民というかたちで間もなく顕著になるという事実に無頓着なものだったからである。

福祉社会主義が忍び寄ってくるとするマーシャルの実質的分析が間違いだと判明したとしても、権利要求を生み出すというシティズンシップの性質に関する彼の形式的理解までもが間違いだったわけではない[9]。ひとたびシティズンシップという理念が定着すると、それは「それに照らして成果が測られ、またそれに向かって願望が方向づけられるような……理想」を形づくる（ibid.：18）。このような運動は二つの方向で展開されうる。ひとつは、シティズンシップに付随する権利を（最近では「多文化主義的」権利のように）拡張する方向であり、あるいはまた、こうした権利を適用すべき人の範疇を（ルーマン（Luhman 1986）の皮肉が利いた表現を使えば「パンダ、タミル人、女性」という具合に）拡張する方向である。「シティズンシップ」は、労働者から始まって女性、人種・民族的少数者へ至り、ひいては東欧の反体制派運動に及んでもなお、二〇世紀の大きな改革運動の標語であった（ただし最後の反体制派の場合、シティズンシップの権利の要求は、逆説的だが革命的な意味をもっていた。Joppke 1995a: ch. 1）。

その上でなお、マーシャルのシティズンシップ概念は、国内的な権利と包摂に焦点を合わせており、本書のテーマである移民やそのシティズンシップへの影響に踏み込む際には役立たない。なぜなら、移民の観点からすると、世界はまず峻別された市民集団ごとに分けられ、それぞれの集団は国家とその本質的に排他的な入国管理・シティズンシップ政策によって外に対し保護されているからである。こと移民についていえば、シティズンシップは何よりも外部排他的な装置として機能し、またマーシャルや戦後のシティズンシップ研究者の多くが取り組んだ国内社会における排除よりも、「差別」という非難に対してはるかに強力で免疫力のある装置なのである。

2　ナショナルなシティズンシップ

ロジャース・ブルーベイカーの課題設定的な作品『フランスとドイツの国籍とネーション』(Brubaker 1992)は、シティズンシップ概念を拡張し、移民研究にとって有益なものとした点ですぐれている。彼は、先駆的にシティズンシップに特有な二元性を鋭く指摘した。つまり、社会内において形式上平等な成員資格の地位をひとつだけ認める「内部包摂性」という性質と、そのような平等な成員資格をもつ地位からすべての外国人を無条件に締め出す「外部排他性」という性質である。また彼は興味深いことに、包摂と排除に向かう双方の動きは本質的に連関すると示唆した。こうした二元主義を創出したのはフランス革命であったが、それは民主的であるのと同時にナショナルなものであった。すなわち「国民としての市民、そして法律上同質の国民としての市民集団を発明することによって、革命は同時に外国人を創り出した」のだ(ibid.: 46)。当然ここでは、主従関係の境界線が取り払われると、なぜにまた別の境界線が市民と外国人の間に引かれなくてはならなかったのかという理由は説明されていない。しかし、こうした問いはたぶん社会学の域を超えている。というのも、それは究極的に人間の条件、すなわち欠乏と限界という条件に関する問いであるのと同時に、その条件について本質的に定まらない知についての問いかけにほかならないからである。

ブルーベイカーはシティズンシップの二元性を意識していたが、彼の革新的な貢献は、その外部排他的な側面の理解を増進させたことだといえよう。ブルーベイカーは、マックス・ヴェーバーの社会的閉鎖という概念を取り入れ、シティズンシップを「国際的なデータ整理システム、人びとを国ごとに振り分けてゆくひとつのメカニズム」(Brubaker 1992: 31)として捉えた。これは、社会学の文脈では二重の意味で革新的であった。というのも、それはマーシャル以後の新しいシティズンシップ観を含んでいただけでなく、より広い意味で国家に関する新しい視座をも持ち合わせていたからである(Joppke 1995b: 170f.)。マックス・ヴェーバーからチャールズ・ティリーまでの歴史社会学において支配的であった近代国家像は、人間中心的というより領域中心的な組織として語られていた。それは、封建制から近代国家へ移行する際、政治的支配の基盤が人間から領域に転換したこと、また人的関係の変化とともに移動していた人対人の多極支配から、固定的な境界線に囲まれた領域に対する一極集権的支配へと転換したという事実を反映している。しかしこうした見方は、近代国家が領域的であると同時に成員資格に基づく結合体であり、さらにその成員資格はたいてい出生による帰属といった単なる居住以上のことを要請するという事実を見えづらくしてしまった。

シティズンシップによる閉鎖は、有形無形に国益に資する。実体的利益からいうと、シティズンシップは「裕福な国家を貧しい移民から」守る手助けとなる(Brubaker 1992: x)。こうした理由で、国民国家以前のプロイセン王国がすでに公式の国家成員資格を取り入れていたのだが、私たちの生きるポスト・ナショナルな国家においても、その閉鎖にはますますというわけではなくとも心を乱すような有意性があると思われる。またナショナリズムの時代において、シティズンシップによる閉鎖は、国民国家としての国家が「特殊で他と区別され境界づけられた国民の、国民のための」ものであるべきとする非実体的な必要を満たす一助ともなった(ibid.: 28)。

ブルーベイカーが入念に考えた閉鎖の理由にさほど驚くべき点はないが、閉鎖の方法に関する分析には目を見張るものがある。彼は、シティズンシップが社会的閉鎖の「道具」と「対象」という二つの機能を果たすと鋭く指摘したのである。閉鎖の道具としてのシティズンシップにより、国家は自国領への移動を制御することが可能となる。というのも、国際法のもとでは市民のみが入国する権利をもち、他のすべての者は入国を拒否されたり、入国後に追放されうるからである。しかしさらに、シティズンシップは閉鎖の対象でもあり、それを取得する際には国家が定める国籍法の制限を受ける。国籍法はシティズンシップを認めるにあたり二つの方法を規定する。出生を通じた取得という大半の人びとが経験する方法と、帰化を通じた取得という一部に経験される方法である。国家成員資格が通常出生に基づいて付与されるという事実は興味深い。契約に基づく近代国家という啓蒙の理念に反して、国家は自由意志からなる結合体でないことを物語るからである。これゆえに、国家はその他すべての人的結合体と比べ、「至上」(Schmitt 1963)とまではいかなくとも、構造的に異なるのである。表面的には自発的行為である帰化の可能性も、この根底にある事実を変えはしない。その理由は、第一に、帰化は出生に基づくシティズンシップの取得ルールの例外だからである(帰化する人びとはみな、すでに別のシティズンシップを出生により所持している)。第二に、「自然(nature)」を語源とする「帰化(naturalize)」という言葉自体を考えてみれば、それが選択の対極を暗示しているのがわかるだろう。さらに第三に、アメリカのように帰化が容易かつ機械的に行われる国でさえつきまとう帰化の特徴は、国家の自由裁量的な性質である。どこであれ結局、選ぶ主体は個人でなく国家なのだ。オーストラリアからヨーロッパにいたるまで、現代の政治的な言説でシティズンシップが「特権であって権利ではない」と再び主張されているとすると、これは国家成員資格の非自発的な本質をわかりやすく表現しているのである。

まとめると、シティズンシップがもつ閉鎖の道具と対象という両機能は、循環し補強しあう。市民のみが制約抜きで領域内に入国可能な一方、（そのような入国権をもたない）居住者は市民となる要件を満たすのを望むだけだという意味においてである。ブルーベイカーは、「こうした循環性」ゆえに「国民国家は……比較的閉鎖的で自己存続的な共同体であり続けることができるのであり、大概は内部で成員資格を再生産し、かろうじて周辺的にしか新規成員を外部から補充しない」と結論づけている（Brubaker 1992: 34）。

シティズンシップを社会的閉鎖の道具と捉えたことは、ブルーベイカーのシティズンシップ理論に対する不朽の功績であろう。彼は、公的制度の分析と歴史分析を組み合わせることで、シティズンシップがそれ自体で民主的であるとはいえないことを示したのであった。シティズンシップのこうした形式的で非感傷的な側面は、ドイツ語では「国籍（Staatsangehörigkeit，国家所属性）」と称されるのだが、それは「参加の一連の実践や……市民的な態度の集積などではなく、国家において成員資格を規制する法的制度」を意味する（ibid.: 51）。これは法律家にとってはなんら目新しくないことだが、特にＴ・Ｈ・マーシャルのあとを追ってきた社会学者にしてみると、それまでにはなかったシティズンシップの視座だったのである。

しかしながら、『フランスとドイツの国籍とネーション』を本当に有名にしているのは、国民性の相異なる伝統ゆえに、永続的にその国家のシティズンシップ法が包摂的（フランス）か排他的（ドイツ）かいずれかの方向のまま固定されるという、はるかに疑わしい議論である。形式的な次元では、これはある単純な知の移転が新たな洞察を生むというよくある例で、これは法学から社会学ではなく歴史学から社会学に伝播したケースである。歴史学者はすでに長らく、国家《ステート》がその政治的イメージに合わせて国民《ネーション》を創造するという「市民的《シビック》」な国民性をもつフランスの伝統と、以前から存在する民族《ネーション》が前政治的(言語的、民族的、文化的)な性質を表現する国家《ステート》を追求するという「民族的《エスニック》」な国民性からなるドイツの伝統とを区別していた。[10] この区別を応用したブルーベイカーは、シティズンシップ法が、出生時にシティズンシップを付与する際に領域を重視するのであれ血統を重んじるのであれ、どちらの場合もこうした国民性に関する相異なる理解が誘因になると主張するのである。つまり、シティズンシップは血と同様に親から継承すべきものとする血統主義(*jus sanguinis*)をドイツが選好するのは、民族的《エスニック》な国民性理解を反映するものとみなされる。逆に、シティズンシップは人が生まれ落ちた政治的領域で決まるものとする出生地主義(*jus soli*)をフランスが好むのは、市民性に基づいた国民性理解を反映するものとみなされるわけである。

国民性の「文化的特質《イディオム》」がフランスとドイツのシティズンシップ法を形づくってきたとする主張は、それぞれ一九世紀末と二〇世紀末におけるその法律の制定・強化過程を分析した見事なまでに濃密な歴史研究によって裏打ちされている。フランスの包摂性についていえば、周知のように人手不足だった同国の軍事的および人口配置上の必要性に焦点を合わせた道具主義的な説明は、巧みに退けられた。そして、境界をもってして存在しうる外部排他的なシティズンシップが、「利害政治」のみならず「アイデンティティ政治」(Brubaker 1992: 182)にも当然左右されるということは、とうに概念上分かりきったことではないだろうか。そうした境界がアイデンティティを形成することは、人類学(Barth 1969)から社会心理学(Tajfel 1970)にいたるまで、すでに確立した学知である。だとすると、なぜシティズンシップがその例外となるだろうか。経験的に言えば、ドイツが出生地主義の承認に出遅れ、そのことで二世や三世の移民をも外国人の地位におとしめたことや，民族的な血を分かち合う移民を長期にわたって優先しつづけたことは，「血統共同体」という民族的な国民理解に明らかに呼応する(Brubaker 1992: x)。またそれと対照的に，アメリカ式の「るつぼ」(Noiriel 1996)に擬えられてきたフランスの移民に対する歴史的な包摂性や，公共政策において民族的・人種的差異を認めることを今日も頑なに拒否していることは，フランスに「領土的な共同体」(Brubaker 1992: x)という市民的な国民理解があることをたしかに示唆している。

問題は第一に，こうしたシティズンシップの文化的理論が受け入れられるなか，シティズンシップがもつ概念的・歴史的なニュアンスの多くが失われ，「市民的な」フランスと「民族的な」ドイツという型にはまったステレオタイプ的対立図式しか残されなかったことにある。パトリック・ヴェイユ(Weil 2002: 194)はこれに対して，シティズンシップ法は実際には法学者が他国の法律を模倣・修正するなかで作成されたのだと反論し，「アイデンティティ政治」の枠組み全体を疑問に付している。ブルーベイカー自身が論じたプロイセンの事例を考えてみるとよい。それは，国民になっておらず民主的でもない中でのシティズンシップ——すなわちアイデンティティ抜きのシティズンシップ——が可能なことを示唆している(Brubaker 1992: ch. 3)。シティズンシップが「アイデンティティ政治」に服する必要はない。国民性とシティズンシップの間には何の自動的なつながりもない。国民ができる以前にシティズンシップが成立していたという過去は，ポスト・ナショナルな未来の可能性を示唆しているのである。第二に，ナショナルなシティズンシップの黄金時代のさなかでも，血統主義と出生地主義がそれぞれ民族的国民性と市民的国民性と親和的であるということは誇張されていた。ブルーベイカー(ibid.: 95)が間違いなく気づいていたが十分には強調しなかったことは，封建制を端緒とする出生地主義の伝統主義と，なんとも皮肉なことにナポレオン民法典において編み出され、一九世紀にヨーロッパ各地で近代シティズンシップ法の主流となった血統主義の近代性である。どちらかといえば、血統主義が個人を力づけるのであり、その個人はいまや国籍を苗字のように継承させるのである(Weil 2002: 35)。そこにはなんら本質的に民族的なことはない。最後に、民族的国民性と市民的国民性を峻別すると、現実世界に実際ある両者の混淆が見えづらくなってしまう。「国民《ネーション》」の語源はラテン語の「生まれること(*Nasci*)」にあり、血統や世代間の連続性を指す。この意味では、国民はまさにそのことによって民族的《エスニック》なのである。逆に、すべての国民は、成員の自治と内的平等を併せもつことで、幾ばくかの自発性と市民性を含む。それゆえにブルーベイカー(Brubaker 1999)は、のちに民族的国民性か市民的国民性かという「マニ教流の二元論的神話」から距離をとったのである(11)。

しかし何よりも無理があるのは、フランスとドイツというヨーロッパ統一を推進する二国が、同時に自己永続的に鋭く分岐する国民国家でもあるという奇妙なまでに時代錯誤な構図だろう。より具体的に言おう。ブルーベイカー(Brubaker 1992)は、シティズンシップ法が国ごとに異なる原因を慣性に求めたが、そのような慣性は実際には存在しないのだ。ド・ゴール主義者のジャック・シラク仏首相は、一九八六年、出生地主義に基づくシティズンシップを移民二世に与える際、成人時の国籍獲得への自発的意思の表明という条件を課そうとしたが失敗した。それはジャン＝マリー・ル・ペン率いる極右の国民戦線から押しつけられた奇妙にもリベラルな計画だったのだ。ともあれブルーベイカーは、この失敗を「国民性特質」を裏づける例として捉え、国家次元の制度、とりわけ学校がもつ社会化の力を強調していた(ibid.: 162)。しかしそれではなぜ、一九九三年に再度二世に対する出生地主義の適用に同様の制限条件が出されたときは成功したというのだろうか[12]。他方、同じ民族的出自の移民の入国が一九九二年以降厳しく制限されていたドイツでは、一層劇的な変化が起きていた。帰化のルールが緩和され、ヨーロッパではほとんど唯一といってよいが一九九三年の時点でそれは権利同然として盛り込まれた。さらに何よりも、一九九九年のシティズンシップ法の主要な改革では、移民二世に条件付きで出生地主義が導入されたのである。ドイツによるシティズンシップのリベラル化は、ヨーロッパにおけるより広範なリベラル化傾向に乗っただけのことだったが、それはブルーベイカーによるシティズンシップの「文化的特質」アプローチでは捉えきれない。なるほど、その間ドイツの国民性がもっとリベラルかつ市民的となり、よりリベラルなシティズンシップ法に転じたと言うこともできる。それはまったくもって妥当で恐らく事実だと思われるが、同語反復でもある。なぜなら「文化」のように目に見えないものは、結果を説明する際につねに見出せると考えられるからである(結果は同様にそのような「文化」の存在を示すと考えられる)。

3　ポスト・ナショナルな成員資格

ヤセミン・ソイサルによる『シティズンシップの限界』(Soysal 1994)の目覚ましい貢献は、シティズンシップ制度にみられる「ポスト・ナショナル(脱国家的)」な変化を指し示したことだろう[13]。この書では、ブルーベイカー(Brubaker 1992)に引き続き、移民の文脈にシティズンシップを位置づける第二のパラダイム設定がおこなわれた。それはもちろん、彼とは著しく異なる強調点と分析をもってなされたのだけれども。その際彼女は、マーシャル流の内部包摂的なシティズンシップ、すなわち権利を所持・要求するものとしてのシティズンシップに焦点を戻した。とはいえ、マーシャルに反して彼女が主張したのは、いまや権利（とりわけ市民的・社会的権利）がナショナルなシティズンシップにではなく、むしろ普遍的な「人であること」にこそ備わっていて、それが「ポスト・ナショナルな成員資格」（Soysal 1994: 33）の到来を予告しているということである。その模範として彼女が取り上げた事例は戦後ヨーロッパの外国人出稼ぎ労働者《ゲスト・ワーカー》である。彼らは、一九五〇年代末から一九七〇年代初頭にかけて、高度成長の只中にあったヨーロッパ北西部諸国に二国間協定のもと呼びこまれたのであるが、新天地で市民となる必要はなくとも、生まれながらの市民とほぼ同等の市民的・社会的権利をもち、安全で合法的な居住者の身分を得ていた。彼女によれば、「近年の外国人出稼ぎ労働者の経験は、ナショナルなシティズンシップがその基盤を失い、人の権利という脱領域的観念に根ざしたより普遍的な成員資格モデルへと移行しつつある時代を映し出している」という（ibid.）。

ソイサルは、世界レベルの文化的「スクリプト」[*6]や制度の作用を追跡したジョン・メイヤーの強い影響の下、「新制度主義」的手法を採り（例えば Meyer et al. 1997）、ポスト・ナショナルな成員資格をもたらす二つの「国境横断的」な源泉を特定した。一つは、国境横断的な政治構造がますます濃密になって相互依存を深めることであり、その構造は「受け入れ国が意のままに移民の人びとを用なしにするのを制約する」（Soysal 1994: 144）。もう一つは、「個人の権利に関する普遍主義的な規則や観念」（ibid.: 145）、すなわち第二次世界大戦後のグローバルな人権文化の高まりである。なるほど国民国家は、今もなお「個々の権利を与え実施する」責任を負うが、「これらの権利の正統性はいまや国境横断的な秩序にある」のだから、それは組織的な伝達装置のようなものにすぎないともいえる（ibid.: 143）。シティズンシップに関していうと、ソイサルは、従来存在した「権利」と「アイデンティティ」の結びつきが引き裂かれてきているると主張する。権利が人権として世界規模で制度化される一方、アイデンティティは依然として特に境界によって枠づけられている。もっとも、ナショナルなアイデンティティは他種のアイデンティティと競り合っているというわけだ。

妙なことに、ポスト・ナショナルな方向への収斂を説くソイサル(Soysal 1994)の主張は、異なる志向に基づくヨーロッパ各国のナショナルな「編入体制」比較に引き続いて出てきたものであり、ほとんど後から思いついたことのように見える。もともとの研究は、近年社会運動論が先鞭をつけた政治的機会構造の枠組みを用いて、受け入れ社会への移民の参加は移民内部の文化的特徴よりも受け入れ社会の構造に左右されることを示すものである。したがって、ポスト・ナショナルな成員資格へ収束しているという主張は、移民編入に国ごとの差異が根強く残っているという逆の内容の主張とややぎこちなく併存している。この二つの傾向が、ただ単に(組織的なのか言説的なのかといった?)異なる次元にあることから共存するかもしれないということは不可能ではないが、それらの間の明らかな乖離についてなんの解説もしていないのは不可解である。

とはいえ『シティズンシップの限界』が名を馳せたのは、国ごとに異なる編入体制を比較したからではなく、ポスト・ナショナルな成員資格への収斂を主張したからである。かつてヘーゲルが哲学について「思想に現れた時代」なのだと語ったことは、こうした彼女の分析の筋立てがなぜ成功したかを説明するかもしれない。つまり、同時期に国家とシティズンシップについて考察した類似の研究よりも、彼女の分析はポスト・ナショナルな契機をより早くうまく捉えていたのである。それに加え、シティズンシップのポスト・ナショナルな変容を説く彼女の主張が、ナショナルなシティズンシップの強靱性を説くブルーベイカーの対極的な主張とあまりにも異なることで、すぐさま両陣営の是非について活発な議論が沸き起こったためもあろう（Joppke 1998: 7-9, 23-29）。しかしこうした「議論」が議論として成り立っていたとしても、それはブルーベイカーとソイサルが相当異なるシティズンシップの側面、つまりそれぞれが「地位」と「権利」を扱ったために、両者の話がすれ違っていたのかもしれないということにはまったく留意しなかった。

振り返ってみると、『シティズンシップの限界』は、ヨーロッパ諸国における移民統合の取り組みが最高潮に多文化主義的になった状況を反映している。そこでは、シティズンシップがさほど強調されず、市民と外国人の間に一切の区別を設けない労働・福祉関連法の普遍主義が信頼され、そして概して人びとにアイデンティティを押しつけることが忌み嫌われた。ベルリン外国人評議会の「われらはベルリン人」という奔放な当時の標語は、ソイサルの標語ともなった。「ナショナルな固定性を取り除いて可変的な範疇や流動的な範囲を許容し、ゆえに多くの境界を乗り越えるのを可能にする」（Soysal 1994: 166）ためである。その意味は直ちには理解しがたい。しかし、波紋を呼んだのだった。

皮肉なことは、「ポスト・ナショナルな成員資格」は国という意味では根なし草になった外国人出稼ぎ労働者の息子や娘の精神状態をうまく表わすものの、実際には彼らの両親側の語られざるイデオロギーだということである。というのも、この成員資格によって、両親たちは新たなシティズンシップを取得しなくて済み、しかも無権利に陥らずに済むからである。移民二世、三世にとってポスト・ナショナルな成員資格は、もしそれが包摂的なシティズンシップ法により枠づけられていないならば、むしろより問題となろう。政治的権利(これは依然として市民の特権である)のない、いわば「在留外人(*metics*)」*7のような二級成員の地位に永久に降格されるからである。ソイサルはひどくおざなりにしか扱っていないのだが、非市民の地位には本質的な脆さがある。まずそれらは、連邦政府の福祉給付から合法移民を除外した一九九〇年代半ばにおけるアメリカの福祉改革で露わとなった(Martin 2002)。さらに安全保障への懸念が高まった二〇〇一年以後、非市民を国外へ退去させたり、彼らから安定した居住資格を少しずつ制限するなど国家が権力を拡張するなかで、その脆さはより一層露わとなった(Cole 2002)。しかもソイサル(Soysal 1994)が、ナショナルなシティズンシップが廃れかけていると考えたのは、時あたかも各国が以前の多文化主義的放任を明らかに取りやめ、はっきりと規律の強化や強制をともなう統合の道具としてナショナルなシティズンシップを再発見した折だったのである。

4　多文化主義的なシティズンシップ

シティズンシップを移民の文脈に据えた課題設定型研究の第三は、ウィル・キムリッカの『多文化時代のシティズンシップ』(Kymlicka 1995)である。この書は、移民が(全体的にというわけではないが)部分的に引き起こした民族的《エスニック》多様性という事実とシティズンシップとをどのようにして折り合わすのかという問いに取り組んでいる。移民の権利を論じているので、多文化主義的シティズンシップは「ポスト・ナショナルな成員資格」(Soysal 1994)と大差ないものと読者は考えるかもしれない。だがそうではない。ポスト・ナショナルな成員資格が普遍主義的であることを思い出してほしい。それは、シティズンシップがつくられる際の本来の動機に沿いつつも、国民という狭い境界を飛び越えようとするものであった。

対照的に、多文化主義的シティズンシップとは特殊主義的であり、普遍主義的なシティズンシップの権利がエスニックおよびナショナルな少数者にとって本来的に不完全なものだという点を突いている。それが取り組むのは、たとえ法の普遍主義が非市民に拡張されたとしても解決策とはならずに、問題となる場合である。たとえば、昔からいる国内少数民族の言語とは異なる公用語の指定や、主流集団の宗教暦に即してはいるが新参の移民少数者とは関係のない公的休日である。こうした事例では、「伝統的な人権を少数者の権利理論で補う必要」(Kymlicka 1995: 5)があるという。この「補う」という言葉にこの学説のリベラルな特徴が表れている。これはリベラリズムに対する根本的ないし理想主義的な(例えばヤング(Young 1990)が展開するような)批判ではない。むしろその論点は、リベラリズムが自由と平等という自らの原則を一貫して維持しようとするなら少数者の権利を受け入れざるをえず、したがって自らが公理として優先する普遍主義と折り合いをつけねばならなくなるということにある。

リベラルな第一原則である自由について、キムリッカ(Kymlicka 1995: ch. 5)は、自由かつ有意な選択をするには「社会構成文化」という文脈を要すると主張する。社会構成文化とは、「「国民」ないし「人民」と同じ意味であり、ほぼ制度化が行きわたり、一定の領域や伝統的居住地に住み、独自の言語や歴史を共有する世代間共同体」と定義される(ibid.: 18)。したがって、エスニックおよびナショナルな集団しか少数者という地位を認められず、ゲイやレズビアン、他の生活様式の集団は認められない。ジェレミー・ウォルドロンの「コスモポリタン的代替案」(Waldron 1992)に反し、キムリッカは社会構成文化とは、多数の文化のごたまぜだったり、あるいはどんな文化でもいいというわけでなく、「自前の文化」であらねばならないと考える(Kymlicka 1995: 84)。これは通常、人が生まれおちたところの文化であり、その文化への愛着は「なにかを達成したことではなく、なにかに帰属することに基づいている」(ibid.: 89)。しかしキムリッカが「人間の条件」に基礎づけられていると考えるこの「事実」(ibid.: 90)は、ナショナリズムの弁明と危険なまでに接近する。少なくともここで彼は、リベラリズムの臨界点をもてあそんでいる。また彼の議論は、移民という問題に興味深い困難をもたらすものでもある。すなわち、移民はただ母国を出たという事実によって、自分の社会構成文化をもつ権利を「放棄した」とみなされるのである(ibid.: 96)。これは現実的ではある。しかしながら、もし「移民集団には[社会構成文化が]ない」(ibid.: 101)のなら、彼らはいかにして少数者としての権利を与えられうるのだろうか。このような問題はともかく、ここでのメッセージは明らかだ。リベラルな国家が自由というイデオロギーにふさわしくありたいのなら、主流集団であれ少数集団であれ同様に、「自前の」社会構成文化をもつ権利をその全成員に保障しなければならないということである。さらにこれは、文化には個人の自由に優先されうる「生き残り」という何より大事な要請があるとするチャールズ・テイラー(Taylor 1992)の論争的主張と異なり、文化それ自体が価値なのでなく、それがもつ個人にとっての価値こそ最重要だとするリベラルな理論なのである。

ただし多文化主義的シティズンシップは、リベラルな第二原則である平等を推進するうえでも望ましいとされる。ここでキムリッカ(Kymlicka 1995: ch. 6)が論じるのは、宗教や文化の差異に対するリベラル国家の古典的対応である中立性ないし「善意の無視」は充分でないという点である。なぜなら、リベラルな国家といえども決して文化的に中立となりえないからである。国家が公用語、祝日、象徴について無害な決定をしたつもりでも、それは特定の文化的アイデンティティを促し、それによって他者を不利にせざるをえない。リベラルな国家は自己を宗教から差異化することはできたかもしれない。それは現代における文化的差異への「中立的」対処のモデルとなっている。けれども国家は、それと同じようにして民族性や国民性から自己を切り離すことはできない。つまり、「国家は裁判所での宣誓を宗教的なものから世俗的なものに換えることはできる（し、またそうすべきである）が、裁判所での英語の使用を無言語で代替することはできない」（ibid.: 111）のだ。このような中立性批判と多文化承認の擁護は急進的フェミニズムが編み出したものであるが、それは男性的な偏見が制度にそもそも埋め込まれている以上、女性を平等な条件で職場や公共生活に含めるだけでは充分でないと主張していた（この趣旨のものとしてGaleotti 1993を見よ）。キムリッカはこの考えを修正し、国家ごとの特殊主義を放棄するのではなく、しかるべく尊重するようにした。つまり彼は、「人びとの文化帰属を保護する」（Kymlicka 1995: 125）作用もあるという理由から、世界が国家ごとに分割された状態を受け入れる。こうすることで、「少数者の権利」を正当化する「諸国家の並存との類似性」を提示しえるのだ（ibid.）。というのも、世界が異なる国家で仕切られていることを人が納得する論理は、国家内部の少数者の権利を納得させうる論理と同じだからである。すなわち彼曰く、「だれがシティズンシップを有するかを決定する権利が国家ごとにあるとするリベラル正統派の見解は、国家内部で集団ごとにシティズンシップを正当化するのと同じ原理に基づいており……前者の容認は論理必然的に後者の容認にいたるのである」（ibid.: 124）。これにより、少数者の権利に関する立証責任を擁護派から反対派に巧妙なやりかたで転嫁できるだろう。というのも、単にシティズンシップそれ自体が「そもそも集団別の観念」（ibid.）だからである。その根底にあるのは、国民国家との協約というイメージである。すなわち国民国家の正統性は、主流集団に対してもその自由に必要な文化を保全する働きをするゆえ、リベラルの立場からも認められる。ただしかわりにリベラリズムの正義は、少数集団がみずからの文化を得る権利を保障するようにも命じるのである。

キムリッカの『多文化時代のシティズンシップ』は、ブルーベイカー（Brubaker 1992）やソイサル（Soysal 1994）がそれぞれ焦点を合わせた、シティズンシップ取得の問題と市民の権利の非市民への拡張という問題とは異なる、現代シティズンシップの一側面に光を当てた。それは、政治哲学者による研究であり、それゆえに一義的には規範的な内容であるにもかかわらず、少なくとも二つの理由で実証的な社会学にとっても有意である。第一に、シティズンシップ自体が規範概念であり、T・H・マーシャルを再び引用すると「それに照らして成果が測りうるような……理想」（Marshall 1992: 18）だからである。第二に、キムリッカは細かい実証にこだわり実例に真摯に取り組むことで、自由民主主義国家の現実自体のなかに彼の規範理論への糸口を見いだせることを示しえたためである。

とりわけ重要なのは、すべての集団に一様にあてはまる万能薬的な公式はひとつもなく、異なる集団には異なる権利の規定が必要であるというキムリッカの社会学的な直観だろう。少数者の権利のなかでも最強の類である自治権は、国境が頭越しに設定されることで国内少数民族や原住民となった人びとだけに据え置かれる。けれどもキムリッカは、ケベック州を念頭に、こうした「差異化されたシティズンシップのもっとも完全な施策」も「統合機能」という効果を果たしえないと譲歩する。というのも、全面的な分離独立にいたるまでの間に「立ち止まるべき地点」が存在しないからである（Kymlicka 1995: 182）。こと移民に関していうと、彼の処方箋ははるかに控えめなものである。移民に与えられるのは、自らの文化的・宗教的様式と合わない一般法規からの免除のような「多民族的権利《ポリエスニック》」のみであり、その権利により「通常、自治政府ではなく、より大きな社会への統合が進むと期待される」としている(ibid.: 31)。しかし、移民が国内少数民族とは異なり、国家が保護すべき伝統的居住区や「社会構成文化」を要求しえないというのなら、こうした措置における「権利」の地位はやはり曖昧なまま残される。また、統合がそれらの権利の目的ならば、なぜ多民族的権利が国内少数民族の自治権と同列に論じられ、暫定的措置に留まらず永続するものとされるのかは明らかでない。こうした権利の目的が文化的差異の抹消よりもその保護にある点では、これは一貫した措置である(概して普遍主義的で「人種に配慮する」[14]反差別的な法律や政策が、観念上は人種差別のない状態にいたるまでの暫定措置に留められているのと対照的である)。しかしながら、国家次元での文化的差異の永続的保護が統合という目的に資するということは、立証された真実ではなくレトリックなのであって、統合以外の帰結をもたらすことも また同様にありうるだろう[15]。

三　移民の時代におけるシティズンシップ――三つの次元

本書の目的は、第二次世界大戦後における人の国際移動を背景として、シティズンシップがいかに進化してきたのかを再考することにある。この時代区分は重要である。それは、人種や国家次元の人種主義という原理に基づき、個人を抹殺とまではいかなくても従属させながら世界をつくり変えようとしたナチス・ドイツという体制の敗北を表しているからである。逆にそれが告げているのは現代における人権時代の幕開けであり、それは国家の政策を評価し抑制するものとしての個人やその人格を確立した。

その結果、シティズンシップは人権の論理と融合するようになった。いまや人種主義的、性差別主義的、あるいはいかなる集団的な排除も正統性を失った。これは、ひとたびシティズンシップの制度が人の国際移動という事実に直面すると尽大な帰結をもたらした。というのも、包摂的な方法への転換がすでになされていたからである。

もちろん、シティズンシップと人権の同一視は二〇世紀に始まった話ではない。双方の共通の祖は、一七八九年の「人間と市民の権利の宣言(フランス人権宣言)」にある。しかしながら新しさは、ナチズムのもとで人権が絶滅に瀕したことで加速化した、国際・国内の両方の場における精力的な人権の追求にある。それにより、観念上国家がシティズンシップに関し享受するとされる主権は国際法の下で制約されることになった。この制約が最もよく表現されているのが国連世界人権宣言第一五条一項であり、そこでは「何人も国籍を有する権利をもつ」と規定されている。これは逆説的な「権利」である。というのも、古典的な国籍法では、国家成員資格は「地位」ないし「一定の権利および義務が結合する条件」として扱われるため、それ自体では権利となりえないからである(引用はアレクサンダー・マカロフの表現、Joppke 2003: 432より引用)。とはいえそれがまさしく示しているのは、かつて主権国家の全面的な裁量に委ねられていた領域に人権への配慮が入り込んだことである。こうしたことはナチスの経験なしには起こりえなかったろう。それは、絶滅の標的となったドイツ系ユダヤ人がまず国籍を剥奪されたように、国家をもたない人びとの脆弱さを完膚なきまでに見せつけた。だからこそハンナ・アーレント(1979 [1951]: 296f.)は、その暗澹たる全体主義分析の中で「権利をもつ権利」、すなわち「何らかの組織化された共同体に帰属する権利」の存在を明記したのであり、それが国連の「国籍をもつ権利」規定の根底にある精神なのである。

ではシティズンシップはどのように現代の移民世界で進化してきたのだろうか。ここまでおこなってきた理論の概観では共通点が非常に少なく部分的な答えしか提示されていないので、これらすべてがどうして「シティズンシップ」という同一のものを論じうるのか怪訝に思う向きもあるかもしれない。T・H・マーシャルの「社会的シティズンシップ」は、戦後期のリベラルな社会学にシティズンシップを位置づける際の基調を規定したのだが、それは植民地独立以降の移民によってまさにばらばらに引き裂かれんとする「統一文明」という偏狭な世界を描写したものであった。以下にあげるすべての研究は移民の文脈にシティズンシップを位置づけているものの、共通点といえばほぼこの点だけである。ブルーベイカーによる「ナショナルなシティズンシップ」は、シティズンシップの対外的な境界設定機能に着目したもので、そのような境界は「民族的」なドイツでは排外的で浸透性がなく、「市民的」なフランスでは包摂的かつ浸透性が高いという具合に、国民性に特有な伝統を踏襲するかたちで永久不変に異なると考えた。ソイサルの「ポスト・ナショナルな成員資格」はその正反対を主張し、移民はいまやシティズンシップの地位の有無にかかわらず権利をもつのだからナショナルなシティズンシップは時代遅れだという。またキムリッカの「多文化主義的なシティズンシップ」は、シティズンシップの強靭性や衰退の問題から距離を置き、かわりに文化多元主義ゆえに市民がもつ権利の見直しが必要になると論じた（つまりそのようにいうことで、ソイサルが主張するように市民の権利が実際的な意義に乏しくなったわけではないとする）。

このように食い違う手法や診断が示唆しているのは、シティズンシップのどの側面が移民と絡んでいるかをより明確に探りだす必要があるということなのだ。そこで以下ではシティズンシップを地位、権利、アイデンティティの側面に区別することとしよう。

1　地位

シティズンシップのもっとも基本的な側面は、公的な国家成員資格を意味する地位である。これはいわばパスポートを所持できるといった類のシティズンシップである。フランス語やドイツ語でいう「国籍(仏 Nationalité、独 Staatsangehörigkeit)」と同義になることで、それは驚くほど内部で階層化された権利と共存しうる。もっとも顕著な例として、かつて人種的少数者や女性は、形式的な国籍の所持についてまで疑問が付されたことはなかったとはいえ、しばしば二〇世紀後半にいたってもマーシャル流の権利一式、特に政治的権利から除外されていたことが挙げられる。このような帰属集団の成員資格に基づく国民内部での権利の階層化を踏まえるとなんら不思議ではないのだが、人種排斥的な帰化法(アメリカでは一九五〇年代初めまで実施されていた)や、シティズンシップの喪失や継承にかんする性差別的な規定(一九七〇年代になってもほとんどの西洋諸国で実施)によって、人種的少数者や女性はシティズンシップを取得する際にも差別を被ったのである。

2　権利

シティズンシップの第二の側面は権利である。これはT・H・マーシャル以来、シティズンシップに関する政治社会学が注視してきた伝統的なテーマである。何が「権利」を構成するのかという問い自体、複雑なものである。さしあたりここでは、近代的な理解における「権利」は万人に平等に生じると確認すれば十分である。つまり近代の権利とは平等な権利であり、階統的で集団ごとに異なる権利という前近代的な権利の理解から完全に脱したものである。ここから人間の権利と市民の権利の関係という問題が生じる。というのも、非市民に向き合うと、市民は昔の封建制の身分と同様の特権「集団」となるからである。ジョセフ・カレンズが思い起こさせたように、「西洋の自由民主主義におけるシティズンシップとは、いわば現代版の封建的特権なのである」(Carens 1987: 252)。一七八九年の「人間と市民の権利の宣言(フランス人権宣言)」はほとんどが人権についての記述であり、シティズンシップが明記されるのは「一般意思」の形成にかかわる第六条のみである。現在にいたるまで政治的権利は大部分が市民のもつ権利であり続けているのに対して、ソイサル(Soysal 1994)が的確に観察したように、市民的・社会的権利のほとんどにおいてはその様な制限はみられない。しかし、恣意的な「告訴、逮捕、拘留」の免除のような重要な市民的権利(フランス人権宣言第七条)には、いまだかつて国籍による制約があったためしはない。この点は、市民的権利を市民がもつ権利とするマーシャルの位置づけでは明らかにされておらず(Ferrajoli 1994による批判を参照)、さらにポスト・ナショナルな「人であること」の権利の斬新さに疑問を投げかける。総じて、市民対非市民の間の権利をめぐる線引きは複雑で、時代や国ごとに変わりうるのである。また非市民の内部にさらに入国、居住、職務上の地位によって差異があるのは言うまでもない。これらの他に、移民の権利には、市民の権利を代替するのではなく、多文化主義や反差別的権利の観点から民族的少数者としての移民に与えられた権利があることを最後の難問として付け加えておかなければならない。

3　アイデンティティ

地位と権利の次に論じるシティズンシップの第三の側面は、個人を政治的共同体、すなわち標準的には国家につなぎとめる共通の信条やアイデンティティである。このような信条には二つの種類があると考えられる。すなわち、一般的な人びとに抱かれる経験的な信条と、国家が人びとにもたせようとする規範的な信条である。本書が重点的に扱うのは、国家側から負わせられるアイデンティティの方である（経験的なシティズンシップの信条を扱ったまれな研究として Miller-Idriss 2006, 2009 を参照）。アリストテレス以来、シティズンシップの規範的な信条は、シティズンシップを「徳」として考える共和主義的伝統の礎石であった。それはすなわち、それ自体が「善」であり公共精神に満ちたシティズンシップであり、そのなかで個人は単なる私的な利害や意向の追求を放棄するのである。したがってそれは、政治的な参加や関与と密接に重なり合っており、古代ギリシャから現在の代表制民主主義にいたるまでずっとシティズンシップの由緒正しい領域であり続けてきた。しかしながら、リベラリズムの立場からすると、有徳を説くシティズンシップは抑圧的で自由を制限するおそれがあることから、つねに疑いの目を向けられてきた。オスカー・ワイルドの「社会主義は実現するまで数え切れない晩を送るだろう」という巧みな表現はそれをよく言いあてている。国家は、シティズンシップの規範的なアイデンティティがもつ、自由を制限し公共秩序を産み出すような、すなわち統合的であるような潜在力を手放したことはない。実際のところ、それらを産み出すことが今も昔も国民形成の目的そのものなのである。ここで、現代の国民形成はいかなるものといえるかという問題が出てくる。現代的な国民形成は、すでに国民となった国内住民へと移民を束ねる方向にもっぱら調整されており、またリベラルな平等と反差別という規範により厳しく制約されている。先に検討したシティズンシップと移民に関する研究のなかでは、唯一ブルーベイカー（Brubaker 1992）がシティズンシップのアイデンティティの面に触れているものの、還元的で静態的な手法をとったため、当然にその可変性を汲み取れていない。

四　リベラルに進化するシティズンシップ
――ナショナルでも、ポスト・ナショナルでもなく――

相異なる研究がシティズンシップにおける三つの側面をそれぞれ明らかにしてきたが、それらは互いに意識も対話もほとんどしてこなかった。もっぱら移民の観点にしぼってシティズンシップを論じる場合でさえも、そのような現代シティズンシップ研究の分裂状態が繰り返されている。それなのに興味深いことだが、ここで提示する「地位―権利―アイデンティティ」と同じ、もしくは似た枠組みで総合的な分析をおこなおうとしたものは数少ない(16)。次章以降の主な狙いは、この三つの次元におけるシティズンシップの進化を簡潔で総合的な構図で示し、それらの次元にまたがるさまざまな展開のあいだの内的な関係やなんらかの連関を指摘することにある。明らかに、これは従来まれにしかなされてこなかった。

本書の中心的な主張は、シティズンシップは国ごとに異なるやり方で再生産されたり、世界的に衰退の途をたどったりするのではなく、むしろさらに包摂的で普遍的な方向へと進化し続けているということにある。ある意味で、シティズンシップの核にある内部包摂性がその外部排他性の角を丸めてきているのである。こうした展開こそが、ヨーロッパでも北アメリカでも同様に、過去半世紀にわたって鍵となるものであった。しかしながら、リベラル化の傾向はとりわけヨーロッパにおいて劇的に現れた。そのシティズンシップ体制は、もともと大量の移民を考慮して構築されたものではなく、したがって移民問題への適応の壁はより高く難しいものだったからである。ともあれその結果、ヨーロッパ諸国間の差異は融けてなくなり、それのみならず北アメリカが根本的にヨーロッパとは異なるという考えは捨てなければならなくなった。以前マイケル・ウォルツァーは、「国民の再生産装置」である民族的な「国民国家」からなるヨーロッパと、「どの特定の構成集団にも自らを委ねない」「中立的」な国家であるアメリカとを峻別した(Walzer 1997: 31)。こうした区別は、たとえこれまで受け入れられたことがあったとしても、ヨーロッパ諸国が包摂的で民族を基準としないシティズンシップというアメリカ的な方向へ動くに従い、時代遅れになりつつある(類似した議論として Parsons 1971: ch. 6 を参照)。

こうした展開の基本には、シティズンシップの地位の取得が大々的にリベラル化されたという事実がある。これは第2章で主題として論じよう。ヨーロッパでは、出生地主義の導入、二重国籍に対する寛容度の増大、さらに帰化要件の全般的なリベラル化によって、民族を準拠枠とした閉鎖的なシティズンシップ体制が開放された。その底流にある動因は単純なものだ。すなわち、自由民主主義は治者と被治者の一致を求めるのだが、多くがその受け入れ国で生まれ育ったような相当数の非市民が長期間在住することで、それがかき乱されたということである。ただし、こうした結果にいたる過程は平坦なものでなく、波瀾に富んでいた。とくに二つの対抗的な傾向を指摘できよう。ひとつは、新たな帰化制限を設ける傾向である。これは、ムスリム系移民が統合できていないという認識や、イスラム教徒によるテロを契機とした安全保障上の懸念から生じたものである。もうひとつは、シティズンシップの「再民族化」を目指す傾向であり、それを通じて現代国家は、在外自国民の共同体との紐帯を確保し強化しようと試みている。しかし筆者は、これらの対抗的な傾向が、シティズンシップ取得の全般的なリベラル化に対する逆行ではなく、そのリベラル化の大枠のなかのニュアンスの違いにすぎないと論じるつもりである。

第3章では、移民がシティズンシップの権利に絡むようになった三つの道筋を取りあげる。第一は、民族の多様性が福祉国家における社会的権利を損なうものだったのか否かという近年の議論が触れてきたものである。この問題についてまだ結論は出ていないが、移民の文脈では社会的権利以外の権利が前面にせり出してきていることに異論を差しはさむ余地はない。第二に、一面では外国人の権利はますます強まっている。これは、ソイサルの「ポスト・ナショナルな成員資格」という認識の元となった事実でもあるが、外国人が市民に近似してくると、外国人の権利はシティズンシップを価値の薄いものへと現に変えてしまう。しかし外国人の権利は、強固になった新しい型の成員資格を意味するというよりむしろ高度に階層化されており、国家間のみならず国家内においても、居住期間、入国方法、労働や福祉といった生活上の機能的分野によって異なっている。さらには、非市民の本質的な脆さがむき出しになるような制限的傾向が、アメリカを筆頭にヨーロッパでも見受けられた。第三に移民は、移民（および市民）が民族的少数者として獲得するような、少数者の権利を改めて前景に押し出した。こうした現象は、文化の個別性を護る多文化主義的権利と、多文化性を根拠に生じる差別を非難する反差別的権利という二種類にふたたび分かれよう。筆者は、多文化主義的権利の重要性はこれまで大いに誇張されてきており、たぶんそれは後退局面にさえあると論じる一方、反差別的権利はますます力をつけており、近年ではヨーロッパでさえそうであると主張する。

第4章は、シティズンシップのアイデンティティに移民が与えた影響について扱う。ますます多様化する社会に直面し、国家は近年シティズンシップを統合の道具として再発見し、最近まで実践してきた多文化的放任主義から手を引きつつある。この章では、移民や民族的少数者を対象とした国家の統合政策で発揮される、シティズンシップのアイデンティティについて精査しよう。筆者が主張するのは、こうした統合政策はある逆説に陥るということである。つまりその政策は、新参者を出身地と異なる特定の国民国家に束縛しようと試みるのであるが、新参者が受け入れ分かち合うよう正当に期待しうるのは、どこであろうと同じ自由民主主義の一般的な規則や原則だけなのである。したがって、なにが「アメリカ的」であり、「イギリス的」であり、はたまた「オランダ的」であるのかについて国家が表明した立場を概観すると、それらは根本的に同じものだと明らかになる。つまりシティズンシップのアイデンティティは、国家政策の範囲に入る限りで、(17)普遍的となったといえる。ただしそうしたアイデンティティは、目下ヨーロッパでとりわけムスリムが経験しているように、なお排他的なままでありうる。

第5章は、三つの次元にまたがるシティズンシップの変化のあいだにどのような因果関係や相互関連性があるのかという問題に取り組み、シティズンシップの将来はどうなるのかという不可避な問いを提起したい。シティズンシップの取得がより簡単になるにつれ、権利やアイデンティティの観点からその意義が薄まってゆくことは避けられない。シティズンシップを通じて「統一文明」(Marshall 1992)をつくりあげるという二一世紀のマニフェストはもう時代錯誤だと思われる。欧州連合(EU)シティズンシップはまさしくその未来の先駆けとなっているのではなかろうか。すなわちそれは、義務のない権利からなり、それ自体社会的にはとるに足らない、特定の文化的内容をもたない「軽いシティズンシップ《シティズンシップ・ライト》」なのだ。

訳注

＊1 ここでいうハイフン付きのシティズンシップとは、たとえば冒頭に出てくる「性的、文化的、生態的」といった形容詞が前につくような、分野・争点別のシティズンシップのことである。

＊2 「ポリツァイ(Polizei)」は、現代ドイツ語ではもちろん警察という意味だが、近代以前は統治および行政に関すること全般を包括的に意味していた。

＊3 「憲法愛国主義」(Verfassungspatriotismus)はハーバーマスの定式化による。一般に、国民が愛着を覚える文化や伝統ではなく、それから分離された普遍主義的な憲法的原理や価値への忠誠にもとづく祖国愛を指す。本書第4章を参照されたい。

＊4 ときに就労義務付雇用手当支給と訳される。就労を条件とした福利支給のこと。

＊5 ダンケルクの精神とは、非常時に同胞を進んで助ける連帯感を指す。第二次世界大戦初期の一九四〇年、ナチスの攻勢を受けたイギリス(とその同盟国)が大陸から撤退する際に、民間の小船舶所有者を含め多くのイギリス人が手助けをした出来事に由来する。

＊6 文化的スクリプトとは、個々のアクターに新たな事実や視点を受け入れさせない働きをする、制度と認識・行動の間を媒介するものである。つまり、制度にはその初期の目的や機能が達成されているかどうかに関わらず、再生産

され続ける可能性があることになる。

＊7　古代ギリシャにおける *métoikos*。納税や軍役などの義務を負う一方で、居住権や裁判権などの限定的な権利のみを有した外国人とその子孫のこと。

第2章　地位としてのシティズンシップ

世界の大部分の人びとにとって、地位としてのシティズンシップが問題となることはない。人びとはそれを生まれながらにしてもつからである。世界中のあらゆる国家において、シティズンシップを付与する主要な仕組みは、それを生得権《バースライト》として与えることである[1]。ある次元では、これは単にその利便性によっている。というのも、出生は人びとを国家へと割り当てる最も容易な手段だからである。しかしながらより深い次元では、これは国家の中核的な特徴を露わにする。すなわち、国家の成員資格は非自発的なものになりがちなのである。この特徴が、結婚という自発的行為に基づく家族を含めて、人間がなす他の形態の結合体の大部分と国家とを区別する[2]。またこれは、ホッブズからルソーにいたる政治哲学のなかで強調されてきた契約と同意という近代国家それ自体を構成するイデオロギーに真っ向から対立する。アイェリット・シャハーがその逆説を詳細に論じたように、「多くの場合、私たちは血統が他の採用基準の決定要素となるのを拒否している(例えば、競争的な人材募集や大学入試など)。しかしながら、国家の成員資格を割り当てるための原理を具体化するとなると、家族的な結びつきや出生による権利資格がいまだに私たちの想像力と法を支配している」(Shachar 2003: 347)。領域に基づく出生地主義のシティズンシップと、血縁に基づく血統主義のシティズンシップとを区別するとき、今日では、血統主義に比べて「市民的」な出生地主義が(より包摂的であるから)好ましいと強調されることが多い。しかしながら、これは国家の成員資格が非自発的であるという根本的な事実から脱線した区別である――どちらの場合も、市民を形成するのは選択ではなく出生なのである。

シティズンシップの取得が問題となるのは、自分が市民ではない国家へ入るために市民として生まれた国家を離脱した国際移民だけである。このような移民の数は過去数十年にわたって大幅に増加し、それが衰える気配は一向にない。一九七〇年から二〇〇五年の間に、国際移民の数は八二〇〇万人から二億人に増加した(GCIM 2005: 83)。国際移民は世界人口の三%を構成しているにとどまるが、先進諸地域(ヨーロッパ、北アメリカ、オセアニア)では大きな比率を占めている。移民をそれらの地域へと惹きつける理由は明らかであり、より高い賃金や安全、よりよい生活の期待である。こうして、一九八〇年から二〇〇〇年の間に、先進諸地域に住む国際移住者の数は四八〇〇万人から一億一〇〇〇万人へと倍以上に増えた。これに比べると、同じ期間における後進諸地域での増加は五二〇〇万人から六五〇〇万人とわずかにみえる(ibid.: 84)。移民を受け入れている主なOECD諸国では、外国生まれの人口は一〇%近くを占めており、それを上回る場合すらある(表1)。

「外国生まれ」の区分にはすでに帰化した市民も含まれることから、これらのデータは、(非市民たる地位として狭義に定めた場合の)「移民」の数を正確に示したものではない。移民は「外国生まれ」に含まれるが、「外国生まれ」を丸ごと満たしはしないのである。それでもこれらのデータは、OECD諸国の全域にわたって国際移民の存在が持続的であり、ほとんどの場合に高まり続けてすらいることをたしかに示している。これは、新規の受け入れを躊躇させる新たな安全保障上の懸念を高めた二〇〇一年という分水嶺の後ですらそうなのである。北西のヨーロッパ諸国では、外国生まれの人々は全人口の約一〇%を占めている。オセアニアでは約二〇%の水準にまで及んでいる。興味深いことに、アメリカは伝統的な移民受け入れ諸国よりもヨーロッパ諸国の数値に近くなっている(二〇〇五年に一二・九%)。ルクセンブルクとスイスは、それぞれ三三・四%、二三・八%という異様に高い外国生まれ人口を抱えており、ヨーロッパにおける(この点ではどこと比べても)例外である。もっとも、両国における「移民」の多くは、極めて豊かで先進的な小国に密集している国際機関や多国籍企業に所属するエリート職員たちである。

表1　OECD 諸国における外国生まれ人口の全人口に占める割合(%)

	1996	2000	2005
アイルランド	6.9	8.7	11.0
アメリカ	10.3	11.0	12.9
イギリス	7.1	7.9	9.7
オーストラリア	23.3	23.0	23.8
オーストリア	—	10.5	13.5
オランダ	9.2	10.1	10.6
カナダ	17.4	18.0	19.1
スイス	21.3	21.9	23.8
スウェーデン	10.7	11.3	12.4
ドイツ	11.9	12.5	—
ニュージーランド	16.2	17.2	19.4
ノルウェー	5.6	6.8	8.2
フランス	—	—	8.1
ベルギー	9.8	10.3	12.1
ルクセンブルク	31.5	33.2	33.4

典拠：OECD(2007: 330)

現代のこうした移民の数と、国家の成員資格がもつ非自発的な性質とを突き合わせたならば、「シティズンシップの取得」という問題は、何よりもまずシティズンシップの制度に移民が直面したという事実によって生じたものであるとすぐに気づくだろう。近代国家の正統性は、支配における主体と客体の一致を拠り所としている。君主が「朕は国家である[3]」と言えたかつての絶対主義国家とは異なり、それは人民による人民のための国家である(Dahl 1989: ch. 9)。近代国家とは、平等を支配的な原理として掲げる市民国家なのである。古代ギリシャのポリスにおいて、支配されども支配しなかった在留外人(*metics*)に類似した永久に下層にとどまる成員の存在は、その平等規範の眼に刺さるトゲである(Walzer 1983: ch. 2)。リベラルな民主国が制限的な入国管理政策によって領土内への侵入を阻止することはまったくもって正当である一方、ひとたび入国が認められたならば帰化を拒否することは困難である。長期に定住する相当数の移民人口の存在は、リベラルな民主政を背景として、移民にとってシティズンシップを取得しやすく包摂的なものとする圧力を発揮せずにはいない。少なくとも、シティズンシップに関連する法律がこうした包摂的な性質をいまだ示していない国家では、この圧力がはたらく(Rubio-Marin 2000)。煎じ詰めていえば、以上が過去半世紀間にわたり特にヨーロッパで経験されてきたことであった。

伝統的な移民受け入れ国とヨーロッパ諸国では、じっさい現代の移民問題に取り組む用意は異なっていた。前者は、歴史的に移民の実態に適合した包摂的なシティズンシップ体制をもっていたが、後者にはそれがなかった。出生地主義による生得的なシティズンシップは、イギリスの植民地主義を起源とするすべての新しい入植者国家において当初から実施されていたが、その端緒は大地とそこから生じるものがすべて領主に帰属するという封建主義にまでさかのぼる。この封建的な構造は、イギリス人入植者によって北アメリカやオセアニアに持ち込まれ、そして維持された。というのも、植民や周期的な移民活動を通して形成せざるをえなかった社会を統合するという要請にそれが適合するものだったからである。すべての新生児を自動的に新しい国家の市民にする出生地主義シティズンシップは、帰化の敷居を長期にわたり低く設定することによって補完される。アメリカでは、帰化への主な条件は基本的に現在まで半世紀以上にわたり変わっていない。五年間の合法的居住、「普通程度」の英語知識、公民テストの合格、「善良な道徳的品性」がそれである。ひとたびこれらの条件が満たされたならば、アメリカのシティズンシップを取得する法的資格が移民の側に生ずる。

一九六五年の米国移民法のリベラル化に従い第三世界からの移民を大量に受け入れた時代にあっても、アメリカのシティズンシップの法的な輪郭は驚くほどぶれていない。その歴史を通じて発生したいくつかの重要な変化は、実際のところ新たな移民とはなんら関係がなかった。一九五二年にはアジア系の帰化を不可能とする人種的排除に終止符が打たれたが、[4] これは、それに先立つ一〇年前に戦時同盟国の中国に対する「排華移民法」が撤廃されたことによって始まった動きであった。また、妻の国籍は夫のそれに従うものと規定したアメリカのシティズンシップ法における性差別は、すでに一九二二年に「既婚女性の帰化およびシティズンシップ法」(通称「ケーブル法」)によって撤廃されていた(Sapiro 1984)。

したがってアメリカの国籍法の歴史において、移民は驚くほど「小さな影響」しか及ぼさなかったというジェラルド・ニューマンの指摘は正鵠を射ている(Neuman 1998)。よく知られているように、一八六八年の合衆国憲法修正第一四条をもって確立された同国籍法の中核たる出生地主義シティズンシップは、[5] 連邦最高裁判所による不名誉なドレッド・スコット判決の後にアメリカ人奴隷の子孫へと参政権を与えるためのものであった。[6] これは、移民の包摂とはなんら関係がなかったのである。過去数十年間におけるひとつの重要な契機は、一九九〇年代半ばの共和党が多数を握る議会において、非合法移民の子供に対する無条件の出生地主義シティズンシップを留保する動きがあったことである(Joppke 2000)。皮肉なことにこの動きを知的に擁護したのは、ピーター・シャックとロジャース・スミスという二人のリベラルな学者による論争的な見解であった。両者は、ロック流のリベラルなシティズンシップからすれば、修正第一四条のシティズンシップ条項にある「法的管轄の要件」は、地理的な意味というよりも、むしろ同意的な意味で理解されねばならないと述べたのである（Schuck and Smith 1985）。だが、この動きは、一九九五年に行われた下院司法委員会の聴聞会において、「憲法それ自体の文言、起草者意思の明白な言明、そして一九世紀および二〇世紀に裁判所が保持してきた普遍的理解の否認を要請するだろう」（Aleinicoff 2000: 126 より引用）と論じられたことで、司法省により退けられた。憲法によって生まれ憲法で束ねられた国家において、シティズンシップ条項の立憲的な地位こそが、その条項自体を政治的な翻弄から守ったのである。[7] 帰化に関して言えば、一九六五年以降の移民時代に起きた些細ではあるが注目すべきひとつの変化は、再設計のうえ標準化されたシティズンシップ・テストが二〇〇八年に導入されたことである。このテストでは、「公民教育やアメリカへの愛国心および愛着を促進する」べく「より有意義かつ実質的で理念志向の」要素が優先され、歴史上の事実や出来事の無意味な暗記との決別が図られた。[8] 興味深いことに、この見直しの原動力はヨーロッパからきている。当のヨーロッパでは、シティズンシップが移民統合に果たす役割の格上げを目指し、近年になってイギリスなどの政府がアメリカ方式のシティズンシップ・テストを帰化手続きに加えていた。

制度的な連続性と歴史的に包摂的なシティズンシップ法を背景として、アメリカの学術研究ではそもそもシティズンシップに払われる関心は限定的だったのだが、その中で行われてきた研究は、シティズンシップの取得に関する国内的な違いを個人および集団の特性に応じて説明することに焦点を合わせてきた。特に関心が向けられてきたのは、数十年間にわたりアメリカ最大の移民集団であるメキシコ人が継続して帰化率が最低の集団だったという事実であり、(アングロ系に敵対的な)出身国の文化、社会経済的地位の低さ、教育の欠如、あるいはアメリカとメキシコの地理的近接性など、その要因について様々に言及がなされている。

アメリカの「だれが帰化するのか、それはなぜか」という問題については、アイリーン・ブルームラードが制度をめぐる興味深くひねりの効いた研究を行っている(Bloemraad 2002, 2006a, 2006b)。カナダとアメリカを巧みに比較するなかで、彼女は、一九五〇年頃ではカナダとアメリカとの間で移民が帰化する傾向はほぼ等しく、八〇%とかなり高い水準にあったことを見出した。しかしながらその五〇年後には、カナダのみが合法移民の約七五%という高い帰化率をしっかりと維持していた一方で、アメリカの帰化率は四〇%以下へと激しく落ちこんでいた(9)。これはとりわけ不可解なことである。というのも、帰化への誘因について言えば、カナダよりもアメリカのほうが、大勢の拡大家族移民の保証人になりうることを含めてシティズンシップ取得の恩恵はむしろ高いからである。考えてみれば、一九九〇年代半ば以降のアメリカでは、シティズンシップはいくつかの連邦福祉給付を受給するための要件になってもいる。いかなる集団的あるいは個人的な特徴も、この「帰化ギャップ」を説明することはできなかった。というのも、両国における移民人口の人口学的、社会経済的、そして民族的な特徴を操作した後でも、「帰化ギャップ」は一定だったからである。帰化に関する公的な敷居はカナダの方が若干低いだけであることから、シティズンシップ法ですらこの違いの謎を解く手がかりにはならない(10)。

その代わりにブルームラードは、両国政府がとった移民統合に対する規範的な姿勢のなかに、その説明を見出す。カナダ政府は、公式的な多文化主義政策の傘の下でシティズンシップの取得を積極的に推進してきた。これとは対照的にアメリカ政府は、クリントン政権が失敗を重ねた短期間を例外として、決して帰化および移民統合について干渉することなく「中立的」な姿勢を保ってきた（Murguia and Muñoz 2005による批判を見よ）。国家主導のキャンペーンや民族的組織によって過剰なまでに厚遇されたカナダの移民は、アメリカと比較して温かな歓迎に対するかれらなりの「感謝を示す流儀」として、多くの場合に同国のシティズンシップを選択している（Bloemraad 2002: 218）。アメリカの方式では、せいぜい「権利と経済的機会」の観点からシティズンシップへの道具的な関心を喚起するにとどまるが、カナダの方式は「参加し報いる義務」というシティズンシップへの非道具的な考え方を促すのである（Bloemraad 2006a: 153）。これらの発見は二つの観点から刺激的である。第一に、帰化、シティズンシップ、移民統合をめぐるアメリカとカナダのパターンの間にある驚くほどの違いを明らかにしたことである。この差異は、「北アメリカ」という総称によって（あるいはむしろ、アメリカでカナダが完全に無視されることによって）埋もれがちであった。しかし第二に、より重大ですらあるのは、シティズンシップ取得の奨励と公式の多文化主義政策はこんにちのヨーロッパ諸国のように矛盾する関係にあるとは限らず、カナダだけかもしれないが相互補完的になりうることを示した点である。

移民がシティズンシップに突きつけた課題は、伝統的な移民国家とは比較にならないほどヨーロッパでは困難をきわめた。というのも、フランスを除いて、ヨーロッパ諸国のシティズンシップ法は移民を市民に転換する観点から形成されたものではなかったからである。ドイツの場合、一九一三年制定の「帝国籍・国籍法（Reichs- und Staatsangehörigkeitsgesetz）」における民族的に偏向した処遇は、リベラル化されたとはいえ今なお公式に実施されているのだが、もともとは望ましくないポーランド系移民がドイツの市民集団へと参入することを阻止する意図すらあった(Brubaker 1992: ch. 6)。露骨な敵意ではなくとも、ヨーロッパ諸国のシティズンシップ法における移民への無関心さは、生得権付与のメカニズムとして血統主義が優勢なことや、もっぱら裁量的かつ場当たり的な帰化手続きのなかに表れている。そこでは、出生後のシティズンシップ取得はつねに例外であった。その極端な例はドイツである。ドイツは、一九九九年のシティズンシップ法の改正まで出生地主義のかけらも混じらない純粋な血統主義の体制であり続けた。一九九〇年代の初頭までは、「ドイツの利益のため」となる場合に限り帰化が認められ、さらに移民の完全な文化的同化をも要求していたのである(Hailbronner 1989; Joppke 1999: 200-202)。

長期にわたりヨーロッパで最も排他的なシティズンシップ体制のひとつだったドイツと、新世界で最も包摂的な体制であったカナダとの間で帰化率が大幅に異なっているのは不思議ではない。一九九〇年から二〇〇三年までの間(すなわちドイツのシティズンシップ法における三度の連続的なリベラル化の後)に、ドイツでは外国人住民一〇万人あたりで一二五〇件しか帰化が行われなかったのに対し、カナダではそのほぼ一〇倍(一万一八〇〇件)の帰化が行われていた[11]。

北アメリカ諸国のシティズンシップ体制の高い包摂性には長い歴史がある一方で、重要なことにヨーロッパ諸国の体制は過去数十年のうちにより包摂的な方向へと大きく舵を切っている(表2参照)。このデータは、各国で異なるシティズンシップ法の包摂性を反映しており、ヨーロッパ諸国における帰化率のばらつきが持続していることを示している。しかしこのデータは、ルクセンブルクを例外として、イギリスの二〇%増という(ただし、もともと高い出発点からの)穏やかなものから、ドイツの(明らかにヨーロッパで最低レベルからの)六〇〇%増という劇的なものまで、帰化率が過去二〇年間で著しく増

表2　北西ヨーロッパ諸国における平均帰化率

	1985-90	2000-05
アイルランド	0.39	1.37
イギリス	3.57	4.22
オーストリア	2.16	4.33
オランダ	3.52	5.36
スウェーデン	4.68	7.66
ドイツ	0.36	2.09
フランス	1.22	4.73
ベルギー	2.42	7.28
ルクセンブルク	0.79	0.43

注：数値は外国人居住者人口に占める帰化移民の割合を示す（%）
典拠：Howard（2009: 217）

加したこともまた示している。もっとも、こうした増加率は帰化制度のリベラル化を示しているというよりも、各国の移民人口が徐々に成熟し、居住期間が長くなるにつれて、より多くの人びとがシティズンシップの適格者となったことを単に反映しているだけかもしれない。

したがって制度的変化の影響を評価するには、マーク・モージェ・ハワードの「シティズンシップ政策指標（Citizenship Policy Index, ＣＰＩ）」を参考にするのが有益である。これは、過去四半世紀のＥＵ加盟国におけるシティズンシップ法の方向性を評価するために彼がまとめたものである（Howard 2009: ch. 1）。ハワードは、出生地主義条項の有無、二重シティズンシップの許否、帰化の相対的な容易さについて（それぞれ〇点から二点の）ポイントをつけることで、東方拡大前のＥＵ加盟国を三つの集合に分類した。その分類は、「リベラル」（合計が四点以上のもっとも高い点数の国々）、「中間」（一・五点以上四点未満）、「制限的」（〇点以上一・五点未満）からなる。ハワードによるＣＰＩのレンズを通してみると、一九八〇年代のヨーロッパにおけるシティズンシップの状況は次のようなものである。大部分の国は「制限的」であり、七カ国がここに分類される。四カ国が「中間」であり、他の四カ国は「リベラル」に属している（表3参照）。

四半世紀後には「制限的」な国は七カ国から五カ国に減り（ドイツとルクセンブルクが「中間」に昇格したため）、「中間」は四カ国から二カ国に減少した（以前に「中間」に属していたすべての国家、す

表3　ヨーロッパのシティズンシップ体制の変化

	1980年代	2008年
制限的	ドイツ・オーストリア・ルクセンブルク・イタリア・ギリシャ・スペイン・デンマーク	オーストリア・デンマーク・ギリシャ・スペイン・イタリア
中間	フィンランド・スウェーデン・ポルトガル・オランダ	ルクセンブルク・ドイツ
リベラル	フランス・アイルランド・ベルギー・イギリス	オランダ・フィンランド・ポルトガル・アイルランド・フランス・イギリス・スウェーデン・ベルギー

典拠：Howard (2009: ch. 1)

なわちフィンランド、スウェーデン、ポルトガル、オランダが「リベラル」に昇格したため)。結果として「リベラル」なシティズンシップ体制をもつ国の数は四カ国から八カ国へと倍増し、いまや東方拡大前のヨーロッパ諸国におけるシティズンシップ体制の図抜けて大きな集合となった。もっとも重要なのは、一九八〇年代から二〇〇八年の間に別の分類に移った六カ国のすべてが、リベラル化する方向に進んだことである。

ここから二つの問いが生じる。第一に、シティズンシップの明白なリベラル化を構成しているのは何なのだろうか。第二に、少数の例外はあれ、ほとんどのヨーロッパ諸国がシティズンシップ法をリベラル化しているか、あるいはリベラルなシティズンシップ法を歴史的に維持している理由はどのように説明しうるのか。二つの問いに順に答えた後、本章の後半では、リベラル化に対抗する近年の二つの趨勢を議論しよう。ひとつは、二〇〇一年以降に導入された、もっぱら帰化に関係する新たな制限化の傾向である。もうひとつは、シティズンシップの「再民族化」という傾向であり、これは出国した自国民の子孫が祖先のシティズンシップを保持あるいは再取得することを許容する新たな法と政策からなる。こうした制限へと向かう対抗的な趨勢が、過去二〇年間のリベラル化を凌駕するものなのかという問いをもって、本章を締めくくりたい。

一　リベラル化しゆくシティズンシップ

まず、ここ半世紀で徐々に取り除かれていった、シティズンシップ取得における二種類の障壁を区別しておかなければならない。シティズンシップを取得する際の最も致命的な障壁は、人種や性別に基づく集団単位の差別である。この差別の存在は、ヨーロッパから北アメリカ、オセアニアにいたるすべての西洋諸国のシティズンシップ体制に共通する特徴であった。人種差別は、アングロサクソン系入植者による国家のほうが(ナチス政権下のドイツを例外として)ヨーロッパ諸国よりもいっそう明瞭かつ露骨だった。性差別に関しては、すべての国で「扶養家族国籍」という原則により妻のシティズンシップは夫のそれに従うものとされていた。その建前上の目的は家族的なまとまりを保護することであったが、実のところこの原則は家父長制を祭り上げていた(ILA 2000: 16f.)。さらにヨーロッパに特徴的なのは、当時支配的だった血統主義における不平等なシティズンシップの継承法制であり、それによれば自らの子どもに国籍を授けることができるのは女性ではなく男性だけであった(もっとも、はるかに数は少ないが、北アメリカでも外国で生まれた子どもはどこであれ父系の血統主義によってシティズンシップを取得するという類似の規定は存在した)。西洋諸国の国籍法における性差別は、一九八〇年代の半ばまでには大部分がその姿を消した(Vink and de Groot 2008: 9)。

以下で議論するリベラル化は、どれも集団ではなく個人に対する制限を標的にしたものである。個人単位の制限によって、かつて移民は(帰属する集団の成員というよりも)移民それ自体として、ナショナルな市民集団から締め出されていた。この制限のリベラル化が、ヨーロッパのシティズンシップ体制を伝統的により包摂的な北アメリカやオセアニアの体制へと近づけたのである。個人を単位とするリベラル化のうちで最も重要なのは次の三つである。第一に、移民の子どもについて伝統的な血統主義シティズンシップが出生地主義シティズンシップの要素によって補完されたこと、第二に、帰化における国家の自由裁量が縮小したこと、第三に、二重シティズンシップが容認されたことである。

1　血統主義と出生地主義の混合体制へ

西洋諸国のシティズンシップ法に関するすぐれた論評が認めているように、「シティズンシップ取得をめぐる法制度が、リベラルで民主的な諸国家間で収斂していく顕著な動向」が二一世紀の初頭まで存在した(Aleinikoff and Klusmeyer 2002: 7)。出生地主義の国家と血統主義の国家とを厳密に区別することはもはや意味をなさない。というのも、今ではほとんどの西洋諸国が両方の要素を組み合わせているからである。オーストラリアや(ヨーロッパでは)イギリスとポルトガルといった伝統的に出生地主義をとる国家の多くが、現在は外国人の新生児に対する国籍付与の条件として、両親による一定期間の合法的居住を関連づけている。これとは反対に、いまやヨーロッパ大陸の伝統的な血統主義国家の大部分は、第二、第三世代の移民に対して出生時に自動的に、あるいは出生後に、何らかの方式でシティズンシップを付与している。とりわけ今日のＥＵ加盟国のほとんどは、第二世代の移民に権利としてシティズンシップを与えているのである(Hansen and Weil 2001)。

ここで言おうとしているのは、二つの生得的シティズンシップの間に道徳的な均衡があるということではない。一九世紀の初頭では、ヨーロッパ大陸の血統主義は近代性と進歩の要諦だったのだが、二〇世紀末になると「国際法によって国籍の領域的・市民的な発想が巧みに強化された」のである(Orentlicher 1998: 312)。

ともあれアレイニコフとクラスマイヤーが観察したように(Aleinikoff and Klusmeyer 2002: 2)、血統主義と出生地主義の両要素を組み合わせた混合体制に向かうのが今もなお支配的な傾向である。領域的なシティズンシップへと向かう近年のヨーロッパの趨勢は、一九九九年には「民族的」な国民性の伝統ゆえに最もそれが実施されそうになかった国家にまで及んだのだが、当のドイツは、アメリカあるいはカナダといった純粋な出生地主義の体制を模倣しているわけではない。その代わりに、領域的なシティズンシップの付与を一方の親の合法的居住あるいはその出生地へと関連づけている(一八八九年にフランスが先鞭をつけた「二重出生地主義[*1]」と同様である)。あるいは、出生地主義と居住地主義(*jus domicilii*)とを組み合わせ、申請者による出生後の最低限の居住を領域的なシティズンシップに結びつけている。混合体制が好まれるのは、無条件の出生地主義システムは、純粋な血統主義の体制と同じくらい、国境を越えた移動が激しく拡大する時代に適合するものではないという事実を反映している。前者は包摂性が過剰であり、後者は包摂性が不足しているのである。国際司法裁判所による一九五五年の画期的なノッテボーム判決以来、国籍は一個人と一国家との間にある「真正な結合」を反映すべきとする合意がある[12]。純粋な血統主義システムと純粋な出生地主義システムは、いずれも同じくこの理想に達することができない。というのも、どちらのシステムであれ、出生という偶然の事実のほかに国家に対するさらなる愛着を要求するものは何もないからである。したがって、一九八〇年代初頭にポルトガルやイギリスといった純粋な出生地主義国家がそのシティズンシップ法に血統主義の要素を加えたことと、同時期にベルギー、その一〇年後にドイツといった血統主義諸国が出生地主義の要素を組み込む真逆の方向に動いたこととの間に、なんら矛盾はない。どちらの動きも、移民の時代にあって「真正な結合」という要件をおおよそ満たせるような、シティズンシップの混合体制へと向かう同じ趨勢の一環なのである。

2　裁量としての帰化から権利としての帰化へ

西洋諸国のシティズンシップ取得の法制度をめぐる最初期の(そして今でも最も優れた)社会学的な比較において、ロジャース・ブルーベイカーは、アメリカとカナダで広くおこなわれている「権利として」帰化を扱う手法と、特にスウェーデン、ドイツ、イギリス、フランスといったヨーロッパで支配的な「裁量として」帰化を扱う手法とを区別した(Brubaker 1989b)[13]。この区別は、伝統的な入植者国家における機械的なシティズンシップ取得と、一九九〇年代以前のヨーロッパにおける帰化の例外的な性質とを正確に反映しているが、現在ではもはや維持しえない。もっとも、ある意味では、アメリカの「善良な人格」の条項のような解釈自由な規定がつねに国家へ若干の自由裁量を許容してきたことを考えると、そもそも二つの手法を類別できていなかったともいえる。この自由裁量は、基本的な国家主権を映し出すものである。ハンナ・アーレントが引用した当時の国際法学者によれば、当の国家や体制が何であれ、国家主権とは「移民、帰化、国籍、国外追放」といった事柄においてこそ最も絶対的となる」(Arendt

1979[1951]: 278）。そうは言っても、ヨーロッパ諸国の帰化法制における「権利として」の要素は着実に強化されてきており、この領域における観念的な国家主権を制約しつつある。この変化は特にドイツで劇的であった。ドイツでは伝統的に帰化は国家の恩寵による例外的措置であり、「公益」のみが考慮され、シティズンシップ申請者の利害は一切考慮の対象から除外されていた。しかし一九九三年以降は、長期に居住する外国人とその子どもを対象に権利として帰化が認められてきた。さらには、個々人について実施されていた過酷な文化的「同化」テストが、より容易で包括的な「統合」要件に置き換えられた。当初はドイツ国内で一定期間居住し学校教育を受けた後に「統合」が生じるものと想定されていたのだが、その後「統合」は、ドイツ語能力と憲法原理に対するコミットメントの表明、そして二〇〇七年九月以降は市民統合テストの合格に条件づけられることになった。

　ドイツの事例は、シティズンシップ取得において国家の自由裁量が制限されていく大きな潮流を裏づけるものである。同様に、（デンマークのような）いくつかの国において議会の決議すら要求しているシティズンシップ取得を、用心深く守られた例外的措置から行政上の機械的業務へと転換する大きな潮流を確証するものでもある。帰化に必要な居住期間を全般的に短縮し、[14] 帰化手続きに関連する法律を標準化することに並んで、帰化の前提条件から文化的同化を消去する傾向が顕著である。たとえばベルギーは、まず一九八五年に統合要件を事実から意志へ（つまり、「実際の適性」から「統合の意志」へ）と緩和し、その後、シティズンシップの付与には継続的な居住のみで十分とみなし、すべての「統合」要件を放棄したほどである。フランスの国籍法だけがシティズンシップ申請者の「同化」を今なお正式に求めている。もっとも、フランスの最高行政裁判所であるコンセイユ・デタは、判例法においてフランス語の「十分な知識」という観点から「同化」を狭義に解釈しており、加えて「十分な知識」のレベルは各人の教育水準や社会的地位しだいであるとしてきた。さらにコンセイユ・デタは、二〇〇八年六月にその立場を劇的に反転させるまで、ムスリム移民のシティズンシップの要求をスカーフ着用を理由として拒否する威圧的な行政官を繰り返し牽制してきた[15]。概して、シティズンシップ取得において文化的同化の要求が控え目なことには、（Scott 1998 や E. Weber 1977 が描いたような）強引な国民形成を自制する現代のリベラルな国家の姿が表れている。すなわちリベラルな国家は、個人が国家規格の鋳型による複製でしかないような文化的に均質な市民集団を創出しようとはしていないのである。

3　二重シティズンシップの容認へ

伝統的な移民国家は、少なくとも入国してきた移民に対してはつねに二重シティズンシップを許容してきた（出国した移民に関してはそうとも限らない[16]）。アメリカは、移民が帰化手続きで忠誠の誓いをする際に出身国の国籍を放棄することを形式的に求めてはいるが、それを実行したかについてはいつも目をつむってきた。ヨーロッパでは、二重シティズンシップに対する姿勢はかなりばらつきがあり、イギリスやフランスのようなかつての植民地大国は容認してきたものの、大陸ヨーロッパ諸国の大部分は長らく拒絶してきた。一九世紀末から一九六〇年代にかけての国際法および国際世論は、二重国籍に断固として反対していた。アメリカの政治家のジョージ・バンクロフトが、二重シティズンシップを「重婚」と結びつけ、「ひとたび一人の男が二つの国に属するのを許せば、二人の妻をめとるのを許すことになる」（Koslowski 2000: 206 より引用）と述べたのはよく知られている。二重国籍の拒絶は、一九三〇年の

「ハーグ条約」において法定化され、「すべての人が一つの国籍を有するべきであり、かつ一つの国籍だけを有するべきである」と定められた。この制限的な方針は、欧州審議会による一九六三年の「重国籍削減条約」でも踏襲され、これにより締約国間での二重国籍は禁止されることとなった。

二重シティズンシップを拒否する理由は単純である。二重シティズンシップは、古典的な国民国家の区分けの論理、すなわち一人の人間は一度に一つの国家にしか属せないと命ずる論理に背くものだからである。この論理は、ナショナリズムが高揚した時代に経験的に強化された。というのも、その時期の国家間を関係づける自然な在り方は戦争状態だったからである。

これとは逆に、二重シティズンシップの容認は、第二次世界大戦後の西洋における平和を背景とし、区分けられた国民国家の世界が機能分化の論理によって侵食されていることを反映しており(17)、その機能的性質は、成員資格と忠誠が複数であることを求めている。機能的論理が入り込んでいることは、二重シティズンシップの容認に関するカーネギー財団の主張からも明らかである。「経験的にいえば、圧倒的に多くの近代国家が、市民社会において競合する忠誠心や愛着を幅広く容認あるいは奨励している。例えば、家族、仕事、地域共同体、宗派、スポーツチーム、政治的・非政治的な主張を促す非政府組織などである。そして、そのような愛着を……国民国家に対する忠誠心との……重婚あるいは両立しえないものとして扱ってはいない」(Aleinikoff and Klusmeyer 2002: 29)。

二重シティズンシップの容認は、民族的なシティズンシップから領域的なシティズンシップへと向かう全般的な趨勢の一環であり、それを後押ししているのは、増大する移民人口を統合しなければならない国家である。二重シティズンシップの容認と移民統合との間にある結びつきは、欧州審議会による一九九七年の新しい「欧州国籍条約」において明らかである。この条約は、「大規模な移民人口を生み出すヨーロッパ諸国間の労働力移動［および］永住者を統合する必要性」に照らして、それに先立つ一九六三年の厳格な二重国籍禁止から逸脱することを正当化したのである(Council of Europe 1997: 23)。

しかしながら、リベラルな国家をこうした方向へと牽引してきたのは、移民を統合しなければならないという制約だけではなく、両性の平等という要求でもあった。戦後すべての西洋諸国が、フェミニストの関心に応じるかたちで父系の血統制度を廃止していくに従い、移民問題として認識される前でさえすでに二重シティズンシップは社会的現実になっていたのである。

移民があふれる世界にあって、国家がどんな態度をとったとしても、二重シティズンシップがますます増加するほかない理由は二つある。第一の理由はすでに指摘した両性の平等であり、これは一九六〇年代以降のあらゆる西洋諸国の国籍法がもつ特徴となっている。これにより、国籍が異なる夫婦の場合には二重シティズンシップが生ずるのを避けることはできない。というのも、いまや夫と妻がそれぞれの国籍を血統主義に基づき子どもへと平等に継承させているからである。第二の理由は、世界には出生地主義と血統主義のいずれかを主とする体制が併存しており、この状況が消失しそうにないことである。これは二重国籍を生じさせずにはいない。というのも、出生地主義の国家で外国人の両親のもとに生まれる子どもは、出生地主義によってその国のシティズンシップを取得し、そして血統主義によって両親のシティズンシップを取得するからである。この二つの理由に、継続的な人口移動という事実を加えて考えてみれば、二重国籍が増え続けるほかないことがわかるだろう。

国家が二重国籍を制限しうる主な方法は、帰化に制約を加えることである。すなわち、入国してきた移民が帰化する場合にはもともとの国籍を放棄する要件を課し、そして出国した移民が他国へ帰化する場合には自動的な国籍喪失の規定を設けるのである。これによって国家には、(広く捉えれば移民の子どもを含めた)すべての移民人口のうち、第一世代の移民という少数だが伝統的に厄介な集団が残される。この世代の移民は、強い帰国意思ゆえに早急な帰化を避けることが知られている。また、ヨーロッパですら、生得権としてのシティズンシップがますます領域を基礎としたものになるなかで、かれらの新しく生まれた子どもがすでに取得している二重国籍を、今後も生み出していくであろう人びとである。これとは逆に、早急に帰化をする可能性が最も高く、また国籍放棄の要件が脅威となる難民に対しては、二重国籍に頑強に反対するドイツのような国家ですら、国際法と国内法の下で出身国の国籍の保持を許している。

平等と人権への配慮、不可避だという諦念、そして二重シティズンシップの利益はその費用をはるかに上回るという多数意見とが合わさった帰結として、二重国籍の容認はいまやヨーロッパにおける支配的傾向となった(Howard 2005)。スウェーデンのみが哲学的な理由に基づいて(二〇〇一年から)二重国籍を是認しているものの、その他のヨーロッパ諸国のほとんどは実利的な理由からそれを容認している。[18] もちろん、二重国籍をかたくなに拒否するEU東方拡大前の中心的な加盟国もある。それは、ドイツとオーストリアという二つのゲルマン系国家と、激しい右翼運動に囚われているオランダとデンマークという二つの小国である。しかし、二重国籍をいまだに拒絶しているのは東方拡大前の一五カ国中の四カ国にとどまっており、明らかに拡大前のヨーロッパでは少数派である。この四カ国ですら、「欧州国籍条約」の第一六条により、移民が出身国のシティズンシップを放棄することが法的に不可能である場合、あるいは放棄の条件が容認し難い場合、はたまた難民の場合には、例外措置を設けることが求められている。これに従い、二重国籍の否定国における帰化の半数ほどが二重国籍を伴うものになっているのである。(19)

二　シティズンシップがリベラル化した背景

ヨーロッパにおいてシティズンシップ法が進化しているという事実は、それ自体が「文化的特質」に立脚する手法(Brubaker 1992)に真っ向から対立している。この手法は、シティズンシップをそれぞれ異なる国民性の伝統のもとで固定されるものとして捉える。とすると、実際には変化や収斂よりも停滞や差異の持続を予想することになろう。しかしながら、先に述べた展開に触発されるかたちで、一九九〇年代後半から、ヨーロッパはよりリベラルなシティズンシップ法政策へと収斂しているとの見方で研究者間には一致がみられる。(20)ドイツが遅ればせながらリベラル化へと「躍進」した後には、リベラル化に向けたさらなる改革が、ベルギー(二〇〇〇年)、ルクセンブルクとスウェーデン(二〇〇一年)、フィンランド(二〇〇三年)、ポルトガル(二〇〇六年)でなされた。そのすべてが出生地主義を強化し、帰化のための居住やその他の要件を緩和し、二重国籍を容認するという方向に進んだのである(Bauböck 2006b: 4)。

パトリック・ヴェイユ(Weil 2001)は、二五カ国にわたる見事な比較研究を行い、次の三つの要因が重なった場合に非差別的でリベラルなシティズンシップ法が形成されると示唆した。第一に、過去に十分にまとまった移民の流入があったことである。これが国家内に多数の恒常的な非市民を生み出す。第二に、国家権力の主体と客体の一致を命ずる、確固たる自由民主主義的な価値があることである。第三に、国境線が堅固であり、国民形成がまだ途中であるとの懸念がないことである。この懸念があると、民族性に基づく差別が必要であるという感覚を引き起こしかねない。この簡素な枠組みの説得力は大きい。たとえばドイツは、一九五〇年代後半から世界でも最大規模の移民を受け入れた国家の一つであり、また、今日ではもちろん自由民主主義が根付いた国と捉えられてしかるべきであるが、二〇世紀末までその民族的に閉じられたシティズンシップ体制を見直すことはなかった。その単純な理由は、国家と国民との境界線の不一致が障害だったからである。一九九〇年にドイツが再統一されたことでようやく、抱えこんだ膨大な移民人口を市民集団へと自由に包摂する道が開けたのである。この転換の前では、民族的なシティズンシップは国家統一の架け橋として認識されており、国民としてのコミットメントが不明確である外国人を過度に市民集団へと包摂することは、潜在的に国家統一の土台を掘り崩すものと考えられていた。あるいはイタリアを考えてみよう。イタリアは、欧州共同体の六つの設立国の一つであり、ドイツ同様、一九四五年以後のリベラルな民主国としての信認は疑いない。そして先のドイツとは対照的に、未解決のナショナルな問題を抱えていなかった。とすると、どうしてイタリアは一九九二年に帰化に必要な居住期間を二倍にし(五年から一〇年へ)、国内で生まれた外国人の子どもがシティズンシップを取得するのを著しく困難にするシティズンシップ法を通過させたのであろうか。ヴェイユの枠組みで考えると、歓迎されない大量の「域外移民」の流入は、一九八〇年代のイタリアにとって予想外の出来事であり、一九九〇年代前半において(そして今日でさえも)長期にわたる事実として認めるにはあまりに日が浅く、動揺が広まりすぎていたからである。最後にイスラエルの例をあげよう。イスラエルは、中東で唯一安定した民主国であり、アメリカにも劣らぬ「移民国家」でもあるのだが、今後もリベラルなシティズンシップ法が現れることはなさそうである。というのも、国家と国民の境界が構造的に一致せず、国境内部に加えて市民集団の内部にさえも、急増するパレスチナ系少数者という一触即発の存在を抱えているからである。

ヴェイユの理論は、リベラル化を促進あるいは阻害する構造を的確に同定している。だが、変化を誘発あるいは抑止しうる主体に関しては沈黙している。その語り口は、まるで変化が起きたのは変化する必要があったからであるというように、機能主義的かつ目的論的である。この語り口では、シティズンシップの政治があるのだという事実と、それにより、たとえすべての構造的な要因を備えているとしても、リベラル化以外の結果に至りうる可能性があることを見過ごしてしまう。ドイツで移民に対して包摂的なシティズンシップ法を可決するためには、一九九八年の政権交代、すなわち保守派のキリスト教民主同盟（CDU）から左派の社会民主党（SPD）への政権交代が必要だった。しかし、そうした法律の必要性は一九八四年にはすでに認識されていた[21]。実際のところ、以前拙稿で指摘したように（Joppke 2003）、シティズンシップ法を移民に対して包摂的なものとする（選挙では不人気となりがちな）改正をあえて通過させてきたのは、左派政権がほとんどなのである。おそらくこれは、左派の本能的な国際主義と進歩主義的な心構えによるものであろう。ハワードが観察したとおり、一九八〇年代から二〇〇八年にかけてシティズンシップ法をリベラル化した六カ国のうち五カ国は、中道左派政権か左派を含む大連立政権のもとにあった（Howard 2009: 59）。これとは逆に、右派政党がより包摂的なシティズンシップ法に賛同することは少なく、また、国外から入国した移民よりも出国した自国民の包摂を優先する傾向がある。これは、出国した自国民の子孫による祖先のシティズンシップの再取得を許容する「再民族化された」シティズンシップ法という観点によっている。しかしこれは、多くの場合、国際法における「真正な結合」という規範に大きく違反している。

マーク・ハワード（Howard 2009）は、ＥＵの二七加盟国のシティズンシップ法について説得力のある比較研究を行い、「政治は重要である」という議論をより精緻に仕上げている。とりわけ彼は、政府がどんなイデオロギーをもつかということよりも、むしろ外国人嫌いになりがちな大衆を動員可能な極右の政党ないし運動が存在するかが重要だと示した。強力な極右の反抗に直面した場合には、たとえ左派政権であってもそれに屈服し、本来よりも包摂性の劣るシティズンシップ法を可決させるものである。この典型例が、ドイツにおける一九九九年のシティズンシップ法改正にまつわる紆余曲折にみられる（ibid.: ch. 6. 併せて Joppke 2000 を参照）。それは、ゲアハルト・シュレーダー首相と緑の党に所属し副首相となるヨシュカ・フィッシャー率いる赤緑連立政権が始動する直前の遥かに大胆な提案から始まった。その提案とは、出生地主義により出生時にドイツ人となる移民の子どもと帰化する移民に対して、全面的に二重シティズンシップを容認するというものであった。ドイツの国籍法を「近代化」するこの急進的な提案は、保守系の野党ＣＤＵがヘッセン州にて行った反対署名活動が大いに成功したことで頓挫する。この署名活動は、一九九九年に行われた同州の議会選挙におけるＳＰＤの敗北を助長したほどである。この敗北によって、ドイツの上院である連邦参議院の多数派の構成が改めて変化し、新しいシティズンシップ法を可決させるためにはいずれにせよＣＤＵの同意が必要となった。この結果、ドイツの二重国籍に対する伝統的な忌避感は永続化することになった。その忌避感は、一九九九年の新たな出生地主義の規定において、出生地主義シティズンシップをまずは暫定的なものとし、その保持を望む人びとに対しては、血統主義で得たもう一つの国籍を成年時に放棄するよう要求したことに表れている。この規定は、かつての民族的なシティズンシップ法と比較すれば「リベラル化」されたものではある。しかしこれは、政治的右派による大衆動員という束縛により、本来ならば到達できるところまで辿り着かなかった規定の一つであった。このドイツにおけるシティズンシップの逸話と、一九九〇年代と二〇〇〇年代前半にオランダ・デンマーク・オーストリアで起きたさらに制限的なシティズンシップの逸話は、ある不快な真実を露わにする。民主政は、移民とリベラルなシティズンシップにとって悪いものなのである。

三　九・一一後の新たな制限

二〇〇一年以後の宗教テロリズムに触発されるかたちで、過去十年間にわたりヨーロッパでは、特にムスリムについて移民統合が失敗しているのではないかという懸念が広がっている。これを受けて、一九九〇年代後半のオランダを皮切りに、大陸ヨーロッパ諸国の多くが新入移民に対する「市民統合」の講座やテストに創意を凝らしている。そして市民統合要件の合格が入国許可と居住許可に結びつけられたことにより、それらの講座やテストは時とともにますます義務的かつ抑圧的な性質を帯びている(Joppke 2007a)。イギリスを例外として、近年になってより厳格な言語要件と統合要件とを帰化手続きに盛り込んだすべての国家は、改変された移民統合政策を背景として真っ先にそうした施策を導入してきた。オーストリア、デンマーク、フランス、オランダ、ドイツなどがその例である。これから入国する移民に期待されること、すなわち受け入れ国家の言語を使用し、その歴史や制度、日常生活に関する基礎的な知識を習得することが、シティズンシップ申請者に対しても同様に求められていることは明白である。

したがって、移民統合における既存の制約を帰化へも拡張しようとする内的な論理が存在している。しかし、なおも注目すべきは、厳格化された帰化制度を基礎づける考え方の変化である。言語要件と統合要件が導入される以前では、統合は必要とされる合法的な居住期間のなかで生じるものとして想定されていたため、それが明示的にテストされることはなかった。いうなれば、現在の明示的で標準化された手続きに期待されているのと同じことは、時間と非公式の経験によって実現されるという信頼があったのである。これに加えて、帰化を統合の道具とする以前の流儀は、帰化を統合の終着点、あるいは統合の見返りとする新しい流儀へと置き換えられた――「優勝者への賞与」としてのシティズンシップという、オランダにおける観念のように(van Oers, de Hart, and Groenendijk 2006: 403)。

以前リベラル化がなされた時期にシティズンシップの価値が低下したという認識が、多くの場合、近年における帰化要件の厳格化の背景になっていることは興味深い。すなわち、帰化要件を厳格化することで、近い過去にシティズンシップ取得を容易にしすぎたことを見直しているわけである。リベラル化の主たる目的はシティズンシップを一つの権利に転換することであるが、諸権利をもつことそれ自体が一つの権利にはなりえないから、これは逆説的である。このシティズンシップの権利化に対抗する新たな制限の目的は、シティズンシップのより基本的な性質を取り戻すことにある。すなわち、特権であり、出生という恩寵によって授けられ、それをいまだもたない人びとに授ける場合には用心深く監視される、そんなシティズンシップの性質である。新たな制限とは、シティズンシップが主権および政治的共同体の自己決定と密接に結合する状態への回帰なのである。

新たな制限がシティズンシップの権利化に対する反動であることは、とりわけドイツの事例において明らかである。一九九三年の改革以来、ドイツでは、一定の条件が満たされた場合には帰化をする権利が認められてきた。これは、帰化に必要なすべての形式的な要件が満たされたとしても、いつでも国家が申請者に対して「否」と言える、他のほとんどの国とは対照的である。なぜか一九九二年に廃止され一九九九年に再導入された言語要件は別として、帰化における統合要件は、ドイツ基本法のリベラルで民主的な原則を申請者が共有するという、予め決まった「告白文」をしたためることだけであった。この名ばかりの「告白文」の性質は、権利中心的な帰化手続きにおける国家裁量の弱体化を背景として、二〇〇五年九月にバーデン＝ヴュルテンベルク州政府がムスリムの帰化申請者だけに対して担当官が利用するよう仕向けた、尋問まがいの差別的な「面接指針」を打ち出す口実となった(22)。数ある質問項目のなかで、同性愛、女性の平等、イスラム教徒によるテロリズムに対する申請者の態度を綿密に調べ上げる点において、この面接指針は、リベラルな国家はリベラルな人びとだけのためにあるという奇妙な国家観に突き動かされた道徳テストに等しい。同州の不審な面接の実施は全国規模の論争を巻き起こし、その結果、正規の市民統合講座およびテストの滞りない合格を帰化の前提条件として導入すること、また、これに従い、以前より移民統合政策の一環だったことをシティズンシップ取得の領域へも適用することがドイツ各州の合意となった(23)。

もっとも、新たな制限の先導役を担ったのはドイツではなく、オランダ、オーストリア、デンマークであった。オランダの例だけを考えてみよう。(24) オランダは、統合の「道具」としての帰化から「終着点」としての帰化へ、あるいは、移民の「権利」から政治的共同体によって与えられる「特権」へという考え方の転換が、ヨーロッパ諸国のなかで最も極端な国であった。オランダでもドイツと同様に反リベラルな巻き返しの力学を観察することが可能である。オランダは、その民族的少数者への進歩的な政策を補完するために、一九八四年一二月の国籍法で移民二世に対してオランダ国籍を選択する権利を導入し、さらに「オランダ語の並程度の知識」というほとんど誰も落ちないような控えめな条件を別として、移民一世を対象とする帰化手続きからあらゆる困難な統合要件を取り去った(van Oers, de Hart, and Groenendijk 2006: 413)。しかしながら一九九〇年代後半に、移民統合に対する多文化主義的な取り組みは頑強な「市民統合」政策に取って代わった。この転換はオランダ政治における後のポピュリスト的混乱に先立つ変化なのだが、その影響を国籍法も受けずにはいられなかった。その結果が、二〇〇〇年一二月に可決し、二〇〇三年四月に施行された新国籍法である。同法では、移民二世の国籍選択権は形式的にはそのまま残されたものの、その権利は「公共秩序への脅威」にあたらない限りで認められるという拡大解釈可能な但し書きがついたことにより、通常の帰化に類似するものとなった。最も重要なのは、この国籍法が義務的な「市民統合」の論理を取り入れたことである。五時間にわたる厳格な帰化試験には、既存の市民統合テストに近い水準で申請者のオランダ語の会話、読解、筆記の各能力を四時間かけて査定するテストが含まれる。決定的なのは、二一世紀初頭から強力な右派ポピュリズムの影響下にあるオランダ政府は、テスト内容の公開を拒否しており、また準備に用いる冊子や資料を何ら提供していないことである。ある政府高官の説明によると、この拒否の理由は、「勉強してオランダ人になることなどできない。自分はオランダ人であると感じなければならない」からだという（ibid.: 415）。この新しい政策が実施された後に、帰化申請数が二〇〇三年の三七〇〇〇件から二〇〇四年の一九三〇〇件へと急速に減少したのも不思議ではない（ibid.: 419）。また、それでも意を決して二〇〇三年に帰化申請をした人の五〇％が、その厳格な帰化試験に受からなかった（ibid.: 392）。これが、「優勝者への賞与」（リタ・フェルドンク移民相の発言、ibid.: 403より引用）というオランダ国籍の論理である。つまり、ほとんどの人はそれを手に入れることができないのである。

大陸ヨーロッパにおける展開は、入国管理にまつわる懸念が帰化というシティズンシップの問題領域を侵食しているものとして理解されねばならず、こうして以前は厳密に区分けされていた二つの領野は融合しつつある。このことは、当初は新たに入国する移民に対して導入され、多くの場合にかれらを追い払う装置として機能した強制的な「市民統合」要件が、シティズンシップ取得へと単純に拡張されたという事実から一目瞭然である。

歴史的にリベラルなシティズンシップ体制を備えながらも、近年では帰化要件の厳格化がみられるイギリスは、大陸ヨーロッパ諸国と興味深い対照をなしている。ここでは順序が逆になっているのである。すなわち、新たな市民統合施策は、シティズンシップの問題領域そのものから生み出されたものであり（Entzinger 2004: 14-16）、その後になってはじめて、そうした施策が法的永住の規制に影響を与えたのである。[25] 新しい帰化テストについて政府に答申するよう任命されたクリック委員会は、その方針の何が他国での施策と異なっているかをはっきりと述べている。「目的は、すでに定住し雇用されている人びとの数を減らすことにはありません。また、実際にそれを減らせるわけでもありません」(Crick Commission 2003: 20)。

さらに、イギリス式の市民統合がもつ円熟した特徴は、労働党政権がポピュリスト的な少数派政党ないし運動に悩まされることがなかったという点に加えて、カナダ式移民政策の修正版を基礎としていることである。この政策は、ポイント制に基づいて運営され、熟練労働者と高度熟練労働者だけを選別して受け入れようとする。イギリス政府による「庇護および移民に関する五カ年戦略」(Home Office 2005a)では、低熟練(「第三層」)の移民は、とりわけ今では「EUの新加盟国から」十分な供給を得られる階層であるため、「段階的に縮小していく見込みである」と遠慮なく述べられており、その例外は「一定期間のみ」滞在が認められるようである(ibid.: 16)。端的にいえば、今もなお発生している低熟練の移民労働者は永住者にはなりえず、ゆえに国籍法の範囲内に入ることもないということだろう。実際、現在のイギリスの統合にまつわる言説全般は、低熟練の移民には少しも当てはまらない(Ensor and Shah 2005: 10)。他方で、先行きの暗いイギリス以外にも行くあてがある高度熟練移民に対しては管理意識は薄く、より多くを「勧誘する」という論理が用いられている。イギリス式の市民統合における、大陸ヨーロッパと比べるとよりリベラルな論調は、それによって選り分けられる移民がもつ卓越した経歴と分離することなどできないのである。

もっとも、他のヨーロッパ諸国と同様に、イギリスの帰化とシティズンシップに関する新たな考え方の出発点にあるのは、移民統合の紛れもない失敗である。この失敗は、二〇〇一年に北イングランドでムスリムの若者が中心となって行った暴動によって明らかとなった。政府がこの暴動の原因を調査するために立ち上げたカントル委員会は、地方で公式に実施されていた多文化主義政策を問題の一部として厳しく非難し、「市民であるという感情と国民性の共有を強化」(Entzinger 2004: 14 より引用)できる政策を推奨した。政府はこの勧告を聞き入れ、公式の多文化主義から市民統合へと速やかに移行したのである(Home Office 2002)。

この移行を最初に形として表したのは、二〇〇二年の「国籍、移民および庇護に関する法」が設けた手間のかかる儀式的な帰化手続きである。この法律が施行される前は、帰化は五年間の合法的居住、「善良な素行」(要は重大な犯罪記録が無いこと)、そして曖昧で漠然とした英語力という要件に依拠していた。かつては(現在もだが)帰化手続きは裁量的だったため、申請はつねに拒否される可能性があった(ただし、拒否の「理由」は示されねばならなかった)。二〇〇二年の法律は、帰化の裁量的な性質と居住と素行に関する要件を維持しつつ、標準化された公式の帰化テストを導入した。これは、申請者が公用語(英語、ウェールズ語、スコットランド系ゲール語のいずれか)の一つと、「イギリスでの生活」について「十分な知識」を示せるかを確認するためである。さらにこの法律は、当時の内務大臣であるデイヴィッド・ブランケットの「イギリス市民になることは、人生の重要な出来事である」(Crick Commission 2003: 8 より引用)という言葉にきちんと応ずるべく、シティズンシップを授与するアメリカ流の公開式典における宣誓と誓いを導入した。

帰化テストの原案を準備したクリック委員会(Crick Commission 2003: 3f.)は、新しい取り組みをする論理的根拠として、「付与されるのではなく獲得されるのであれば、シティズンシップはもっと重んじられ、価値がおかれる」と説明した。これは観念的には、シティズンシップを「優勝者への賞与」とするオランダの修辞と似通っている。だが、それでも両国の取り組みは大きく異なる。オランダ(と他の大陸ヨーロッパ諸国の多く)の新しい考え方は、シティズンシップの付与を一連の統合過程の終着点であるべきだとするのに対し、イギリスの考え方は昔ながらのリベラルな語り口に忠実であり続けている。すなわち、「帰化することは過程の終了というよりも、むしろ善良な第一歩としてみなされるべきである」というように(ibid.: 14)。また、オランダ政府が「勉強してオランダ人になることなどできない」とあからさまにナショナリスト的な言い回しを取り入れた一方で、イギリス政府は逆の発想にたち、『イギリスでの生活』という小冊子とともに、申請者が帰化テストの公民科目に備えるための安価な準備講座を設けている。さらに、オランダのシティズンシップ申請者は三回しか受験できないが、そのような制限はイギリスの申請者にはない。

あるアメリカ人の観察者は、「かなり健全」なアメリカの歴史および公民科の要件と比べて、イギリスの公民科の要件は否定的な意味で「女性と民族的な少数者に対する適切な態度と、実践的な行動体系」であると小馬鹿にしていた(26)。実際には、「実用的な知識」の強調と、「歴史を暗記するカリキュラム」の毛嫌い(Crick Commission 2003)は、よく考えられている。クリック委員会は、公民科要件の内容に関して「難易度と重要性の降順」に六つの広範な分類を確立した。具体的には、二大主要分野として「イギリスの国内制度」と「多文化社会としてのイギリス」があり、そして重要性が低いものとして「援助および情報の入手方法」(「電話や相談窓口の利用」など)や「日常的な必要事項」(「支払い方法」など)がある(ibid.: 14-16)。

内容からすれば、これは大陸ヨーロッパ諸国の市民統合とさほど変わらないのだが、帰化テストでより重要な言語の部分を考えると、再び両者の取り組みの相違が明らかとなる。大陸ヨーロッパ諸国の取り組みでは、できるだけ多くの申請者を落とせるように調整された難易度の高い言語テストを作成するが、イギリスの取り組みでは、ある貴族院議員が述べたように「テストは過度に面倒なものになるべきではない」とされる[27]。具体的には、全申請者に対して（不可能なほど難易度の高い）一律の言語水準を求めるのではなく、各申請者の個人的な学習の軌跡を尊重する柔軟なシステムが存在する。すなわち、帰化に際して言語要件を満たすこととは、全員に対して同一の客観的な最低水準に到達することを意味せず、むしろ「第二言語としての英語」（ＥＳＯＬ）の講座を受け、公式のＥＳＯＬの基準で申請者の英語能力を一段階上げることを意味している。ここでは、「将来の市民」は「生涯学習者」として、すなわち「シティズンシップ取得後も長きにわたって語学力や、雇用、娯楽、教育、社会的能力といったその他の多くの能力を発展させ続けていくことが期待できる」人びととして捉えられている（ibid. : 23）。この取り組みにおける言語能力とは、オランダ人やデンマーク人、オーストリア人であると「感じること」の象徴的な標識などではなく、むしろイギリスが移民に期待する「経済的・社会的便益」を最大化するべく調整されているのである（Home Office 2005a: 9）。

しかしながら、イギリスがヨーロッパ大陸と共有しているのは、シティズンシップが特権であり権利ではないという新しい（そして古くもある）観念である。クリック委員会（Crick Commission 2003: 3f.）の言葉を再度引用すれば、それは「付与されるのではなく獲得される」ものであり、この観念は現在に至るまでイギリスの新しいシティズンシップ政策のモットーである。この観念が制限的たりうることは、「保護観察中のシティズンシップ」（Home Office 2008a）という新しい枠組みにおいて明白となった。「保護観察中のシティズンシップ」は、二〇〇九年に「国境、シティズンシップおよび移民に関する法」が制定されて以来、現実に法的枠組みとなっている。これはマーガレット・ソマーズがいう「シティズンシップの契約化」(Somers 2009: 2)の分かりやすい事例の一つである。ここでシティズンシップは、「契約」あるいは「取引」として、すなわち「シティズンシップの権利と恩恵は、イギリスへの責任と貢献に釣り合う」(ジャッキー・スミス内務大臣の発言、Home Office 2008a: 5)ものとして認識されている。一連の「公聴座談会」における一般的なイギリス人の発言から解釈すると(ibid.: 14)、保護観察中のシティズンシップなる概念もまた、シティズンシップの問題領域の民主政による(好意的な言い回しを選んでも)今までで最も激しい侵害であり、移民にとって問題含みの意味をもっている。高度熟練移民というエリート集団、家族移民、難民のみしか取得できない保護観察中のシティズンシップは、イギリスのシティズンシップおよび永住と短期滞在とを隔てる「踏み石」である。シティズンシップ取得を目指す者は最低一年、永住資格を目指す者は最低三年の保護観察期において、最低限のこととして移民は自身が就労中であり、法律を遵守していることを証明しなければならない。保護観察中のシティズンシップからの正規のシティズンシップないし永住資格にそれぞれ一年と三年という最低期間で移行が認められうるのは、保護観察中の市民が「能動的なシティズンシップ」という特別な成果を示したときだけである。これは、シティズンシップとそれに付随する権利や恩恵は「獲得される」べきものだという理念に相応する。能動的なシティズンシップは「市民的活動」から構成され、それを通じて移民は「地方共同体に貢献する」とともに、自身の「イギリスへの献身」を実際に示してみせるのである(ibid.: 50)。能動的なシティズンシップは、現時点ではシティズンシップや永住資格に至る任意の近道であるにとどまるが、次の改正では保護観察中のシティズンシップの一段階として強制的な「要件」になるだろう[28]。リベラルな観点からは悩ましいが、ここではっきりと新しいのは、有徳的なシティズンシップを法的なシティズンシップへの一つの条件としていることである。

ドイツからイギリスまでの事例が示しているのは、ヨーロッパの全域にわたって「統合や同化という曖昧な概念が……標準化された言語および統合テストに置き換えられて……きた」ということである（de Hart and van Oers 2006: 352）。市民統合要件が標準化されることと区別すべきなのは、帰化に際して個人の素行要件および人格的誠実さの要件が顕著に厳格化されていることである。行政法や入国管理法に違反することですら、帰化機会の喪失につながることがますます増えている。刑法違反が帰化機会の喪失につながることは言うまでもなく、しかもその敷居は劇的に引き下げられてきた。二〇〇二年以降のイギリスでは、自国生まれの市民でさえ特定の条件下ではシティズンシップが剝奪されうるまでに至っている[29]。

こうした趨勢のすべてに、二〇〇一年以後のテロリストに対する恐怖と、ヨーロッパ諸国が戦後の移民を社会に統合し損ねたという感覚とが刻まれている。そこには性急かつ過剰反応ともいえる感覚がある。すなわち、「統合」とは単に時間と非公式な社会化の帰結として生ずるものではなく、入国してから市民集団の一員となるまで推進し監督せねばならず、うまくいかない場合には露骨な国家政策によって制裁することも必要だという感覚である。

とはいえ、制限的な趨勢のなかでもその厳しさには差がある。オランダ、オーストリア、デンマークといった強硬派のヨーロッパ諸国では、出入国管理の力学とナショナリスト的な言辞がシティズンシップの問題領域を侵食しており、どの国でもポピュリスト的な右翼政党が直接的または間接的に法制定へと関与している。これとは対照的に、(まだ)より温和なイギリス流の方式は、極右政党やその種の言説によって束縛されることのなかった労働党が生み出したものであった。実際、イギリスの新しいシティズンシップ体制は、どの大陸ヨーロッパ諸国の体制よりもカナダのそれ、すなわちリベラルで「多文化主義的」ですらあるシティズンシップ体制のひな型に類似した性質を帯びているのである[30]。

また、帰化法制をより制限的にするという趨勢には例外もある。その最も極端なケースはベルギーである。二〇〇〇年の三月にベルギーは、七年間居住したならば申告だけでシティズンシップを権利として取得できるという、ヨーロッパで最もリベラルな国籍体制を導入した。その他の要件として加えられたのは「ベルギー国民になることを望み……ベルギー国民の憲法と法律を遵守する」という声明文をしたためることだけである。ある法学者がこれを批判するなかで皮肉まじりに指摘したように、この二〇〇〇年の法律は、国籍を「単なる居住の確認へ」(Foblets and Loones 2006: 91)と格下げしたものであり、それゆえ、近代初期にヨーロッパで生得的なシティズンシップが導入されたことにより廃れていた居住地主義(*jus domicilii*)へと回帰しているといえる。

帰化において申請者が社会的に統合されたかという条件が重視されてきていること自体に目新しさはないのだが、近年それらが形式化され、標準化され、概してより厳しくなっている限りで、そのような条件に当初から内在する逆説が先鋭化する。すなわち、知識、価値、礼節に関して生来の市民に期待する、または期待しうる以上のことを、新しい移民に対して期待するという逆説である。国家の正式な成員資格としてのシティズンシップとは、「実質的な内容のない、法律と技術の接合概念」である(de

Groot 1989: 5)。ここからさらに進んで、国家の成員資格という単なる事実を有徳的行為という特定の期待と結びつけ、それに応えられない場合には地位の剝奪さえ行うに至ったのは、共産主義国家だけである。リベラルな国家は、このような慣行をつねに自制し避けてきた。しかし、諸国家の国籍法における人格的誠実さと市民統合という要件は、有徳的なシティズンシップの押し付けにきわめて近い。おそらくその最も極端な例はイギリスの「能動的なシティズンシップ」という提案であろう。もちろん、その影響を被るのが生来の市民ではなく、新しい移民だけであるという違いはあるのだが。

もっとも、こうした新たな要件は、近代的なシティズンシップの契約的な性質を反映していると論じることもできよう。イギリス政府が近年発明した「保護観察中のシティズンシップ」を「取引」(ジャッキー・スミス内務大臣の言葉、Home Office 2008a: 5)として提示したことに注意されたい。これは「市場原理主義」(Somers 2009: 2)という業界用語によって語り尽くせる類のものではない。近代的なシティズンシップは、帰属という古い原則と同意という新しい原則との間にある緊張関係によってつねに特徴づけられてきた(Schuck and Smith 1985: ch. 1)。同意の考え方に従えば、政治的共同体における成員資格とは契約的なものであり、互恵的な「与えよ、さらば与えられん(*do ut des*)」を基礎としている。「シティズンシップの取引」をスミス内務大臣がいかに特徴づけたかを忘れないようにしたい。「ここは自由と寛容、機会と多様性の国です。そして、これらの価値は、ここに住むすべての人が私たちの言語を学び、ルールのもとで振舞い、法に服し、共同体に貢献するべきだという期待によって強化されるのです」(Home Office 2008a: 5)。契約の論理に従うならば、移民がそもそもその国にひきつけられた価値や資源を強化するためには、既存の共同体は新しく来た彼や彼女らに対して成員資格への何らかの条件を課して差し支えない。国家の新旧の帰化制度を構成してきたのは、こうした条件づけである。これらの条件が成人の移民に対して、すなわちほとんどの場合にすでにどこかの国のシティズンシップを保有しており、改めて別のシティズンシップを取得するよう強制されているわけではない人びとに対して課されているという事実は、それらの条件が強制力になるのを最小限に抑えている。ここ数十年間で外国人の権利が大幅に強化され「憲法に組み込まれ」てきたという事実もまた同様にその可能性を最小化しており、これはシティズンシップの「価値低下」という診断すら招いている(その古典的な主張はSchuck 1989)。皮肉なことだが、シティズンシップのリベラルで包摂的な側面は、今日ではむしろ帰属の方につぎ込まれており、移民の子どもや孫を対象とする出生地主義の規定は厳格化する帰化制度という趨勢から大部分が影響を受けずにそのまま残されている。

四　再民族化するシティズンシップ

国内で移民のシティズンシップ取得が制限される契機は、同時に母国を離れた人びととの共同体とのシティズンシップの紐帯を強化する契機になりつつある。この連関は、フランス、イタリア、スペインにおける近年の国籍法改正で初めて示された(Joppke 2003)。だが、このリストは容易に拡張することが可能であり、オーストラリアのような伝統的な移民受け入れ国ですらそこに含めうる(Betts and Birrell 2007)。ヨーロッパでは、いまやほとんどの国が移民を受け入れると同時に送り出しており、この再民族化の傾向がとりわけ強固であることから、ここでは旧大陸に焦点を合わせてみていくのが適切である。

オランダは、二〇〇三年の国籍法により、難易度の高い言語テストと統合テストを帰化の条件として設置し、それと同時に国外で一〇年間以上居住するとオランダ国籍を喪失すると規定した(明らかに厳しい)制度を取り止めた(もっとも、この制度の対象は、これにより無国籍者にはならない二重国籍者だけであったが[31])。この結果、意図するとしないとに関わらず、いまや在外オランダ系移民は、世代の途切れなしに無制限に国籍を継承することが可能となった。近年では入国してきた移民の二重国籍を容認する例外規定を削減することが計画されたが、出国したオランダ人はその適用対象からはっきりと外されていた。その論理によれば、オランダにおける「統合問題」を引き起こしたのは入国してきた移民であって出国した自国民ではないから、両集団を別個に取り扱うことは正当なのだという(de Hart and van Oers 2006: 34)。オーストリアは、きわめて制限志向の強い二〇〇五年のシティズンシップ法改正において、入国管理法から国籍法へと「市民統合」の要件を拡張し、それと同時に母国を離れた人びとに対してオーストリア国籍の保持と再取得を容易にした。そしてフィンランドは、二〇〇三年の国籍法において帰化条件としての居住と言語のハードルを引き上げつつ、同時に初めて二重国籍を容認した。しかしこれは、ひとえに在外自国民や国籍離脱者による「フィンランド・ソサエティ」および「在外フィンランド人議会」のロビー活動があったからである。ドゥ・ハートとファン・エールス(ibid.: 333)が近年の趨勢を要約したように、「出国した移民による主張は、近年では(EU東方拡大前の)加盟国が国籍法を改正する重要な誘因になっているようである」。

こうしたシティズンシップの「再民族化」(Joppke 2003)は、一定の範疇の人びとに対してシティズンシップ取得を容易にするものであるから、制限的というよりもリベラル化の傾向にみえるかもしれない。

しかしながら、それが別のところで制限的な国籍法改正と同時に起きたことに、それが全体として制限的な傾向の一環であること、すなわち、領土や社会化による紐帯が軽視される一方で血縁や子孫による紐帯が重視されるという傾向の一環であることが示されている。煎じ詰めていえば、入国した移民と出国した移民とを非対称に処遇することが、制限的な傾向の一環としての「再民族化」を際立たせている。その直接的な措置が、出国した自国民を対象とし、入国してきた移民を対象外とする二重国籍の容認である。たとえばスペインは、保守のアスナール政権が通過させた二〇〇二年の国籍法改正において、国外で帰化予定の在外スペイン人に対し二重国籍を許容した一方で、注目すべきことにスペイン国内の移民にはそれを許さなかった。二つ目の、よりいっそう極端な例はオランダであり、そこでは、入国した移民だけを包摂する政策から、出国した移民だけを包摂する政策への転換がなされたのである（van Oers, de Hart, and Groenendijk 2006: 404–409; Joppke 2008a: 153–155）。

もっとも再民族化は、必ずしも制限的な傾向の一環だとは限らない。二重シティズンシップの許容に向けた流れは、一九九七年の「欧州国籍条約」によってヨーロッパでは拍車がかかるのだが、多くの場合それらは入国した移民と出国した移民との間で対称的な処遇を伴うものであった（Howard 2005）。これは、あらゆる非対称的な処遇が、直ちに入国した移民と出国した移民の双方に対する「差別」であるという非難を招くからである。国籍法がリベラル化する一環として再民族化が行われた最近の例はポルトガルである。二〇〇六年の初めに社会党政権は、「社会的排除」との闘いという御旗の下で、移民の第三世代には自動的に「二重出生地主義」のシティズンシップを、第二世代には条件付きの出生地主義シティズンシップ[*2]を付与することで、ポルトガルの「出生地主義という非常に古き伝統」を復活させた

(Baganha and Urbano de Sousa 2006: 471)。さらに、帰化に必要な居住期間を一〇年から六年へと短縮した(ゆえに、一〇年ではなく六年で帰化が許されていた特権的なポルトガル語話者の移民と普通の移民との間に以前あった区別が廃止された。Joppke 2005: 135)。これらの移民に好意的で脱民族化する動きに加えて、ポルトガル国籍をもつ権利が在外ポルトガル系移民の子どもから孫に拡大された。これは、ポルトガル系の在外コミュニティの長きにわたる要望に一致したものであり、この要望に従うかたちで、一九八〇年代の前半からすでにポルトガル国籍の改革は出国した自国民の包摂へと舵が切られていたのだった。ポルトガルの事例の新しさは、とりわけ社会党政権のもとで新規入国者も同様に幅広く包摂を享受することになった点にある。予想しうることだが、この等しく脱民族化および再民族化する国籍法の改正は、保守派野党の社会民主党を含めた議会内の主要政党から広く支持を集めるなかで可決したのである(32)。

移民第一世代の在外国民へと二重国籍を与えることに関して再民族化が論争的になることはほとんどない。これは、単に二重国籍の許容へと向かう世俗的な趨勢の一環である。さらに、とりわけ一方向的な出国または入国という伝統的な移住パターンに比べて循環的な移住がますます広まっていることを考慮すると、ほとんどの国家において入国した移民と出国した移民とを平等に処遇すべきという強い想定が存在するといえよう。ともあれ再民族化が論争的となるのは、それがかつて出国した自国民の孫を含めるときである。特に問題となるのは、血統主義によって自動的にシティズンシップを継承する世代の切れ目がない場合、あるいは祖先のシティズンシップを再取得するための居住要件がない場合である。これは、国際法に従えばシティズンシップが備えねばならない「真正な結合」という属性を無価値化するものであり、これに対応するシティズンシップは、「帰国する権利」という特権的な性質をもつようになる[33]。もっとも、この方向へと事態が展開することは少なく、ほとんどの事例は伝統的な移民送り出し国に限定されている。

ヨーロッパにおける典型的な移民送り出し国であるイタリアでは、国籍離脱者やその子孫に対して事前の居住要件なしで国籍を取得可能とする政策が、一九九二年から一九九七年という短い期間だけ実施された（Arena, Nascimbene, and Zincone 2006: 342）。スペインでは、一九九〇年代前半から、出国した移民に対して喪失したスペイン国籍の再取得やその子孫への国籍の継承を容認し、同時に入国する移民を締め出すという示し合わせのもとで、幾度も国籍法の改正が行われた。一九九五年には出国した移民に対して喪失した国籍を再取得するための居住要件を免除し、二〇〇二年にはこの免除をかれらの子どもへと拡張した（Rubio-Marin 2006: 500）。こうしたスペインの動向は、スペイン系移民に対して苦難を強いたそれまでの二重国籍の厳格な拒絶と、出国した自国民を「保護する」だけでなく「帰国しやすくする」べきとする憲法上の要請という両方の文脈から理解する必要がある[34]。

近年のヨーロッパ諸国の国籍法改革における再民族化の程度を誇張すべきではないが、そこに入国した移民への反発と、出国した自国民のご機嫌とりという傾向があることに論争の余地はない。出国した移民の優遇措置はこれからますます盛んになっていくだろう。というのも、（イタリアの事例のように）多くの場合に国外の選挙区で与えられる（イタリアでは二〇〇一年に導入された）「在外選挙権」へと向かう趨勢のなかで、在外自国民の政治的影響力が増大しているからである（詳細な概説として Bauböck 2007 を参照）。「外部的なシティズンシップ」や「在外自国民のシティズンシップ」をめぐって隆盛する研究（Barry 2006; Fitzgerald 2006, 2008）の欠点は、それらがメキシコ、トルコ、ドミニカ共和国といったヨーロッパ以外の主要な移民送り出し国にもっぱら焦点を合わせており、その一方で、そうしたシティズンシップがさほど鮮明ではなくてもヨーロッパでも同じくらい興味深い事例として表出していることを看過している点にある。ヨーロッパでは、国外への移動と国内への移動とが同時に発生したことを背景として、シティズンシップが矛盾を孕みつつ多面的な展開をみせている。そして、ますます勢いづいたその展開が、左右の政治勢力を鋭く分裂させているのである。

在外自国民のシティズンシップは、グローバル化時代における人口移動の「国境横断化」（Glick-Schiller 1999）によって助長されるが、現実であれ理論であれその輪郭の大部分はいまだ未知のままである。デイヴィッド・フィッツジェラルド（Fitzgerald 2006）はその独創的な議論において、在外自国民のシティズンシップを、権利の受動的な所持を強調する「ローマ的」なシティズンシップの伝統のもとに据え、政治的共同体における能動的な参加という「ギリシャ的」な伝統に対置した。同時に、国家が在外市民をうまく鋳型にはめたり監視したりできないことは、（国家による監視や束縛をいつでも回避できるがために）本質的に主意主義的で、必然的に「強制」よりも「説得」を基盤とする「自由選択制《ア・ラ・カルト》」のシティズンシップを生み出しているという（Fitzgerald 2008: 174-178）。重要なことは、在外自国民のシティズンシップがもつ「主意主義的」な性質こそが、「その長期的な持続および在外世代に対する構造的制約」になっていることである（ibid.: 179）。したがって、在外自国民に与えられる脱領域化したシティズンシップは、入国した移民に与えられる領域的なシティズンシップと長期的に対抗する競合相手にはなりそうにない。

五　リベラル化の潮流と新たに導入された制限

前の二節で論じた制限的な趨勢は、ヨーロッパに限られるものではない。ヨーロッパの展開から影響を受けるかたちで、オーストラリアの二〇〇七年のシティズンシップ法は、帰化に必要な居住期間を二年から四年に倍増させ、「オーストラリアの生活様式の理解度」と英語能力とを重視するシティズンシップ・テストを導入した(Australian Government 2006)。そして、オーストラリアが二〇〇二年に入国した移民から出国した自国民へと拡張的に二重シティズンシップを容認したことは、伝統的な移民国家ですら再民族化へと向かう潮流の影響下にあることを示している。だが、次のことに異議を唱える者はほとんどいるまい。すなわち、オーストラリアのシティズンシップが、他の伝統的な移民国家にもみられるリベラルな形式と同調しており、それが今もなお世界でもっとも開放的かつ包摂的なものとして格付けされるということである。

より困難なのは、ヨーロッパの制限的な趨勢を査定することである。というのも、ヨーロッパのシティズンシップ体制は、ある体制はよりリベラルで、その他の体制はより制限的であるというように、つねに違いにあふれていたからである。こうした相違にもかかわらず、一九八〇年代から今までの間に重大な変化を経験した国家は、すべてリベラルな方向に変容を遂げた(Howard 2009)。これは一つの難問を生み出す。リベラル化と新たな制限が、どうして同時に存在しうるのだろうか。

その答えは次の通りである。制限的な趨勢は、全体的にリベラルな、場合によってはリベラル化を促進するのと同じ枠組みの内部で起きているのだ。ほとんどの制限は、帰化を厳格化する程度に留まっており、二重シティズンシップあるいは出生地主義の否定には及んではいない。帰化についてですら、市民統合という新しい要件は集団単位で要求されることなく、むしろすべて個人単位で要求されるものである。すなわち原則的に、それらの要件は、帰属する出自の特性とは関係なくすべての個人が満たしうるのである[35]。かつての人種主義的ないしナショナリスト的な集団単位の排除へと回帰するものは何もなかった。新たな要件は、リベラリズムの範囲内に留まっているのである。唯一の変化は、リベラリズムの内部にある。すなわち、契約というリベラルな考え方における「権利」と「義務」との均衡が、「義務」の方へと傾いたという変化である(King 1999: 18)。

市民統合に関してさほど楽観的ではない見方をとるとしても、改正された帰化手続きの多くにみられる際立った特徴は、より制限的な規則とよりリベラルな規則が同時に導入されたことである。その興味深い例はルクセンブルクにみられる。この国は、わずか四五万人という人口のうち外国人住民が四〇%という驚異的な割合を占める、ヨーロッパの最小国家である(もっとも、外国人住民のおよそ九〇%は他のEU加盟国からきた人びとである)。同国の二〇〇一年七月のシティズンシップ法は、全体としてはリベラル化を目指したものであり、シティズンシップ申請者に要求できるのは「同化」ではなく「統合」だけであるというリベラルな合言葉を採用しながら、帰化にかかる居住期間を一〇年から五年へと短縮し、無料で帰化を行えるようにした。もっとも、この法律は、帰化の要件として「十分な統合」というかなり厳しい規定を同時に導入していた。「十分な統合」は、三つの公用語(フランス語、ドイツ語、ルクセンブルク語)のいずれかの会話、読解、筆記の能力、および証明書で裏づけが可能なルクセンブルク語の基礎知識に照らして判断される。この「ナショナリスト的な制限性」(Moyse and Brasseur 2006: 380)を除き、その他の面ではリベラル化したこの法律は、ハワードの「シティズンシップ政策指標」においてルクセンブルクを「制限的」から「中間」へとたまたま昇格させたのだが、同法がもつ「制限性」には、それを予兆させるような発端があった。ルクセンブルク語を守ることをスローガンに掲げる新興のポピュリスト政党(ADR)が、ジャン＝クロード・ユンケル首相の保守党政権(CSV、キリスト教社会人民党)に対してその要求を受け入れるよう無理強いしたのである。ルクセンブルクの主な日常語がフランス語であり、すぐに利用できる政府支援のルクセンブルク語講座がなかったことを踏まえると、これはシティズンシップを取得する上できわめて厄介な障壁を築くものであった。ルクセンブルクにおいてリベラルな特徴と制限的な特徴とが併存していることは、二〇〇八年に可決された直近のシティズンシップ法改正でも同様に確認できる。この新法は、入国した移民と出国した自国民とに対称的な二重シティズンシップを容認したことで、ルクセンブルクをハワードの「シティズンシップ政策指標」における「中間」の最上位へと押し上げたのだが、同時に、ルクセンブルク語と公民科の講座を受ける義務を導入した。ゆえにこの新法は、「市民統合」をシティズンシップ取得の前提条件とするヨーロッパ全体の流れを完全に汲みとったものなのである。

ひとつの国籍法の改正において、制限的な要素とリベラルな要素が併存する事例のリストはさらに拡張することが可能である。オーストリアにおける二〇〇五年一二月の国籍法の修正は全体として制限的なものであったが、それは同時に、第二世代の移民を対象として六年間の居住の後で帰化を権利として認める法的資格を導入していた(Çinar and Waldrauch 2006: 53)。このリベラルな施策は、全体として厳格化された帰化要件によって部分的に中和されたが、それでもオーストリアは、いまや移民二世にシティズンシップを取得する権利を付与するヨーロッパ諸国の多数派に加わったのである。移民二世に対するシティズンシップを取得する権利の付与は、過去四半世紀のヨーロッパにおける最も重要なリベラル化の一つであった。こうした例を締めくくるのは、フィンランドである。その二〇〇三年の国籍法では、言語要件を初めて導入し、帰化要件としての合法的な居住期間の長期化、素行および人格の誠実さの要件（福祉給付への依存や犯罪歴がないこと）の拡充をそれぞれ行い、それと同時に対称的な二重国籍を容認したのである（もっとも前述のように、この本当の動機は、在外のフィンランド系移民を喜ばせることだったのだが）（Fagerlund 2006: 158–169）。

進化するシティズンシップという現実は複雑で、どんな全体論的な定式化も許さない。ヨーロッパの国籍法に関する気鋭の論考は、過去二〇年間で認められる一つの趨勢が「より複雑な規制へと向かって」きたことだと適切に指摘している（Bauböck et al. 2006a: 21）。

以前の研究（Joppke 2003）において筆者は、シティズンシップ改革の方向性は当該政府の政治的イデオロギーの観点から説明しうると示唆した。すなわち、左派政権は入国した移民を包摂しようとし、右派政権は出国した自国民を抱き込もうとすると考えたのである。これは、今日のシティズンシップの政治を理解するには良い出発点ではある。しかし、これにはニュアンスを加える必要がある。

「脱民族化」と「再民族化」の力学に関しては、在外自国民を抱き込むという考え方には左右で見解の一致があるということを、よりはっきりと強調しておかなければならない。これは、イタリアあるいはポルトガルなど、移民を送り出してきた長い伝統がある国では特にそうである。イタリアの事例は改めて示唆に富んでいる。在外自国民に好意的な一九九二年のシティズンシップ法は中道右派政権のもとで可決されたものであるが、左派の側さえも、その後さらにシティズンシップ取得に関して出国した自国民の優先を強化するよう主張し続けたのである。二〇〇〇年に中道左派政権は、かつてのオーストリア＝ハンガリー帝国に属した地域に居住するイタリア出自の人びとに対して、簡単な申告による国籍の付与を行った。二〇〇六年に中道右派政権は、スロベニアとクロアチアに住むイタリア系の子孫に対して申告による国籍の付与を実施した（Arena, Nascimbene, and Zincone 2006: 347-348）。両者の差異は、入国した移民に与えた影響にある。入国した移民に対してシティズンシップ取得を容易とする主張を守ってきたのが、左派政党ないし左派政権だったことに間違いはない。野党時代の一九九二年には力がなく結果も出せなかったが、左派が政権を率いた二〇〇〇年と二〇〇六年の政府提案では（ここでも成功しなかったが）第二世代の移民に対して条件付きの出生地主義シティズンシップを導入するよう積極的な主張を行ったのである[36]。

逆に、単に右派政権が存在するというだけでは上述の制限的な趨勢を十分に説明することはできない。ハワード（Howard 2006: 450）が的確に指摘しているように、重要なのは、右派政権が「移民およびシティズンシップ改革という争点で動員された」かどうかである。こうした動員は、移民に決まって敵対的な大衆を背景として厳格な制限に向かうことがつねであり、多くの場合、過激派の投票者や支持者に迎合するよう穏健な中道派に強いるような、小さな極右の政党や運動が台頭したことの帰結である。オランダ、オーストリア、デンマーク、ルクセンブルクにおける制限的な展開は、反移民という争点を掲げて成長したポピュリストの右翼政党が政権を担う中道右派に対して圧力をかけたという観点から、すべて

説明が可能である。(37)

他方でイギリスの事例が示唆しているのは、ポピュリスト的な動員をともなう政党のイデオロギーだけでは、ヨーロッパ諸国がより制限的なシティズンシップ法に転向した背景を語り尽くすことはできないということである。というのも、極右の政党や運動から特筆すべき影響を受けなかった労働党が、市民統合の要件を導入し、徐々にシティズンシップ取得を厳格化してきたからである。さらに言うと、イギリスではある見解の一致がみられる。それは、帰化(および移民統合一般)に関する「最良の実践」とは、かつてのような時間と場所による非公式な社会化の力を単に信頼することではなく、むしろ、成人にシティズンシップを付与する条件として、標準化された公式の言語要件と公民科要件を課すことだという合意である。イギリスでは、帰化における公式の統合要件の導入は、ほとんどの場合にカナダ式、すなわち、ヨーロッパ大陸のものよりも温和で寛大であるが同じくらい制限的な効果を備える方式で行われた。(38) しかしながら、まったくもってカナダ的でないのは、二〇〇六年の「移民、庇護および難民に関する法」における新しい条項である。それにより内務大臣には、「公共善に資する」限りで、イギリスのシティズンシップを個人から剝奪する権限が与えられることとなった。こうして、シティズンシップの剝奪は国家の「重大な利害」に関わる場合にのみ認められるという、二〇〇二年に導入された、より権利を尊重していた条件が変更されたのである(Hampshire 2008a)。

こうした国家権力の強化とその逆の市民の弱体化は、二〇〇五年七月に自国育ちのイギリス人ムスリムの若者四人が実行したロンドン同時多発テロ事件に対する応答であった。田舎のポピュリストの謀略どころではない神の名のもとでのテロ行為は、世界を変え、ヨーロッパのシティズンシップ法に拭い去れない刻印を残したのである。
しかしながら、シティズンシップ取得の厳格化は、「グローバル化」の名のもとで加速する経済の国際化と同時に起きていることでもある。キャサリン・ベッツとボブ・ビレルは、ハワード保守政権後期におけるオーストラリアの情勢を以下のように特徴づけた。「グローバルな経済を受容することを決めながらも、シティズンシップに関しては愛国主義的な立場をとろうと身構えている、それが私たちの政府である」(Betts and Birrell 2007: 58)。労働は、生産要素のグローバルな移動性という論理にはあてはまらないと長らく考えられていた。しかしその労働ですら、グローバルな「才能獲得競争」(Shachar 2006)が示しているように、その論理へとますます強引に取り込まれつつある。ヨーロッパでは、「市民統合」に際して互いに切磋琢磨している政府は、同時に、逡巡しながらも選別した移民に対してその社会を再び開放しつつある。新しい制限とは、不運な移民を狙い撃ちする以上に、移住経験のない自国民を世界の避けがたき国際化へと順応させようとするものなのかもしれない。

訳　注

＊1　出生した子どもに対してシティズンシップを付与する条件として、両親のいずれかが当該国家で出生したことを求める仕組みである。親と子どもの両方の出生地を要件とすることから、「二重出生地主義」と呼ばれる。

＊2　たとえば出生後の継続的な居住といった条件が課され、それが満たされた場合にのみ正式なシティズンシップが付与される仕組みを意味する。

第3章　権利としてのシティズンシップ

本章では、第二次世界大戦以降に移民がシティズンシップの権利と絡みあうようになった三つの道筋を論じる。

第一に、民族《エスニック》的多様性がシティズンシップの社会的権利に与える影響に関する社会学者と政治学者による近年の論争を概観する。それは、多様性が社会的シティズンシップと相容れないものなのかをめぐるものであった。理論上では、民族的同質性と社会的シティズンシップとの結びつきには説得力があるが、多様性の増大が目下の福祉国家の収縮をまねいたとする実証的な根拠はほとんどない。もっとも、社会的シティズンシップが全体的に弱体化した状態であることに議論の余地はないのだが。

第二に、「ポスト・ナショナルな成員資格」(Soysal 1994)という診断が捉えたように、過去半世紀の間に外国人の権利は強化されてきた。このことは、おそらくシティズンシップをもつ権利という逆説的な観念に最もよく表れている。しかしながら、初歩的な市民的権利や特定の社会的権利などの多くの権利が、つねに形式的なシティズンシップの地位とは別個に存在したことをおさえておく必要があろう。ナショナルなシティズンシップは、ポスト・ナショナル論がまことしやかに描くような包括的な権利の貯蔵庫になったことは一度もないのである。加えてより重要なのは、外国人の権利を市民の権利と同質の代用物として捉えるのは、おそらく間違いだということである。むしろ外国人の権利は、国際的にも国内的にも高度に階層化されており、国家がもつ入国管理権力の消去しえない影響を受けている。また、イスラム教徒によるテロリズムの時代にあって安全保障にとりつかれた国家は、外国人の市民的権利に対して未曽有の攻撃を加えており、これにより外国人の権利が進化するようつねに関与してきた裁判所との衝突を引き起こしている。二〇〇一年九月一一日以降の経験が示しているのは、市民の権利と比較したときに、外国人の権利が本質的に脆弱だということである。

第三に、戦後の移民は少数者の権利の強化を後押ししてきた。そこで移民は、入国管理法によって外在的に生み出された法的区分ではなく、人種、民族、宗教など固有の特徴から定義される社会集団として現れる。しかしながら、そうした少数者の権利は一枚岩ではない。むしろ、少数者の権利を推進する力は、特殊主義的でも普遍主義的でもある。特殊主義的な類型の場合、少数者の権利はそれぞれの少数者の特徴を永続化する方向に調整される。これが多文化主義政策の要綱である。普遍主義的な類型の場合、差別の標識となる少数者の属性を少数者の権利によって不可視化することが目指される。これが、反差別政策の目的である。私が論じるのは、多文化主義的な類型は(これまで実施されてきたものに限れば)目下のところ後退局面にあるが、反差別的な類型は特にヨーロッパでますます力をつけているということである。

以下では、シティズンシップの権利と移民とが絡みあうこれら三つの局面を順にみていこう。

一　多様性と社会的権利の衰退

ゲイリー・フリーマンは、その先見の明がある論考のなかで、福祉国家とは「必要に応じた相互扶助」という原則に基づく「閉鎖的なシステム」であると論じた(Freeman 1986: 62)。最も重要なのは、福祉国家が機能するためには、開放経済と労働の自由移動の論理により解体される「何らかの親族意識や仲間意識という側面」が必要だとしたことである。移民は、とりわけヨーロッパの発達した福祉国家にとっては「大惨事」以外ではありえず、労働運動の分極化、社会的権利と社会給付の大幅な縮小という「ヨーロッパ福祉政治のアメリカ化」へと引きずり込むのだという(ibid.: 60-62)。

移民がもたらす多様性が社会的シティズンシップに与える影響について論争が本格的に開始されるまでには、フリーマンの論考からさらに二〇年間を要した。二〇〇四年には、トニー・ブレアの「新しい労働党《ニュー・レイバー》」を支持する英国人コラムニスト、デイヴィッド・グッドハートは、「進歩主義者のジレンマ」の存在を語った。そのジレンマとは、「連帯」と「多様性」のどちらかを選ぶよう迫られても両方を選ぶことはできないというものである。というのも、福祉における連帯は「私たちと同類の者を優先する」感覚と互酬性の感覚とを拠り所にしているが、それはまさに移民がもたらした多様性によって掘り崩されているからである。したがって、公共政策の選択を迫られた場合には、多様性はいずれにせよ事実として生ずるだろうから、連帯の方を優先すべきだということになる。

移民のもたらす民族的多様性が人びとの「信頼」の水準に悪影響を及ぼしたことは議論の余地がない。

一般に、「信頼」は福祉国家による再配分を人びとが受け入れる前提条件と考えられている。六〇カ国におよぶ「社会の一般的信頼」(1)を調べた研究によれば、「高い信頼」がある国は他の特徴のなかでも特に民族的同質性という特徴をもつという(Delhey and Newton 2005)(2)。アメリカにおける多様性と信頼に関するロバート・パットナムの画期的な研究(Putnam 2007)以前では、多様性は、希少な資源をめぐる競争のため、集団内での連帯を促す一方で集団外での不信を助長するという見解が支配的であった(これをパットナムは「紛争理論」と呼ぶ)。逆に、それより前に唱えられた「接触仮説」、すなわち多様性は民族中心的な態度を弱め、集団の外部での信頼と連帯を助長するという、「紛争理論」とは逆向きの効果があるとする仮説はあまり重要視されなかった。パットナムによるアメリカを対象とする調査は、多様性が集団外での連帯に与える負の影響を裏づけたものであるが、彼は、「実のところ多様性は集団内と集団外の双方で連帯を弱めているかもしれない」という重要なニュアンスを付け加えている(ibid.: 144)。パットナムの「収縮理論」によれば、多様性は、紛争理論が想定していたような集団内と集団外との分断を引き起こすというよりも、むしろ「アノミー」[*1]や「社会的孤立」を助長するものであり、「民族的に多様な環境で暮らす人びとは「身構えて」おり、亀のように引きこもっている」という(ibid.: 149)。というのも、人びとは他の民族集団の成員を信頼しないのと同じくらい、自分の仲間の民族も信頼していないからである。

パットナムの発見は論争的であり、すぐさまそれに反論し修正する分野内産業を興したほどであったが、ほとんどの学者は「民族多様性は一般的信頼に負の効果を持つようである」(Miller 2003: 27)と同意する(3)。ここで問題となるのは、多様性と信頼との間にある負の相関を、福祉国家に対する支持の欠如につながるよう読み替えるべきかどうかである。また，さらに飛躍すれば，増大する多様性と実際の社会支出の削減とを関係づけられるかどうかである。理論上これら双方の推論に説得力がありうるとしても，[4]現実にそれを裏づける根拠はほとんど存在しない。福祉国家に対する支持の姿勢につき多くの国家の世論調査を検討した研究によれば，「多文化主義政策と再配分への姿勢との間に，規則的な負の相関はまったくみられない」という（Crepaz 2006: 108）。[5]国家の福祉支出について言えば，ある研究がＯＥＣＤ諸国における社会支出の一九七〇年から九八年にかけての変化に移民が与えた影響を検討したところ，そこには何の相関もなかった。すなわち，「過去三〇年間において，外国生まれの人口が多い国のほうが，移民の共同体が小規模である国に比べて，社会福祉施策を維持し発展させる際に困難を抱えるという根拠はまったく存在しない」のである（Kymlicka and Banting 2006: 291）。同じ研究計画から派生したＯＥＣＤの二一カ国に関する研究でも同様に，「多文化主義政策と福祉国家の侵食との間に一貫した相関はない」とされている（Banting et al. 2006: 65）。それどころか逆に，非常に強固な多文化主義政策を備える国家（オーストラリアとカナダ）では，ＧＤＰに占める社会支出の割合が他のどの国よりも上昇し，かつ課税と所得移転の観点からみた再配分への取り組みがもっとも強化されていたのである。

実のところ多様性と福祉国家の縮小とを結びつける研究のほとんどは，その根拠をアメリカから引き出している。実際にアメリカでは，州や市の社会支出の水準は人種的少数者や民族的少数者（特に黒人とヒスパニック）の規模と負の相関を示している（この簡潔な概観は Hero and Preuhs 2006: 121-126）。この問題をめぐって近年行われた重要な研究では，「貧困との闘い」に関してアメリカとヨーロッパとを比較することで，アメリカで富裕層から貧困層への再配分がヨーロッパよりも著しく少なかった理由の解明を試みている(アメリカではGDPに占める政府支出の割合がわずか三〇%であるのに対しヨーロッパは約四五%であり、この差の約三分の二は福祉支出からきている)(Alesina and Glaeser 2004: 2)。この研究を行った二人の経済学者は、注目すべきことに経済学的な説明を重視しておらず、かわりにアメリカで福祉支出が相対的に小規模である複合的な要因を政治制度と人種に求めている。かれらは、統計分析により福祉支出における米欧の差の五〇%が異なる政治構造に帰因することを見出した。なかでも顕著な差異は、アメリカに比例代表制がないことである(ヨーロッパでは比例代表制が福祉に好意的な左派政党の拡大に有利に働いている)。差異の残りの半分を説明するのは、アメリカにおける高度な「人種的、民族的な断片化」であり、「個人は自らの人種的ないし民族的な集団の成員に対してより寛大である」という(ibid.: 10)[6]。米欧の差を説明するかもしれない第三の要素は、「文化と態度」として言及されている。それによれば、アメリカでは貧困者は「怠惰」の烙印を押されることが多い一方で、ヨーロッパの人びとは貧困者を単に「不運」とみなし咎めない傾向があるという[7]。もっともアレシーナとグレイザーによれば、この「文化と態度」という考え方の違いは、独立した要因ではなくそれ自体が制度と人種という要因に条件づけられているという。すなわち一方で、アメリカで政治的右派を、ヨーロッパで政治的左派を有利にする制度と、他方で、政治家が(人種的に偏った)貧困者は道徳的欠陥があると主張するのを許容するほどのアメリカの人種的混在性とに条件づけられているのである。こうして二人は、福祉支出をめぐる米欧間の差異化を促した主たる要因は「制度と人種」の二つであると再確認する(ibid.: 12)。

　しかしながらアレシーナとグレイザーは、「第一要因」を身を粉にして追究するなかで、最終的には制度要因すら切り捨てている(ibid.: 218)。というのも制度は、「それ自体がアメリカとヨーロッパで地理と民族が大いに異なることとの帰結」だからである(ibid.)。ヨーロッパでは、地理的な距離や民族・人種的な差異の相対的な小ささが強固な労働運動に有利に働き、今度はこの労働運動が「ヨーロッパの福祉国家を支える制度」を作り上げる一助になった(ibid.: 129)。つまるところ、地理と人種はヨーロッパにおける社会的シティズンシップの強さとアメリカにおけるその弱さを説明する鍵とされるのである。

アレシーナとグレイザーは、アメリカの経験をヨーロッパに投射しつつ、ヨーロッパで民族的多様性が増大するにつれて、その社会的シティズンシップは衰退してゆくと予想する。すなわち「[もし]移民によりヨーロッパで異種混在性が増大していけば、寛大な福祉国家への異議申し立てに民族的な分裂が使われるようになるだろう」(ibid.: 11)とし、とりわけ、勢力を伸ばしている新右翼の側に利用されるという。しかしながら、このような投射には疑問が残る。バンティングとキムリッカは、アメリカを「ヨーロッパのモデル」として安易に当てはめるこの分析に対して、文脈とタイミングが重要であると論じている。すなわち、「少数者が長きにわたる隷属的な集団というよりも新参移民であるところや、国家制度が脆弱というより強力なところでは、異種混在性の増大による影響は大きく違いうる」のである(Banting and Kymlicka 2006: 28)。注意すべきは、アメリカですら「怠惰」という烙印が押されるのはアフリカ系奴隷の子孫だけであり、自発的な移民集団ではないことである(Gilens 1999)。タイミングについて言うと、ヨーロッパでは成熟し確立した福祉国家で移民問題が生起したが、アメリカでは人種問題が福祉国家の発展を当初から妨げていた。これは決定的な違いである。考えてみれば、ヨーロッパの新右翼は反移民的であるかもしれないが、(少なくとももごく最近に現出したものは)反福祉的ではないことはたしかで、グローバル化からの避難所として強い国家を称揚しているのである。さらにいえば、ピーター・テイラー＝グービーが、アレシーナとグレイザー（Alesina and Glaeser 2004）の用いたデータを統計的に再精査したうえで指摘したように、ひとたび政治的左派の強さを（単に人種的多様性の水準が反映したものとみなすのではなく）変数として分析に組み込んだ場合、多様性が社会支出に与える影響はほとんど消失する。つまり、「どうやら実際には左派の存在が、市民間での多様性の増大がもたらす影響から福祉システムを保護している」のである（Taylor-Gooby 2005: 671）。

したがって、移民によってヨーロッパの福祉国家がアメリカ化するとの予測は見当違いだと思われる。ジョン・マイルズとセバスチャン・サンタルノーが強調したように、鍵となる問題は、多様性の増大が「社会的連帯を侵食するほど強力な、新しい民族・人種的な政治的分裂」を生み出すかどうかにある（Myles and St-Arnaud 2006: 341）。この分裂の出現は、単に移民ないし移民を対象とした多文化主義政策が存在することによる作用ではない。むしろこれは、移民の「経済的、政治的な編入……の水準」にかかっており、それは一転して移民の選別、多文化主義政策が「公平」だという認識の有無、選挙における少数者の強さなどによって決まる複合的なものとなる（ibid: 353）。手短かにまとめれば、民族的多様性と福祉国家の発展との結びつきは直接的ではなく、そこかしこで様々に作用する他の多くの要因によって媒介されているのである。

これは、福祉国家の再編や縮小という目下の現実を否定するものではない。せいぜい移民はそうした再編に周辺的に巻き込まれていると述べているだけである。この点について鍵となるのは、社会的シティズンシップが「地位」から「契約」へと変容したことである（Handler 2004）。したがって、社会的シティズンシップが市場がもたらす不平等に対して優勢だったかつての状況は、まさに覆されている。社会的シティズンシップを地位として捉えていた頃は、社会給付はシティズンシップの地位に付随する権利であった。これは、「脱商品化」という論理の一つである(Esping-Andersen 1990: 3)。他方で社会的シティズンシップを契約として捉えると、近年の「ワークフェア」プログラムに典型的に見られるように、社会給付は労働市場への義務的な再統合の見返りとなる。したがってこれは、脱商品化とは逆の商品化という論理に従っているのである。ヨーロッパのＯＥＣＤ諸国におけるこの変化の背景にあるのは恒常的な高失業率であり、一九七〇年代には平均三％に過ぎなかったそれは一九九〇年代には平均九％以上に跳ね上がった(Handler 2004: 99)。今日の社会政策の焦点は、特定の社会的階層が仕事や社会から「排除」されているという問題にあり、その階層には、(子供の貧困の根本的原因たる)片親、若者、移民、民族的少数者などが含まれる。社会政策の焦点が排除された者の包摂になり、排除された者と包摂された者とを隔てる境界線を架橋することになったとすると、包摂された者の側で起きていることについて盲目となるのは不可避である。たとえば、そこにある慢性的な、あるいは拡大すらしている不平等などに目が向かなくなるのである。包摂がもつさらなる特徴は、個人がそれを義務的なもの、ゆえに自身が責任を負うべきものとして直面することである。このように「包摂」は、古典的な社会的シティズンシップと真っ向から対立している。それは義務であり、権利ではない。個人の努力であり、社会の努力ではないのである。

ハン・アンツィンガー(Entzinger 2006a)は、オランダの事例に関する興味深い議論において、こうした路線での福祉国家の再編と多文化主義政策の衰退との間には、因果関係がないにもかかわらず、驚くほどの一致があることを示した。まずアンツィンガーは、ヨーロッパでは典型的に移民少数者が福祉システムのなかで過剰な割合を占めているという、当惑させるような証拠を提示する。二一世紀の初頭では、非西洋出自の移民が疾病手当関連の請求をする割合は、オランダ人のそれより二四%も高かった。また、失業手当、家賃補助、生活保護関連の請求に至ってはさらに高く、それぞれ五七%、一八四%、三三七%であった(ibid.: 191)。そして、オランダ人口の一〇%を構成するにとどまる非西洋出自の人びとは、(「福祉」と呼ぶにふさわしい)生活保護の受給資格が認められる者の四〇%を占めていた(ibid.: 193)。さらに詳しくみていくと、一九八三年から二〇〇三年にかけて、少数者との関連が深い制度(とりわけ失業手当と生活保護)への公的支出が、他の計画への支出に比べて大きく削減されていることがわかる。しかし、これは給付が実質的に削減された帰結というよりも、一九九〇年代にオランダの社会政策の焦点だった福祉から労働へという方針転換が首尾よく進んだ帰結であった。オランダでは、福祉からワークフェアにうまく移行した結果として、「労働市場から大きく離れた」(ibid.: 194)人びとしか社会給付を受給する資格を得られなくなった。そして、その資格をもつ人びとは過度に移民に偏っており、そのほとんどは低熟練移民ないし労働市場の競争で脆弱な移民であった。アンツィンガーは次のように結論づける。「こうして、われわれは逆説的な状況の只中にいることに気づく。社会保障システムの最重要部分のいくつかにおける移民の取り分は、その改革が成功した帰結として増加してきたのである」(ibid.: 195)。福祉改革の逆説的な帰結がなんであれ、アンツィンガーによる重要なメッセージは、この改革で移民は考慮の対象でなかったというところにある。むしろ改革の原動力となったのは、オランダの労働力をより効率的かつ競争力を備えたものにするという、グローバル化にまつわる懸念だったのである。

今までのところ、事実としても政策を導く規範としても多様性が福祉国家に損害を与えてきたとする根拠はほとんどない。だが、将来において多様性がそのような影響を与える可能性までもが排除されたわけではない。フィリップ・ファン・パレイス（van Parijs 2003: 382）が推測しているように、基本的な「社会学的過程そのものを明らかにする」には、おそらくもう少し時間を要するだろう。多様性が社会的シティズンシップに損害を与えうる理由を長期的な視野から考える際には、両者の間に横たわるきわめて重要な緊張へと意識を引き戻すべきである。それについては、フランス人歴史家のピエール・ロザンヴァロン（Rosanvallon 2000）が巧みに定式化しているので見てみよう。彼によれば、古典的な福祉国家は「保険社会」という観念に基づいていた。すなわち、リスクが共有され、「無知のヴェール」によって誰が最終的に社会給付を利用するのかが覆い隠されるような社会である。リスク（失業、障害、疾病など）は、平等に分配され予測不可能なものであるから、みな自らの便宜を図るべく進んで代価を支払おうとする。本質的には、共有リスクと不透明性を背景とした自己利益が、福祉国家を持続させる連帯を生み出していたのである。こんにちの問題は、この二つの状況がともにもはや存在しないことにある。第一に、リスクは共有されず階層化しており、排除は（移民と民族的少数者を含む）特定の集団に関係している。第二に、「無知のヴェール」は取り外され、もはや不透明性はあてはまらない。知識がリスクを個人化し、予測可能にしたからである（私たちは喫煙がガンの原因となるのを知っている）。また、特定の遺伝子が病気の原因となるのを知っている、など）。とすると、行為ないし運によってリスクの範囲外にいる者が、なにゆえリスクの範囲内にいる者のために金を支払うべきなのか。これが問題となるわけである。

この新しい構図は二つの帰結をもたらした。ひとつは、社会政策の対象が人口全体ではなく個人や特定の集団になったことである。もうひとつは、不透明性の減退によって自己利益が散逸していくにつれて、福祉国家はますます再配分的かつ(保険ではなく)税金を基盤とするようになり、それを人びとに支持させるのに余計な連帯が必要になったことである。ロザンヴァロンによれば、この状況へと対応する方式は二つある。第一に、「被害者化」である(Rosanvallon 2000: 35-37)。これは多文化主義の政治であり、そこでは、補償が保険の代役を果たし、人びとの不運は加害者がいる被害に置き換えられる。彼が支持する第二の解決策は、労働人口への再統合という義務を果たした見返りとして福祉を提供することである。ゆえにこれは、すでに述べた契約としての社会的シティズンシップの一類型だといえる。

ロザンヴァロン(Rosanvallon 2000: 19-21)は、目下の社会的シティズンシップが抱える困難の根源が「人間相互に差異があることを知った災い」にあり、それは移民がもたらす多様性によって焚きつけられてばかりであると適切にも認めている。また、次のことに念を押していることも正しい。すなわち、歴史的にいえば社会的シティズンシップは、とりわけ連帯を促進せねばならない戦争の影響を受けて「急速に」進化を遂げたということである(ibid.: 28)。シティズンシップの権利は、概して、共同体のために耐え忍んだことに対する譲歩ないし恩賞である。つまり、「労働、戦争、再生産は、シティズンシップとその境界および権利を構築するための主要な経路だった」のである(Abraham 2002: 7)。

多文化社会においては、社会的シティズンシップが繁栄するために必要な集合的感覚が弱まることは避けられない。とかくその焦点は、再配分的な社会的権利から手続き的な市民的権利へと移行している。ロザンヴァロンは、こうした社会で変化しつつあるエートスを次のように雄弁に語った。「社会の中心的価値は、連帯というよりも寛容であり、平等よりも偏りがないことである。「善き社会」とは、差異が平和裡に共存することができる社会であり、包摂を保証する社会ではない。シティズンシップの原則は、もはや再配分への要求を含意せず……自律に対する共通の信頼へと変わっている」(Rosanvallon 2000: 36)。

二　外国人の権利——階層化され、回収されうる権利

ハンナ・アーレントは、二〇世紀前半のヨーロッパにおける無国籍者と民族的少数者をめぐる暗澹とした論考のなかで、「人間の権利」は国民国家によって市民の権利として体系化されない限り無価値であると論じた。かつて自分の国を奪われた人びとは、「権利のない、人間のくず」であった(Arendt 1979 [1951]: 267)。同様に、イスラエルという新設国家の経験が示すように、「人権の回復」は「国民の権利の……回復」によってのみ起こりえた(ibid.: 299)。アーレントが不本意ながらも認めたように、フランス革命とその崇高な人権宣言に対する老練な批判者であったエドマンド・バークは、次の点で正しかった。すなわち、「イギリス人の権利」は、人権という「抽象概念」よりも計り知れないほど重要だったのである(ibid.)。しかしながら、もし国民国家の成員資格が権利なるものの根源であるとすれば、「権利をもつ権利」(ibid.: 296)や、「何らかの組織された共同体に属する権利」(ibid.)、すなわちシティズンシップへの権利は、いかにして存在しうるというのか。ホーフェルド(Hohfeld 1919)が権利に関する鋭い分析のなかで指摘したように、ある者の「権利」は他者への「義務」を前提としており、その義務を履行さ

せるにあたっては、それこそアーレントの筋書きに欠落している国家が求められる。「権利をもつ権利」はその循環性からして無効である。けれども、他にどんな結論をヨーロッパの暗い世紀から引き出せるというのか。

人間の権利と市民の権利とのアーレント的な同一視が、近年の主張に内在する大いなる挑発を引き写したものであることに留意せねばならない。その主張とは、「ポスト・ナショナルな成員資格」(Soysal 1994)がナショナルなシティズンシップを凌駕しつつあり、国際人権レジームによって国家の重要性が低下しているというものである。たしかに、わずかであれそこには真理が存在する。このわずかな真理は、市民の権利における権利の構成要素を精査したときに明らかとなる。キャス・サンスティーンによる他のどれよりも優れた権利の定義を考えてみよう。彼は、権利を「その要求者を保護するために法的に実行可能な道具」として実利的な観点から定義した(Sunstein 1995: 739)。この保護の内容をより細かく調べるなかで、彼は権利が「人間の重大な利益」という属性を備えていると指摘する(ibid.: 736)。そうだとすれば、観念的には市民の権利は人権と一体である。「人間の重大な利益」に関わるものとして、権利としてのシティズンシップは普遍主義のウイルスに感染しており、それは、最終的には国籍という殻を破り万人を平等に処遇することを求めている。このシティズンシップの普遍主義的な核心は、「ポスト・ナショナルな成員資格」(Soysal 1994)、あるいはもっと挑発的には「外国人のシティズンシップ」(Bosniak 2006)に近似したものへと不可避的に突き進むのである。

歴史的には、こうした力学を解放させるきっかけとなったのは、二〇世紀中葉に社会的差異の標識としての人種が正統性を失ったことである。人種による社会的差異化は、まさしく人間性の共有を否定することを意味していた。国際法と国内法のもとで市民と外国人を区別することは妥当なままであるが、少なくとも入国管理法に関連する狭い領域の外では、外国人に最低限与えられる権利の水準は顕著に引き上げられてきた。これは、いまや外国人の権利制限は人種差別の匂いが染みついているとみなされることによる。アメリカの最高裁は、一九七一年の有名なグラハム対リチャードソン（*Graham v. Richardson*）判決において、合法移民に対して州レベルの福祉を受ける権利を回復させた。最高裁は移民を「分離し孤立した」少数者になぞらえ、移民に対する「外国籍」を根拠とした差別は、まるで「国民性ないし人種に基づく差別に似て」おり「本来的に疑わしい」とした[8]。まさに、政治的権利がアメリカ市民の特権であり続け、政治的領域において排外的な市民が気まぐれに外国人を従属させていたからこそ、法的領域で外国人を保護する必要性が高まっていたのである。ブラックマン最高裁判事は、グラハム判決の後に別の判決でこの精神を明瞭に示している。

孤立した少数者がただ無力であるという事実は、よくありがちな推定、すなわち、たとえ少数者を害する無思慮な決定であっても、民主的な過程を通じて最終的には修正されるという推定を打ち破る要因そのものである。いずれにせよ、おそらく憲法的に、そして一般的にも外国人が自己統治過程への参加から形式的かつ包括的に締め出されているという事実は、外国籍を根拠とする区別に関する司法審査を行う必要性を、とりわけ重要なものにしている（Katyal 2007: 1373 より引用）。

これこそが、第二次世界大戦以降のアメリカとヨーロッパにおける外国人の権利の進化を特徴づけてきた、法と政治とが内的に対立する力学である（Joppke 2001b）。

ともあれポスト・ナショナルな成員資格という見立てが視界の外に置いているのは、国家の巻き返しとは言わずとも、国家が果たす役割である。ランダール・ハンセンが皮肉を込めて述べたように、ポスト・ナショナル論者は、国家の機能を「普遍的な人間の注文に応じて政策を給仕する」ことに格下げしてきた（Hansen 2009: 4）。しかし、このような普遍的な人間も、国家によって探知されれば依然として「外国人」のままである。外国人は、究極的には国家がもつ入国管理権力に従属しているのであり、ポスト・ナショナル論者によって充当された居心地の良い地位に達したとは到底いえない。というのも、特定の権利はつねに除外されているからである。なかでも顕著なのは、政治的権利、国外退去からの絶対的な保護、外交的保護権である。大概の人びとにとって外交的保護権は重要ではない。しかし、それが必要な場合、たとえば「グアンタナモ基地における人権上の惨事」（ibid.）といった場合に、ポスト・ナショナルな成員資格は死や不正な刑罰から逃れるのに十分ではない。というのも、外交的保護を享受する資格たりうるのは、公式の地位としてのシティズンシップだけだからである。

しかし、市民的権利と社会的権利という、とりわけ議論の余地なくポスト・ナショナルな成員に属するとされる権利ですら、現実には階層化された権利であり、国家がもつ入国管理権力の深い刻印を負っている。また、これらの権利は、国家側の譲歩を通して与えられるがゆえに、つねに回収可能なものでもある。以下では、外国人の権利に関する階層性と回収可能性というこれら二つの制約を順に論じていきたい。

1　階層化された権利

リディア・モリスは、ドイツ、イギリス、イタリアにおける移民の権利について淡々と説得力のある比較を行うなかで、「異なる「入国」の区分に応じて国家が与える権利と保護は、監視と管理とに密接に関係する階層化された権利の体系をなしている」と論じた（Morris 2002: 19）。彼女の重要な洞察は、移民の権利が階層化した権利であり、管理や監視といった国家の関心と本来的に結びついているということにある。こうした権利は国ごとに異なり、また入国の区分や機能的分野に応じて国家内でも差異がある。たとえば、大抵の西洋諸国は近年になって高度熟練移民を誘致する法案を可決させているのだが、その高度熟練移民には、非合法移民はもちろん、あまり望ましくない移民や低熟練移民にはない一定の居住権や家族呼び寄せ、はたまたその他の（しばしば税制優遇すら含む）特権が認められている（Shachar 2006）。入国区分による階層化に加えて、移民の権利は機能的分野ごとに階層化されており、居住や仕事、あるいは福祉の受給に関して異なる条件が適用される。仮に「権利の付与と留保」が実は「移民の管理を可能とする基礎」だとすると（Morris 2002: 19）、そもそも移民の「権利」はあるのか、移民の権利のすべてを国家による「譲歩」に条件づけられたものとして認識するべきではないのかなどと考えてしまうかもしれない。しかしこれは大げさである。国家が切り下げえない最低水準の権利は、国家の制限主義的な意図に抗して憲法や国際条約の条項を援用してきた裁判所によって定められている。外国人の権利の中核は存在するのである。それは「切り札」（Dworkin 1984）として適切にも理解されるもので、国家や国家が代表する民主的な多数派に対抗して個人が保持している。しかし、ポスト・ナショナル論者が考えている以上に、その中核は脆弱で小さいのである。

外国人の権利の複雑性と不安定性とを看取するために、機能的分野に限定してその階層化を概観してみたい[9]。外国人の権利が非常に不安定となる二つの分野は、居住と労働市場への参加機会である。この点に関しては、伝統的移民国家とヨーロッパ諸国との間には明らかな相違がある。伝統的移民国家では、合法的な永住者の地位に加えて労働市場への完全かつ平等な参加機会を入国の当初から与えている。他方でヨーロッパ諸国では、居住と労働市場への参加はまず制限され、時の経過につれて拡充されてゆくにすぎない。もちろん、どの国家にも前もって入国や居住をする権利が存在するわけではない。むしろ、それに必要な許可はどの国でも完全に自由裁量に基づいて出されている。ヨーロッパ諸国はアメリカの合法的永住に類似した地位を少しずつであれ作り上げてきたが、その最も恵まれた資格を取得するために要する期間は当初大きく異なっていた(フランスでは三年、イギリスでは四年、ドイツでは八年、スイスでは一〇年)[10]。ベルギー、ドイツ、オランダ、オーストリアなどの国では、定住資格は権利として取得可能になったが、スイスやイギリスなどの国は依然として完全に自由裁量に依拠している。フランスでは、最も恵まれた居住資格は早くも三年間以上の居住で取得しうるが、それを権利として取得する資格は一〇年間以上居住した場合にのみ与えられる。ドイツ、フランス、オランダ、オーストリア、イギリスを含むほとんどのヨーロッパ諸国では、定住資格を取得するための条件として福祉に依存していないことを定めている。ドイツはそれに加えて、六〇カ月分の年金の支払い、無期限の労働許可証の取得[11]、ドイツ語能力をそれぞれ条件としている。なお、最後のドイツ語能力は、近年に市民統合へと転向する以前から設置されていた条件である。

ヨーロッパでは、過去三〇年以上にわたり、居住権を当初もたない外国人と市民との間にある巨大な格差を是正しようとする動きがある。一九世紀以来ヨーロッパの主要な移民受け入れ国であったフランスですら、（有名な「一〇年カード」がミッテラン政権下で導入された）一九八一年まで永住を許可する資格はなかった。ドイツでは、一九九〇年の「外国人法」が初めて個人の永住権を導入した。これは、時の経過に応じた地位の向上という裁判所が設計した観念が法律に反映されるなかで起きたことである。さらにドイツは、二〇〇四年の新しい移民法により（ごく少数の高度熟練移民向けではあるが）入国時に永住許可を発行するヨーロッパ唯一の国となり、したがって時の経過に応じた地位向上というヨーロッパの論理を反転させてもいる。居住権に関係するこれらの積極的な展開は、ポスト・ナショナル論に含まれる真理の中核を示すものである。しかしながら、ウルリク・デイビーが指摘するように、「外国人が手にしうる最上の地位でさえ、国民の地位とはやはり異なっている」（Davy 2005: 133）。何よりも顕著なことに、永住者ですら、国家の入国管理権力のうち最も過激な強制送還から完全に守られているわけではない。たしかに、最上の地位にある移民を送還するためには、公共の安全と秩序に対する重大な違反行為という観点から然るべき理由が集められなければならない。だが、とりわけドイツは、自分が送還される「母国」を一度も見たことがないドイツ生まれの移民二世に対してですら、ほとんどためらいなくこうした手段を実行してきたのである（ibid.: 139, n. 95）。

これと似た制約は、移民の労働市場への参加機会にもみられる。一九七三年に外国人労働者の募集が公式に打ち止めされて以来、すべてのヨーロッパ諸国で外国人の雇用は一般的に禁止されていた。その例外は、明示的に許可された場合か、いわゆる「国内居住者の優先（*Inländerprimat*）」[12]が実施された場合である。「国内居住者の優先」とは、外国人を雇用する前に国内労働者の募集を義務づけることを意味する。ドイツの二〇〇四年の移民法では、「移民の国ではない」というドイツの古い観念は息をひそめたが、この法律ですら三〇年間続いた外国人労働者の募集停止を公式に解除するものではなかった。外国人へと労働許可が発行される場合、当初は特定の雇い主や業種、経済部門に結びついた暫定的かつ不安定な許可であるのがつねである。居住については、その権利資格は時とともに拡充されていく。一般的には、居住に関して最も恵まれた地位に到達すると同時に、労働許可は必要なくなるか、あるいはそれを一切の制約なく権利として付与しなければならない。これに関する興味深い例外はオーストリアであり、そこで最も恵まれた外国人への労働許可、いわゆる「無制限労働許可(*Befreiungsschein*)」は比較的容易に発行されるものの、つねに暫定的な許可にすぎず、ゆえに撤回されうるのである。とりわけ繊細な問題であり国家ごとに違いが大きいのは、家族移民の労働市場への参加である。家族移民はいくつかの国では最初は労働する権利が与えられないが(オーストリアやドイツなど)、他の国ではすぐに労働が許される(ベルギー、イギリス、フランス、オランダなど)。しかし、最も大きく異なるのは公的部門における雇用であろう。イギリスやオランダでは、非市民もさしたる労なく公的部門で働くことが可能になっている。対照的にフランスとドイツでは、公的部門の雇用を開放しようとする圧力はあるものの、それらは市民(およびEU法への抵触を避けるべく他の加盟国の市民)へと取り置かれる傾向がある。

アメリカでも、公的部門における合法移民の就労という問いへの対応は制限的であった。最高裁による一九七一年の画期的なグラハム対リチャードソン判決により州次元での差別が一般的に禁止された後に、例外規定が設けられたのである。この判決直後、最高裁はいわゆる「政治職務の例外」を規定し、これにより「政府の基本業務」(Bosniak 2006: 61より引用)に関係する州次元の職を市民へと取り置くことが可能となった。この例外規定はそれ以降に拡大解釈され、州警察や学校教員、保護観察官を含めるようになり、したがって「外国人という地位による区別が疑わしいという[グラハム判決の]主張はすべて帳消し」になったのである(G・ロスバーグの言葉、ibid.: 63 より引用)。

政治職務の例外は、アメリカのみならずどの国であれ、外国人の権利の進化につねにつきまとうより大きな問題を提起する。それは、市民の地位と外国人の地位とを差異化する際に、その境界をどこに引くべきかという問いである。リンダ・ボスニャックが詳述したように、この問題は次のいずれか一方の観点から応答しうるかもしれない。一つは、社会における他の領域から移民の領域を「分離」して考えるものであり、これは、とりわけグラハム判決が支持するものである。もう一つは、すべての社会的領域と移民の領域とを「収斂」させて考えるものであり、これを例証するのが政治職務の例外である。この境界線の問題にどう応答するにせよ、外国人という身分は、「境界からなる世界」と「社会関係からなる世界」が相半ばで生み出した「混合的な法的地位」なのであり、その性質を根絶することはできない(Bosniak 2006: 38f.)。ポスト・ナショナル論の大きな欠点とは、外国人という概念から境界線を抹消しようとしていることである。

しかし一般的には、ポスト・ナショナルな成員資格に含まれる権利の栄冠は社会的権利だと考えられている。ソイサルは、移民に対する社会的権利の付与がマーシャル的なシティズンシップの論理を逆転させているとまで論じた。というのも、ヨーロッパでは、市民的権利や政治的権利よりも社会的権利の方がより早く、またおそらくより完全なかたちで移民に与えられたからである(Soysal 1994: 127)。これに関してアメリカで決定的な契機となったのは、またしても最高裁による一九七一年のグラハム対リチャードソン判決であった。同判決は、外国人住民に福祉給付を与えることを禁じた州法を廃するべく、合衆国憲法修正第一四条の平等保護条項を援用した。もっとも、この判決に続く福祉への包摂は州次元でしか効力をもたなかった。この主たる理由は、移民が合衆国憲法によって保護される「人」だったことではおそらくなく、むしろ、このような判決を出さなければ連邦政府の特権である入国管理権力を州政府が濫用する恐れがあったことにある[13]。州次元での差別規定を無効とした最高裁は、そのすぐ後に一九七六年のマシューズ対ディアス(*Matheus v. Diaz*)判決によって連邦次元での差別規定を許可した。この判決は、連邦政府が望むならば、移民に対して政府がもつ「全権」に基づき、老齢者医療保険《メディケア》の給付対象から外国人住民を自由に排除できるとした。これが示唆しているのは、アメリカの連邦制に特徴的なことではあるが、外国人の権利を階層化する主軸がもう一つ存在することである。つまり、外国人の権利は、異なる政府の次元(州政府と連邦政府)に応じてその強度が変わりうるのである。

もっとも、外国人の社会的権利の階層化に関しておそらくさらに重要なのは、拠出型給付と非拠出型給付との間にある内的な区別である。ほとんどの国において、医療、失業手当、年金は保険を基礎としており、給付を受けるための要件は、労働市場への参加や領域内居住であって国籍ではない。こうした拠出型給付に国籍に関係する制限が課されたことはなく、したがって拠出型給付は外国人が市民に比肩しうる唯一の領域である。この理由は単純で、国籍はその基準として考慮されるべきものではなく、かつ今までも考慮されてこなかったからである。ピーター・バルドウィンは、拠出を基礎とする給付は、正規の雇用と結びつき、その給付額は勤続年数と給与とともに増加してゆくものであるから、「社会的シティズンシップ」の範疇から除外されるべきであるとさえ論じている(Baldwin 1997: 109)。また、「社会的シティズンシップ」の範疇に残されるのは非拠出型の給付、すなわち「見返りとしてどれほど努力したかを問わず分配される」給付であるべきだという(ibid.)。

実のところ外国人は、非拠出型の給付、すなわち純粋に再配分的な福祉給付について、ひどく不利な立場にある。というのも、多くの場合に非拠出型の給付を受ける条件は地位としてのシティズンシップだからである。非拠出型給付は、欧州司法裁判所がしばしば激しく争い、そして拡張してきた法領域の一つである。[14] 欧州司法裁判所は、加盟国市民に比べて自国の市民を優遇しようとするヨーロッパ諸国の権力を大きく制限してきた。これは、教育や家族計画といった国民形成に決定的に関わる領域ですら例外ではない。非拠出型社会給付については、ウルリク・デイビーが「[ヨーロッパにおける]ほぼすべての法体系は差別的な規則を含んでおり、しかも、その多くは露骨である」と指摘している(Davy 2001: 947)。ただし、ここでも国ごとに違いがある。オランダやイギリスなどの国では、短期移民ないし非合法移民に対してですら非拠出型福祉給付の制限はなかった。これはそれらの国が寛大だったからではなく、典型的ではない給付請求者をまったく考慮していなかったことによる。オランダの社会保障体系には、一九九〇年代の後半に至るまで外国人だけに関係する規則や条件がなかった。そのため非合法移民であっても、その体系に完全かつ平等に参加することができたのである。これが変化したのは、一九九八年のいわゆる「結合法(Koppelingswet)」によってである。この法律により、非初等教育、住居、家賃補助、医療、国民生活扶助への外国人の権利資格ないし加入可能性は、当人の合法的地位しだいとなった。もっとも、この措置における標的は非合法移民だったため、短期滞在者は保護され続けた(Groenendijk and Minderhoud 2001: 540f.; Engbersen 2003)。イギリスは、当初はオランダに似た包摂的な社会保障を移民に提供していたのだが、一九九九年の「移民および庇護に関する法」によりすべての非拠出型給付から短期移民を排除する方向に乗り出していった。厳密にいえば、「出入国管理に従属する」すべての個人（すなわち、「無期限滞在許可」を与えられていない移民全員）は、「公的基金」として知られる非拠出型給付——児童給付、地方税給付、障害者生活手当、住宅給付、所得に基づく求職者手当、所得補助——を受ける資格をもたない（Goldsmith 2008: 57）。かくしてイギリスは、移民に対する福祉の提供という観点からすれば明らかにヨーロッパで最も制限的な国となった。

福祉給付を市民だけに制限することが明らかに差別的だとみなされるにつれて、「入管当局」を「福祉国家の番犬」（Baldwin 1997: 111）にしたり、「福祉国家を囲う壁」（Engbersen 2003）を築いたりする顕著な傾向がみられる。その興味深い事例はドイツである。ドイツはもともと（拠出型と非拠出型の）福祉機能全般に関して国籍を条件としたことが一度もない国である。非合法移民ですら原則的には社会扶助の受給資格を持ち続けている。しかしながら、この普遍主義は、給付を利用した非市民は居住資格を喪失すると定めた制限的な入国管理法によって中和される。より正確に言えば、短期滞在者は社会扶助を要求しうるのだが、その場合には自身の居住許可の喪失と強制送還のリスクを負うことになる。このように、社会権は入国管理法によって間接的に制限される。そして入国管理法は、近年まさにこの観点からより制限的になっているのである（Davy 2005: 137f.）。

まとめると、移民に付与される「社会的権利」は、T・H・マーシャルが文明化に向かって進化しゆくシティズンシップの栄冠として描いた権利とは、かなり異なるようである。ウルリク・デイビーがドイツの事例について示したように、移民の社会的権利はせいぜいその「経済的な価値しだい」である

(Davy 2005: 137)。というのも、入国許可から暫定的な居住許可の更新、はたまた最終的な永住許可の取得に至るまで、移民は自分が「公的予算の重荷にならない」ことを「繰り返し」証明しなければならないからである(ibid.)。これと同じ論理は、他のほとんどのヨーロッパ諸国にもあてはまる。さらに、アメリカについては言うまでもなかろう。この国では、一九九六年を境に連邦レベルの福祉給付から移民を一掃するという未踏の地が開拓されたのである。

2　回収されうる権利

外国人の権利が、(絶対的ではありえなくとも)かなりの度合いで国家の譲歩によって与えられるものだとすれば、それは原則として回収可能である。外国人の権利が回収可能だという観念は、それが階層化されているという観念に本来的に含まれている。国家が外国人の権利を広く回収しうることをこれまでで最も劇的に示したのは、イギリスのゴールドスミス委員会による勧告であった(Goldsmith 2008)。この委員会は、シティズンシップ政策について助言を行うようイギリス政府が立ち上げたものであり、その勧告の内容は永住者という法的区分それ自体を廃止せよということであった。同委員会による報告書では、「永住資格が市民と非市民との間の区別を曖昧にしている。イギリスに長く定住した者に対しては市民になるよう求めていくべきである」と率直に述べられている。「連携市民」として住み続けることが許されるのは、母国が二重国籍を拒否しているがためにイギリスのシティズンシップを取得できない人びとに限られる。万が一この提案が立法化されるとすると、それはポスト・ナショナルな成員資格が終焉する前兆となろう。他のあらゆる西洋諸国と比べてもイギリスは、市民がもつ権利のほとんどを享受しながら、しかし市民となり新しい母国に献身することを長期にわたり拒むような人びとを贅沢にも受け入れることに、ますます耐えられなくなっている。かれらを最も苛立たせているのは、ポスト・ナショナルな成員資格がシティズンシップの意味を「曖昧にしている」ことである（ibid.: 11）。というのも、市民の権利と短期移民の権利とを明瞭に分別することはできても、市民の権利と永住者の権利とを分け隔てることはできないからである。ゴールドスミス卿が提起したところによると、これは、「おそらく高潔な理由のために存在する錯乱」である（ibid.: 77）。だが、シティズンシップの「曖昧化」がもはや「保護と忠誠」の範域にまで及んでいるのを考えると、[15] 市民と非市民との間にあるべき線を引き直す時は来ていた。これは、移民に対して短期滞在をとるかシティズンシップをとるかの選択を突きつけることを意味する。ともあれ移民が短期滞在を選んだ場合には、「目下のところ永住資格に付いてくる広範囲な権利資格をかれらは獲得できなくなる」のである（ibid.: 78）。

永住資格という法的地位の廃止がポスト・ナショナルな成員資格を徹底的に駆逐するという状況は、今のところどこにおいても起きていないし、おそらく今後も起きることはないだろう。しかしながら、二〇〇一年以後の時代とアメリカ主導の「テロとの戦い」とを明確に特徴づけているのは「非市民の脆弱性の増大」である（Goldstone 2006）。二〇〇一年九月一一日に一九人のアラブ系非市民が行った先例なき攻撃に対して、アメリカは市民の結束こそが最も純粋な政治的結束であるというシュミット的な観念を復活させることで応じた。その観念においては「友」は「敵」と明確に区別される。外国人はいまや潜在的な敵となった。「不法敵性戦闘員」[16] という恐ろしい観念が示したように、潜在的な敵たる外国人は法の支配の範囲外に置かれ、全面的な身元登録、監視の強化、無期限拘留、あるいは裁判を介さない強制送還に服する。通常の刑法とは異なり、外国人にあてがわれた「敵への法」は、更正や矯正、はたまた処罰すら意図しておらず、むしろその目的は危険を「追い払う」ことにあるのだ（Eckert 2008: 20）[17]。

二〇〇一年以降の安全保障をめぐる強迫観念は、安全保障のために自由を犠牲にするものと捉えられがちであるが、これはせいぜい半面だけの真実にすぎない。というのも、デイヴィッド・コールがアメリカの対応を活写したように、「実際のところ、われわれは市民の基本的な保護を維持しつつ、非市民の自由を都合よく選んで犠牲にしてきた」からである（Cole 2002: 955）。その口火を切ったのは、ブッシュ大統領が二〇〇一年九月一三日に発動した軍事命令であり、これにより国際テロの容疑者を裁く軍事委員会が発足した。そこでは検事、判事、陪審員、刑の執行者の役割を軍が一手に担い、文民裁判への上訴もない。この体制に従うのが外国人だけであり市民ではなかったことには重大な意味がある。これは、法的な拘束によるものではなく政治的なご都合主義、あるいはそう呼びたければ純粋なナショナリズムによるものであった。少なくとも、外国人を選別したことに関してディック・チェイニー副大統領が行った次の弁明はナショナリスト的であった。「アメリカ合衆国へ不法入国をし、男性、女性、子どもを問わず、何千人もの罪なきアメリカ人を殺害するテロ行為に与する者は、法で認められる戦闘員ではない……かれらはアメリカ市民に適用されるのと同じような保証と保護とを受けるに値しない」（ibid.: 959f. より引用）。

ブッシュ大統領の軍事命令[18]の後には、「米国愛国者法」が続いた。同法は、結社活動をしただけで非市民を送還可能とし、純粋な言論行為を理由に国土からの排除を可能とし、また「テロ活動」に関与した疑いがあると司法長官が判断した場合には、事情聴取も当人による逃亡のリスクや脅威を示す証拠もなしに拘禁を可能とするものであった。テロリストとして指定される組織との結びつきがあまりに広く捉えられた結果、「指定組織が運営する託児所におもちゃの電車セットを送った外国人はテロリストとして送還されうる。たとえ彼女が、その電車セットを使ったのが三歳児だけだったことを示せたとしても」(Cole 2002: 967)。さらに、「テロ活動」があまりに緩く定義された結果、「虐待する夫との家庭内不和で台所包丁を振り回した永住外国人女性」はテロリストとして認定されえたのである(ibid.: 971)。

テロに対するアメリカの応答にまとわりつくいかがわしき新しさは、外国人の初歩的な市民的権利を否定したことにある。それは、合法的永住者というかつて最も保護されていた外国人集団に対してさえ容赦しなかった。デイヴィッド・コールは、これに関係して重要な区別、すなわち契約から生ずる特権として捉えるべき権利と人格の不可侵な統一性に本来的に備わった固有の権利との区別を試みている。政治的自由、適正手続き、法の下での平等な保護は、敵性外国人という一八世紀後半以来の概念がアメリカで再興するなかで土壌が掘り崩されているとはいえ、それらは「特定の社会契約から派生する別段の特権ではなく、自由かつ平等な尊厳を備えた人格たることの意味から派生した権利として最もよく解釈される」(Cole 2002: 957)。また、それらは「人権であってシティズンシップの特権ではない」(ibid.)。したがって、敵性外国人に対する「法の下での平等な裁判」の拒絶は、福祉給付からの移民の締め出しを主眼として「「ほどこし」の分配」を取り止めることとは道理が異なっている(Katyal 2007: 1375)。同様に、こうした動きの非道さを構成しているのは、法の一般性の切り崩しである。法の一般性はこれまで法の支配それ自体を繋ぎ留めていたものであり、ポスト・ナショナルな時代における新機軸ではまったくない。ジャクソン最高裁判事は六〇年ほど前に、一般的な適用可能性を備えた法は専制に対する最善の防御であると述べていた。すなわち、「役人が少数者に対して課す法の原則は一般の人びとにも課されねばならないと要求する以上に、恣意的で不合理な政府に対抗する実効的かつ実践的な保証はない」、と（ibid.: 1370から引用）。裏返せば、ポスト・ナショナルな成員を引きずり下ろすこと（さらに悪質なことに、外国人全員から初歩的な市民的権利を剝奪すること）は、その影響が広く市民集団に及ぶ危険性を帯びているのである。

こうした危険性はイギリスで明白となった。アメリカに類似した選別的な反テロ法を貴族院が非難したのを受け、イギリス政府は問題とされた非常事態に関する規定を廃止するのではなく、逆に外国人から市民へと拡張することで応じた[19]。イギリスにおける二〇〇一年の「反テロリズム、犯罪及び安全保障法」は、アメリカへのテロ攻撃のわずか数か月後に可決されたものであるが、その第二三条は国際テロリストの疑いがあり送還が不可能である者を起訴なしで無期限に勾留することを容認した。そこで求められる唯一の条件は、ある個人が国家安全保障に対する脅威であると内務大臣が（客観的な事実に基づくことなく）「合理的に信じる」ことであった。アメリカの反テロ法のように、当初この苛酷な手法は非市民にのみ適用され、入国管理法というあまり保護的ではない枠組みが用いられた。ある政府の報告書は、こうした「きわめて厳しい権力」の市民への拡張は「共同体の結合」に「損害」を与えるとの観点から、適用対象を外国人のみとする制限を擁護している（Home Office 2004: 9）。やや大胆な表現をすると、国内のムスリムを宥和するために外国人が生け贄となったのである。この政策を実現するために、政府は、「自由と安全への権利」を保護（そして無期限の拘禁を禁止）する「欧州人権条約（ＥＣＰＨＲ）」の第五条に違反せねばならなかった。そこで政府は同条約の第一五条が認める「国民の生命を脅かす公共の非常事態」を理由とする例外規定に仕方なく訴えかけたのである。だが、不評な欧州人権条約を国内に持ち込むのを拒否したこと以上に、反テロリズム法の第二三条によって規定された権力、すなわち訴追や裁判なしに人びとを無期限に拘禁する権力は、「恣意的な逮捕や拘禁からの自由という今に至るまでこの国が誇りとしてきた古き自由そのもの」に疑いを差し向けた。[20]じっさい、アメリカ政府が対テロ戦争において行ったことと同様に、その保安官助手たるイギリス政府は、人身保護請求権という由緒ある権利を問題とし、さらに同じく外国人のみを対象としてそれを都合よく撤廃したのである。

二〇〇一年の反テロリズム法第二三条の実施は、具体的には次のことを意味していた。二〇〇四年末に貴族院がこの措置を批判するまでに、一二人がテロ容疑者として刑事訴追なしに三年間にわたり監獄のような環境で拘禁されており、この状況は無期限で継続する可能性があった。というのも、国際難民法におけるノン・ルフールマン(非送還)原理により強制送還が妨げられていたからである。二〇〇四年一二月一六日の広く注目を集めた判決において、貴族院は二〇〇一年の「反テロリズム、犯罪及び安全保障法」の第二三条は「欧州人権条約」の第五条と第一四条に違反していると裁定した。ちなみに両条項は、自由への権利を危険にさらすことと出身国に基づき差別することをそれぞれ禁止するものである。イギリスの法服貴族[*2]が抱いていた次の不満を理解することは重要である。すなわち第二三条は外国人を選別的に標的としているが、同様の安全保障上の脅威を及ぼしうるすでに自国の市民であるテロリストをその範囲外に残したということである。これは、テロの脅威から国内を保護するという本来の目的に「釣り合った」ものとはみなされなかった。[21]というのも当時は、テロリズムの容疑者全体のおよそ半数がイギリス国民だと考えられていたからである。その範囲から市民のテロ容疑者を除外した点において、

第二三条は他ならぬ国籍のみを理由として非市民のテロ容疑者を不当に差別した。ビンガム卿は、法は「執行において平等」であるべきだというアメリカのジャクソン最高裁判事の著名な言葉を引きつつ、非市民の人身保護請求権は第二三条において都合よく撤廃されたが、その権利を保護する上でそうした選別は認められないと確認した。「何人も、この法的管轄の内部では、われわれの法による平等な保護を享受します。イギリス国民と他の国民との間に区別はありません。イギリスの法に服する者には、その保護を受ける資格があるのです[22]」。

しかしながら、「欧州人権条約」が国内法に編入された後でさえも、イギリスの裁判所にはいまだに議会制定法を取り消す権能がなかった。つまり、イギリス政府が反テロ措置において外国人だけを選別したことに対する貴族院の非難は、単なる意見にすぎず直接的な効果はなかったのである。チャールズ・クラーク内務大臣は法服貴族の判断に従うことを直ちに拒否し、政府を裁判所に引きずり出した勾留者は牢獄に留まり続けると明言した[23]。実際に、その措置が差別的だという批判に対して政府は、二〇〇五年三月一一日の「テロリズム防止法」を通して、非常事態に関係する反テロ法の規定を外国人から市民へと単に拡張することで応じた。ある観察者は皮肉を込めてその帰結を特徴づけている。「それは、市民には法の支配を、外国人には純粋な暴力を、という二重の司法体系に終止符を打った。人身保護の抑圧は、すべての人口へと拡大されたのである」(Paye 2005: 4)[24]。

二〇〇一年以降、油断のない裁判所をかいくぐって、手法は異なれどアメリカとイギリスが同様に行った外国人の市民的自由の権利に対する攻撃は、今もなおその権利が抱える本来的な脆弱性を証明するものである。ほぼ三〇年前、すなわちポスト・ナショナルな成員資格が世に知られるはるか以前に、法学者のジョン・ハート・イーリは外国人が脆弱である根本的な要因を探りあてていた。それは、外国人が政治的過程から排除されていることである。だから外国人の代表性はせいぜい「仮構的」(Cole 2002: 981, n. 114より引用)なものにすぎないか、あるいは独立した司法へと信託されるのが関の山なのである。この分析は、今でも変わらず真実である。特に、国際テロによって世界が逆行している現在ではそうである。その逆戻りした世界の状況は半世紀以上も前にハンナ・アレントが描いたそれであり、そのとき外国人は、まさしく「権利のない、人間のくず」だったのだ(Arendt 1979 [1951]: 267)。

三　少数者の権利——多文化主義なのか、反差別なのか

他と異なる民族性、人種性、あるいは宗教性を帯び、またそれに執着することを通して、移民は自らが移り住んだ社会のなかでしばしば少数者集団を形成する。ある古典的研究は、少数者集団を「身体的または文化的特徴ゆえに、自らが暮らす社会のなかで他の人びとから分離され、不平等で異なる待遇を受ける人びとの集団。また、それゆえに自らを集合的な差別の対象とみなす人びとの集団」として定義した(Wirth 1945: 347)。このルイス・ワースの定義は、少数者形成において差別と不平等が果たす役割を適切に捉えている。この捉え方によれば、ある少数者が生起するのは多数派がそれに対して差別を行ったときだけである。とすると、少数者の権利とは人種ないし文化に関する差別からの保護だと考えられるかもしれない。

これと同時に、ワース(Wirth 1945)は少数者の起源が他者による規定と差別にあると誇張しすぎては

いまいか。たとえばメアリー・ウォーターズは、ヨーロッパ出自のアメリカ人という民族性の自己同定はこんにちでは完全に自主的かつ自己選択的なものだと指摘し、また、こうした「象徴的な民族性」と、「アジア人やヒスパニック、黒人であること」による「現実的でしばしば痛ましい」帰結としての民族性とを明確に区別した（Waters 1990: 156）。たしかに、イタリア系ないしポーランド系アメリカ人として自己規定した人びとを「少数者集団」と呼ぶのにためらいを感じるのはもっともである。[25]しかし、ワースの説明（Wirth 1945: 347）ですら申し訳程度ではあるが少数者の要件としている自己規定を、単なる外部的な差別の一機能であるとするのは有益ではあるまい。黒人のアメリカ人を「アフリカ系アメリカ人」とする最近の読み替えがその証左である。これは、奴隷という甚だしい差別を除いて集団として存在しえなかった人びとの内部でさえ、肯定的に自己規定する要請があることを示している。少数者の形成過程においては、多くの場合、肯定的な自己規定と否定的な他者規定との間に連続性がある。自己についての肯定的な感覚を消去することは望ましくない。それは差別へと還元しうるものではなく、共有される民族性、言語、宗教、あるいは歴史を具体化するものなのである。

少数者形成における肯定的な自己規定と否定的な他者規定との区別は、単に学術的なものではない。これは、国家がどのように少数者に応答し関わっていくべきかをめぐる根本的な両義性を示している。平等の名の下で、少数者は保護されるべきなのか、それとも撤廃されるべきなのか。第一の応答は「多文化主義」と呼ばれ、第二の応答は「反差別」と呼ばれる。以下では、それぞれについて順に検討していきたい。その際、観念上では集団破壊的な反差別ですら事実上では集団形成的にならざるをえないという間接的な様式に対して、特に注意を払おう。

1　多文化主義

第二次世界大戦後の時代にあって西洋諸国は、入国の代償として移民がもともつ文化を無理やり放棄させるのを控えてきた。そこにおける題目は「同化」ではなく「統合」であり、移民の文化的統一性を無傷のまま残すことであった。残る問題は、そのような統合が次のどちらによって達成しうるかである。一つは、公と私の境界をはっきりと定めることによって達成するものであり、これに従えば、私的領域で自身の文化的な悪霊に奉じることも移民の努力次第で自由であり、他方で国家はそうした事柄について中立性を保つことになる。もう一つは、国家の側に、よりいっそう積極的な態度、つまり既存の公私の区分を攪拌するような態度が必要だとするものである。本来の「多文化主義」は第二の応答にあたる。それによれば、国家は少数者集団に対して距離を置いたままでいてはならず、むしろその集団を公に「承認」すべきとされる。ある程度ではあるが、国際法すらもこの方向に進んできた。一九六六年の「市民的及び政治的権利に関する国際規約」は少数者の権利をいち早く法典化したものの一つであるが、これは国家に対して特別な事柄をしないよう求めるのみであり、少数者は文化や宗教、あるいは言語への「権利を否定されてはならない」とされた(26)。しかし、一九九二年の「民族的《ナショナル》又は種族的《エスニック》、宗教的及び言語的少数者に属する者の権利に関する宣言(少数者の権利宣言)」は、国家がこうした少数者を「保護」し「促進」すべきであるという、より強力で積極的な文言を含んでいた(27)。これが現実にもたらした変化はほとんどなかったかもしれないが(Kymlicka 2007による批判を見よ)、多文化主義寄りな物言いが一九九二年の宣言で目立っていたことは間違いない。

政治的立場として特徴づけられる多文化主義は、チャールズ・テイラー(Taylor 1992)の影響を受けて定式化されてきた。多文化主義は「アイデンティティと承認への近代的な強い関心」の一つの表現として描き出され、近代における社会的階統制の崩壊と、真正さという新しい理想から引き出される(ibid.: 26f.)。近代という時代の新しさは、人間生活の「対話的」な性質から人びとがアイデンティティと承認を追求するということにはなく、むしろアイデンティティは個人の社会的地位によって永続的に固定化するものではないため、人びとがその追求に失敗しうるということにある(ibid.: 35)。近代的状況のもとでは、承認は二つの異なった種類の政治を生み出す。すなわち、すべての個人の平等な尊厳へと邁進する「普遍主義の政治」と、この個人ないし集団の独自のアイデンティティの承認を求める「差異の政治」である。「普遍的な要求は特殊性の認知に力を与える」(ibid.: 39)のであり、二つの政治は内的に連関している。しかしながら、そしてこれがやっかいなのだが、差異の政治は普遍主義の政治への対抗言説として作動する。ここで普遍主義の政治は、「普遍的なものを装った特殊主義」であり、「偽りの同質性を押しつける」ものとして非難されるのである(ibid.: 44)。こうした姿勢は急進的なフェミニズムにおいても同じくみられるものであるが、テイラーはこの姿勢の端緒を、フランツ・ファノンが行った植民地主義に対する土着からの批判に求める。つまり、ファノンの『地に呪われたる者』と非常に近いかたちで、多文化主義は「ある文化の他の文化への押しつけ、そして……この押しつけに力を与える優越性の想定」(ibid.: 63)を攻撃する。肯定表現で言い換えれば、少なくともテイラー的な多文化主義の変種は、西洋によって貶められた文化が「平等な価値」をもつという「想定」を求めるのである(ibid.: 68)。

もちろんこれは多文化主義の一変種であるにとどまり、またリベラリズムへの急進的な批判かつ代替案としての多文化主義である。[28] これに加えて、多文化主義にはリベラルな変種も存在する。それによれば、少数者の多文化的権利とはリベラルな権利とシティズンシップに取って代わるものではなく、むしろそれを補完するものである(Kymlicka 1995. また Joppke 2001a における双方に関する議論も参照)。しかし、すべての変種の構成要素となっているのは、集団的な区分を顧慮しない一般的な法規則とは別に、特別な何らかの措置により少数者のアイデンティティを公的に承認すべきだということである。キムリッカのリベラルな変種においてさえ、古典的なリベラル国家の宗教に対する態度である「善意の無視」は、文化に関してうまく機能するものではないとされる。リベラルな国家といえど、どう試みたとしても公用語や祝日、象徴の選択において中立的たりえず、それによって多数派集団を特権化せざるをえない。平等な正義を広めようとすれば、少数者集団の文化は国家による特別な保護を必要とするというわけだ。

国家に個人のアイデンティティを承認させるという姿勢には、移民をめぐる問題に限らずつねに疑念が向けられてきた。チャンドラン・クカサス(Kukathas 2003)がテイラーとキムリッカの双方へ切り返したように、「承認」はリベラルな国家がもたらしうる類のものではない。

リベラルな国家は……個人の性格やアイデンティティに関心を払うべきではない。人間的繁栄の促進に直接的な関心を抱くべきでもない。リベラルな国家は、集合的な展望をなんらもってはならないし、どんな集団に対してであれ偏向を表してはならない。特定の個人やその利益を促進するべきではない。リベラルな国家の関心は、諸個人と諸集団がその内部で平和的に機能しうる法の枠組みを維持することのみであるべきである(ibid.: 249)。

クカサスが要約するところによれば、リベラリズムとはその核心において「無関心の政治」(ibid.: 250) なのである。

クカサスが「当為」として定式化したことは、多文化的な要求に対するリベラルな国家の応答をつねに取り巻く事実上の困難をうまく捉えている。承認は、その定義からして非対称な姿勢であり、ある集団を選び出して承認する際に、同じように承認されることを期待する他の集団の欲求を刺激せずにはいない。ゆえに、クカサスがとりわけ東南アジアの不安定な地域に注目して論じたように、承認は法の支配の対称性を損ねるだけでなく、現実世界において「ほとんど常に危険」である (ibid.: 251)。実際、集団はしばしば承認のゲームそれ自体によって生み出される。それは、妥協に開かれていた日常的な利害を、世俗を超越した妥協なきアイデンティティに変容するよう促すのである。

概してリベラルな国家がとりそうにない姿勢ではあるが、承認は移民へと適用された場合にとりわけ疑わしいものとなる。実のところキムリッカ (Kymlicka 1995) は、自発的に自らの故郷を離れた移民は外国において自らの文化とアイデンティティとを再興する権利を「放棄」したのだと実利的に譲歩するなかで、移民の文化を承認することの疑わしさを認めている。移民に与えられる「多民族的《ポリエスニック》」権利、たとえば文化的ないし宗教的な慣習を不当に制約する一般法の免除や文化的実践のための公的資金の提供などは、それを享受する人びとの「自治ではなく、より大きな社会への統合」を促進することが目的である (ibid.: 31)。しかしながら、この健全そうな最小限度の説明では、こうした措置がなぜ権利という言葉で表現されるのかがはっきりしない。おそらく、国家がそれによって移民の統合をさらに推進するための実利的な譲歩であると捉えた方がよかろう。

移民を文化的少数者として受け入れる際に「権利」の名に値するのは、移民に対してのみ与えられ他の人びとには与えられないような特別な「多民族的」権利ではない。そうではなく、移民の文化の保護に最も効果的なのは、自由な表現と結社活動、プライバシーと家族生活、宗教的信条とその実践などに関する一般的な権利を与えることである。リベラルな国家は、移民であれ自国生まれであれ、居住者であれ市民であれ、すべての個人に対してこれらの権利を与えている[29]。リベラルな社会におけるムスリム受け入れの大部分は、この個人の権利という路線に沿って進んできた。だからこそ、それを制約する公的権威との対立が個人の権利の擁護者たる裁判所に幾度となく持ち込まれたのである。そして、ほとんどの場合に裁判所と少数者の原告側がそこで勝利を収めてきた。司法審査と成文憲法の確固たる体系を備えた大陸ヨーロッパでは、とかく裁判所は、宗教的信念に反すると考えられる学校教育課程の一部から娘を免除して欲しいというムスリムの両親の願いに繰り返し従い、宗教的な食生活を妨げる動物保護法からの免除を許可し、あるいは、儀式に関するムスリム従業員の要請に配慮するよう公私を問わず雇用主に命じてきたのである(Joppke 2009b: 120-125)。

この問題が特に当てはまる事例は、ムスリムのヴェールへの便宜である。中立的な外見が期待される国家公務員ですらヴェールの着用が許されるとすれば、それは宗教表現の自由という権利が他の関係する集団の権利や公共秩序への配慮に優越するとみなされたからである。同様に、二〇〇四年にフランスの法律が公立学校の生徒に対して、また二〇〇四年と二〇〇五年にドイツのいくつかの州法が公立学校の教師に対してそれぞれヴェールの着用を禁止したのは、第三者の権利ないし公共秩序への配慮が宗教表現の自由に勝ったからである（Joppke 2009a）。全体としてみれば、二〇〇一年以降の混乱とイスラム・テロの世界的拡大のなかでスカーフ着用の制限が行われ、それが広く喧伝されたことで覆い隠されてはいるが、事実として（ヴェールを着用することを含めた）ほとんどのムスリムの要求は西洋諸国の法体系を通じて静かに受容されてきた。リベラルな国家における個人の権利規定は、多文化主義者が唱えてきた仕事のほとんどを、静かに、しかしより効果的に実施してきたのである。

2 反差別

多文化主義の推進力は特殊主義的であり、少数者集団を永続化させようとするが、それとは反対に、反差別の推進力は普遍主義的であり、少数者集団を不可視化しようとする。この意味では、反差別は少数者集団を破壊しようとするのである。現代におけるすべての反差別政策の偉大なる祖先は、一九六〇年代中期に黒人アメリカ人の人種的隔離に終止符を打つために可決されたアメリカの「公民権法」である。それが標的としたのは、誹謗中傷や肉体的暴力などの「表出的」な人種主義よりも、むしろ雇用や教育、住居といった主要な社会的部門への少数者の対等な参加を否定する「参加機会《アクセス》」の人種主義であった[30]。多文化主義が文化とアイデンティティという高次な領域に位置するとすれば、反差別は、希少な資源をめぐる利益相反という日常世界へとわれわれを導いていく。

第二次世界大戦後の人口移動をきっかけとして、西洋世界のいたるところで反差別的な法と政策が著しく増加したといって差し支えなかろう。わけても重要なのは、アメリカにおける展開である。この国の政策は、もともと、男女を問わず「すべての個人」に対する「人種、皮膚の色、宗教、性別あるいは出生地」に基づく差別と闘うための、皮膚の色を顧慮しない《カラーブラインド》措置として考えられていた(31)。しかし、それはただちに皮膚の色を顧慮する「積極的差別是正措置《アファーマティブ・アクション》」へと転換した。この措置では、主要な社会的資源を優先的に取得させるために、歴史的に不利な立場にある特定の集団が選び出される。主要な社会的資源のなかで特筆すべきは、雇用、業務請負、高等教育である。こうしてアメリカの反差別政策は、観念として集団を破壊する方式から事実として集団を形成する方式へと変容した。それは、もはや「平等な機会」を保障するだけでは十分ではなく、割り当て《クォータ》制や厳密な計画によって「平等な結果」を提供するものなのである(32)。

この転換は明確な哲学の変化とともに進行したのだが、それでも、これは計画のというよりも偶然の産物であった。歴史家のヒュー・デイヴィス・グラハム(Graham 1990)が示したように、皮膚の色を顧慮しない政策からそれを顧慮する政策への変化は、公民権法を効果的に実施する際に連邦の政府機関が直面した困難から派生した。すなわち、「実施をめぐる問題と政治とによって、行政および司法の執行における目標が平等な取り扱いから平等な結果へと変化した」(ibid.: 456)のである(33)。差別は、その動機よりも、その(想定される)結果によって同定する方がはるかに容易である。この変化における分水嶺となったのは、グリッグス対デューク電力会社(*Griggs v. Duke Power Co.*)事件をめぐる一九七一年の最高裁判決である。この判決では、「形式的には公正だが、実施においては差別的」であった採用慣行と社内での昇進体系が無効とされた(34)。こうして、間接的差別という観念が生まれた。間接的差別の証明には、雇い主側の差別的な意図の立証は必要とされず、代わりに、職場において被差別集団の規模が統計的に過少であれば十分とされる。当然ながら、表面的には中立な方式が少数者集団に対して「不釣り合いな」

負の影響を及ぼすところでは、いつでもこのような統計上の差別は生じうる。しかしながらそれでも、その原因は当初から公然と行われていた差別にある。グリッグス判決において最高裁がその連関を描いたところでは、そうした影響を伴う雇用慣行は「以前の差別的な雇用慣行をそのまま「凍結する」べく作用する」という[35]。これは、かなり思いきった信条の飛躍である。というのも、少数者集団の数的規模の過少さを引き起こしうる他の膨大な要因から目をそむけているからである。

しかし、グリッグス判決におけるきわめて重要な問題は、間接的差別という名称ではなく、その概念を生み出したことにある[36]。すなわち、それは「反差別と積極的差別是正措置《アファーマティブ・アクション》との間にある分析上の区別を撤廃」したのである（Sabbagh 2007: 123）。皮膚の色と関係なく行われる反差別が、白人に対する差別もまた禁止する諸刃の剣であることを思い出してほしい。対照的に積極的差別是正措置は必然的に白人を差別する。いわゆる逆差別である。間接的差別の禁止は、反差別と積極的差別是正措置との間の区別を消し去る。というのも、いまや反差別は、「ある集団の全成員が他の認識可能な集団の成員がもたない特別な種類の保護を享受するような、限られた数の対象集団の選別を必要としている」からである（ibid.）。対象となる「集団」という政策遂行上の認識なしには、数的規模が統計上少ないことを示すことはできない。そして、こうして選別される集団はまさしく、かつて公然と意識的な差別の標的とされた集団なのである。煎じ詰めて言えば、集団を形成しない、あるいは少なくとも集団を強化しないような間接的差別との闘いはありえないのである。

最初の公民権法と同様に、反差別から積極的差別是正措置へと変容するに至る原動力となったのは、元来の犠牲者であり、こんにちでさえもアメリカ社会において最も不利な立場にあるアフリカ系アメリカ人奴隷の子孫を救済することであった。しかしながら積極的差別是正措置は、他の歴史的に不利な立場にある集団、すなわちアメリカのインディアンやヒスパニック、アジア系へとただちに拡大していった。この拡大の論理は、決して十分に明らかにされてきたわけではない。アメリカにおける「少数者の権利の革命」というジョン・スクレントニー(Skrentny 2002)の優れた説明によると、この拡大の原因は、社会運動の圧力にはなく、各州の啓発された行政官による「先を見越した政治」にこそある。行政官らは「虫は食べるものではない」という論理に似たもっぱら暗黙の「適切さという論理」に従い、「黒人と類似した」集団をその対象に加えていった(ibid.: 9–12)。すべての非黒人の集団は、「基本的にただ乗りであり、実質的にロビー活動や抗議を必要としなかった」のである(ibid.: 141)。白人の民族集団についていうと、たとえばポーランド系ないしイタリア系移民の血をひく労働者階級は、一九六五年から七五年の間に自らを積極的差別是正措置に含めるよう猛烈なロビー活動を行ったが、門前払いをくらった。これは、「かれらが単に十分な苦しみを受けていなかった」からである(ibid.: 264)。

アメリカの積極的差別是正措置を受ける集団を確立し境界づける論理が何であれ、移民は当初からその内部に存在した(Graham 2002)。これは、一九六四年の公民権法や公民権を司る官僚の創造的な再解釈を含めて、憲法や制定法における権利保護がつねに「市民」のみならず「人」を対象としてきたことによる。これにより、一九六五年から九五年の間にアメリカに入国した二〇〇〇万人の移民のうち七〇％が、ただちに積極的差別是正措置から恩恵を受けることになった(Sabbagh 2007: 39)。というのも、一九六五年にアメリカの移民法が脱人種主義化された後、大部分の新規入国者はラテンアメリカとアジアから来たからである。「ヒスパニック」ないし「アジア系」の人種区分に含まれるかれらは、積極的差別是正措置を受ける資格をもっていた。たとえこれらの区分を占める個人が、長きにわたり積極的差別是正措置の主たる理由づけであった白人たちのアメリカが行った不正義の歴史を思い起こすことができなかったとしても、そうなのである。

ともあれ、一九七八年のアメリカ最高裁のバッキ（*Bakke*）判決により[37]、積極的差別是正措置を正当化する形式は重大な転換をみる。意見が二分していた最高裁が、その後の方針を決定づけたパウエル判事の著名な意見により、積極的差別是正措置の修正版を指示する方向へと大きく傾いたのである。この意見は、少数者に対する矯正的正義という従来のパラダイムとは抜本的に異なるものであった。パウエル判事が指摘するところでは、「白人の「多数派」そのものが、様々な少数者集団からなっている。そのような少数者集団の大部分は、それに先立つ差別の歴史への権利を主張しうる」という[38]。なんであれ、アメリカは「少数者からなる国民」なのであり、そのそれぞれが「一枚岩な多数派の偏見ではなく、様々な少数者集団からなる「多数派」の偏見を克服するために戦わなければならなかったし、そして今なおある程度は[戦い続けなければ]ならない[39]。誰もが少数者に属するとすると、誰も優先的な取扱いを受けることができなくなる。大学入試において「人種」が肯定的な要素として救済されうる唯一の道は、「活発な意見交換」の促進という教育上の使命に見合った「多様な学生のまとまり」を大学側が作り上げるのを手助けする「プラス」としてのみであった[40]。こうして多様性という観念が生まれ、それ以来、これが積極的差別是正措置を主に正当化している。

多様性という新しいパラダイムは、いくつかの強みをもっていた。パウエル判事がバッキ判決においてその輪郭を描いたように、このパラダイムは、「社会学的、政治学的分析という変容する類のもの」

を無しで済ませることができるのである。こうした分析は、誰がある時点で「多数派」ないし「少数者」なのかを判断しようとする場合には必要となり、しかも議会によって決定されるのが望ましい「司法的能力」の枠を超えたものだったのだが、これを用いずに済むのである。[41] ダニエル・サバが鋭く観察したように、多様性とは、政治的領域の対極にある法的領域に人種と反差別とを留めおく装置なのであった（Sabbagh 2007: 38）。しかし、この戦略上の利点に加えて実質的な利点も存在する。最も重要なのは、かつて矯正的正義のパラダイムのもとで例外扱いされていた積極的差別是正措置に移民を含めることが、多様性というパラダイムの枠内において初めて例外ではなくなったことである（ibid.: 43）。多様性が正統化したのは、積極的差別是正措置に内在する傾向である。すなわち、その措置が多様性によって生まれた制度のもとで育まれ、多様性のなかで長きにわたって存在し続けるという傾向である。いまや過去における不正義の痕跡が最後にいつ根絶されたかという（不可能でなければ必要な）時期を同定する必要はなくなったのだ。

最後に、多様性は、反差別と多文化主義との間で「失われた環」を提供するものであった（Sabbagh 2007: 163）。積極的差別是正措置が多文化主義と並行して進んできたことは、決して単なる偶然の一致ではなかった。両者は、とりわけ「少数者寄りの」公立学校および大学のカリキュラムや、国内の大学、特に最難関の大学におけるあまたの女性研究および民族研究プログラムとして制度化されている。サバのかなり陰鬱なレンズを通して見ると、アメリカの多文化主義は、民族・人種的に固定化した観点から「自尊心」を育む偏向があり、積極的差別是正措置によって入学を許された子どもの多くがエリート大学で経験したような「失敗を合理化するもの」だという（ibid.: 156）。これは、ほぼ間違いなく誇張である[42]。しかしながら、多様性が反差別と多文化主義の両陣営を股にかけていることは明白である。それは、パウエル判事が奇妙な推論を通して人種と視点との間に因果関係を見出し、結果として人種と多文化主義の必須要素たる文化とを同等視したことに表れている。バッキ判決が視点の多様性という多文化主義的な観念を後押ししたという意味では、実のところアメリカの多文化主義は「部分的には、人種に基づく不平等の縮減をめぐる政治的対立が司法化されたことの副作用」とみなしうるのである（ibid.：162）。

ヨーロッパに目を移そう。ここでは国内の人種問題について、反差別がアメリカのような強い基盤をもったことは一度もなかった。もしアメリカの人種隔離に似たものがあったならば、ヨーロッパ諸国は結果志向の人種的平等の道へと勇んで進んだかもしれない。だが、そのような隔離はなかったのである。実際に、ヨーロッパで最初の事例となったイギリスの反差別政策には、絶対に積極的差別是正措置へと転向してはならないという命令が当初より付随していた（Teles 1998）。ヨーロッパの反差別政策は、主に移民とその子孫を対象としたものである。さらに注目すべきなのは、早い時期に反差別政策を具体化した国家は、すべて植民地との結びつきを通して移民が市民として入国するか、移民が容易にシティズンシップを取得できる国家だったことである。ある「政治的共同体」の内部に人種差別があるという感覚、これは裏返すと「開放的な」シティズンシップ法の有無に左右されるのだが（Gehring 2009: 103）、この感覚があって初めて反差別へと進むことが期待しうる。だから、政治的共同体から移民とその子孫を締め出す閉鎖的なシティズンシップ法を最近までもっていたドイツは、そのような感覚のないままにもっぱらＥＵ法という外部的な圧力によって遅れて反差別へと動き始めたために、普段は穏健な知識人がＥＵ

主導の反差別を「法的蛮行」であると非難するほどの激しい反発にあったのである(Ladeur 2002: 1)。

植民地主義の遺産と歴史的に開放的なシティズンシップ法とを備えたヨーロッパ諸国では反差別は国内にその起源があるのだが、二〇〇〇年に「EU人種指令」が通過したことにより、それはついにヨーロッパ全体の趨勢となった。この指令は、「参加機会《アクセス》の人種主義」に対する闘いを民法を基礎とするアングロサクソン方式で実施することを、形式は異なれどそれまで問題に対処してきた国にも義務づけた(43)。また、加盟国に対して、「人種や民族的出自に基づく直接的ないし間接的な差別」を違法とする法律を短期間のうちに通過させることを求めている(44)。その射程は広範であり、雇用や教育、社会的保護や医療、そして、住居や保険など不可欠な私財やサービスの機会が含まれる。EU法が模範としたイギリスの反差別法のように、「推定された」差別に反駁する立証責任は被告側にあり、また、加盟国は「平等な処遇を促進するための単一ないし複数の機関」を創設する義務を負う(45)。

EUが主導する差別との闘いの最も重要な特徴は、それが間接的差別を含むことである(46)。ここからヨーロッパは集団を潜在的に形成する反差別政策というアメリカ的な道を辿る運命にあるのかという問いが立ち現われる。興味深いことに、間接的差別に立ち向かうにあたって、EUの人種指令は、「積極的措置」と呼ばれる次の論理的段階に関してはせいぜいそれを許容するにとどまり、加盟国はその取り組みを「妨げられない」が、命じられてはいない(47)。国家と市民との間に介在する集団の承認に対して共和主義の立場から伝統的に嫌悪感をもつフランスは、間接的差別の原理に含まれる集団承認ウイルスへの免疫が自らの政治体制に備わっていると考えていた。これは、人種指令が単なる要請とした条項に従い、直接的ないし間接的な差別に関する「事実の判断」は「国内の法や慣行に調和する、国家の司法府や他の適任たる機関の問題」だとして委託されていたからである。[48] 一言でいえば、フランスはたしかに間接的差別の存在を認識していたのだが、その事実を裏づける上で不可欠な統計的根拠の収集を強いられてはいなかったのである（Joppke 2007b: 262）。しかし、ヨーロッパ諸国の反差別への船出と同時に進行する「多様性を促進」するＥＵのキャンペーン（European Commission 2002）を考えれば、最終的には反差別が集団を承認するものにしかならないことは明白である。というのも、集団の承認は、北アメリカからヨーロッパに至るまで目に見えるかたちで流布している多様性という観念にそもそも含まれているものだからである。

いわゆるヴェイユ委員会（議長は女性政治家のシモーヌ・ヴェイユ）は、フランス大統領のニコラ・サルコジに対して、彼が「積極的差別」へと乗り出すことを可能とする「多様性」をめぐる条項をフランス憲法に書き込むかどうかについて、助言をする役割を担った委員会である。もっとも、この委員会は最近になって多様性と積極的差別の双方をはっきりと拒否した。その主張によれば、人種や民族性の公式的な承認はかつて法的に人種隔離を行っていた国家の名残りであって、対照的にフランスでは、それは「国民の一体感を弱め」、集団間の対立を助長するおそれがあるという（Veil 2008: 70）。しかしながら、この守りの姿勢が直面したのは、黒人団体代表者会議（ＣＲＡＮ）などの民族・人種的な組織、人種や民族に配慮した措置をとるよう要求する統計学者や人口学者、競争力強化の道具として「民族商法」戦略や多様性を推進する企業による、三重の圧力であった。[49] またなによりもフランスの大統領自身が、政府および官職の最上位に「多様性」を取り入れていく計画を継続すると明言した。「私は割り当て制《クオータ》を支持しない。これは意味をなさない。しかし、「フランスのエリートにおいて少数者の比率が増えることが」ひとりでに起こると取り繕うこともできない。それは、ひとりでに起こることはないだろう」[50]。興味深いことだが、人種を重視した積極的差別是正措置という英知に対してアメリカがますます疑いを向ける一方で、アングロサクソン的な方式に倣わないことに誇りを保ってきたフランスが、慎重に、だが着実に、この方向へと進んでいるのである。

3 多文化主義の衰退と反差別のさらなる隆盛

こうして手元には、多文化主義は後退しているが反差別はますます隆盛しているという驚くべき事実が残された。この不一致はヨーロッパにおいて特に目立っている。かつて公式に多文化主義政策を追求していたごく少数の国々は近年になって市民統合政策へと転換し、さりとて国内的な圧力とEU法があいまって反差別をかつてないほど後押ししている[51]。多文化主義の熱が冷めた原因は、リベラルな国家とは「人びとを階級の成員というよりも個人として扱う」(Starr 1992: 156)方向へと本来的に調整づけられており、それにより社会集団の構成を個々人に任せておくものだからである。これが、かつての封建主義の下での集団的な特殊主義に取って代わった普遍主義的シティズンシップの要諦である。これと同時に、リベラルな国家はその平等へのコミットメントに突き動かされ、不平等と不正義とを是正しようと試みる。だからリベラルな国家は反差別を支持するのである。しかしながら、多文化主義と反差別との間の区別は、その見かけほど整然としてはいない。というのも、反差別によってリベラルな国家は集団の承認という哲学的にはそれが忌み嫌う方向に傾き、そして、不可避的に生じる事実上の多文化主義を受容するよう強いられるからである。

この逆説をさらに探っていこう。差別と不平等がしばしば「文化的境界に沿っている」という事実により、リベラルな国家は「承認のジレンマ」に囚われる(de Zwart 2005: 142, 137)。リベラルな国家は、アメリカの積極的差別是正措置やいまやフランスさえもが準備を進めている積極的差別といった「対象を定めた再配分政策」へと乗り出す場合には、「それに関係する集団の定義、承認、さらには動員」に取り組まざるをえず、これにより、その政策が民族的ないし人種的な区別を希薄化させ、さらには根絶すら目指しているにもかかわらず、それをしばしば強調することになる(ibid.)。ドゥ・ツヴァルトが論じているように、承認のジレンマに対処する際に、国家は三つの選択肢をとりうる。第一に、国家はそのジレンマを「受容」しうる。これは多文化主義の政治である。第二に、ジレンマを「否定」することもできる。これはリベラルな皮膚の色の無視《カラー・ブラインドネス》である。第三に、民族・人種集団の差異を固定化しないよう、それを人工的な区分に「置換」することもできる。これは、差異の固定化は「受容」の欠点として考えられることによる。多文化主義的な「受容」とリベラルな「否定」が、どちらも差別と不平等を是正するのに明らかに不十分であるとみなされるにつれて、諸国家はますます「置換」する戦略へと動いている。その実例は様々である。アメリカでは、積極的差別是正措置の焦点を人種から階級へと定めなおすことが受け入れられつつある。地理的・社会経済的な代替区分の応用は、フランスがその民族性と人種に基づく区分に対する強い反感からずっと手段としてきたものである(現在では不十分とされてはいるが)。また、最近になってオランダは以前の民族的少数者に対する政策の代わりにフランス流の区分を採用している。

しかしながら、ドゥ・ツヴァルト(de Zwart 2005)は、各国の「置換」戦略を検討するなかで、これらでは承認のジレンマを解決しえないと指摘している。オランダを例にとろう。そこでは、集団に焦点を合わせた「分類的政策」は一九九〇年代に「一般的政策」へと置き換えられた。だが、それは効果的な政策介入のために対象となる人びとを特定せねばならないという石に躓き、失敗に終わった。アムステルダム市長は、民族的および民族下部的な「自主組織」[*3]を名目的には度外視したにもかかわらず、それらへの補助金が継続した理由を次のように説明している。「我々は社会と接触する必要がありました。その過程で、政府としての我々は……自分たちでしかるべき自主組織を立ち上げたのです」(ibid.: 155より引用)。そしてそこに現れたのは、まさしく置き換えられるべき集団そのものだったのである。

これと同様に、反差別にわずかながら残っている集団的承認は、実利的なものであって哲学的なものではない。それは、差別に対する効果的な治癒策を追求するにあたり、もともと組み込まれている承認なのである。こうした実利的な承認は、チャールズ・テイラーが唱えた原理的な「承認の政治」とはまるで異なる。こうした正式な承認それ自体は適用される領域をたしかにもってはいるが、多文化主義者が喧伝したものよりもかなり狭い。実のところ承認は、償いの政治と密接に重なり合っており、これによって国家は特定の集団に対する歴史的な不正義を補償してきた(Torpey 2005)。間違いは、このパラダイムを移民へと拡張したことにある。移動性の事実は、移民が行為者であって犠牲者ではないということを示してきた。そして、ここまでみてきたように、移民とは権利をもった行為者である。こうした移民が、多文化主義の要綱を帳消しにしているのである。

訳注

＊1　語源的にはギリシャ語の anomos に由来する「無法律状態」のことを意味する。一般的には、欲求への規制が欠けて欲求が異常に肥大化し、慢性的な不満や苛立ちを引き起こす状態のことを意味する。

＊2　貴族院での最終上訴審にあたるために、一代限りで任命される法律家の貴族院議員のこと。イギリスで長らく最高の司法権限をもっていたが、二〇〇九年一〇月のイギリス最高裁判所の設置をもって廃止され、従来の法服貴族は貴族院議員と最高裁判所裁判官を兼任することになった。

＊3　オランダにおいて住民が自主的に組織し、計画ごとの公的承認をもとに援助や補助金を受ける団体のこと。母国語学習や宗教教育、賃上げ、政府への陳情といった広い問題を扱う組織から、例えば同じスリナム出自の人びとでもヒンドゥー系、ジャワ系、アフリカ系といった下位区分で別に組織化がなされるなど、国と地方を問わず長らくオランダの少数者政策の主軸であった。

第4章　アイデンティティとしてのシティズンシップ(1)

シティズンシップ取得のリベラル化と移民や民族的少数者の権利強化は、たとえ新たな制限によって留保され中断されているとしても、万人と万物が中心から散ってゆく、境界なき遠心的な社会という構図をもたらしている。ここで問うべきは次の点である。中心は持ちこたえるのだろうか。あるいは、より根本的には、中心とは何なのか。この問いが、本書で検証されるシティズンシップの第三にして最後の次元、すなわちアイデンティティとしてのシティズンシップへといざなう。

古典的にいえば、近代社会の統一や統合は、国民とナショナリズムの意味形式をシティズンシップに詰め込むことによってもたらされた。この観点からすれば、シティズンシップとは単なる国家の成員資格ではなく「国民の成員資格」であり、そこでは「政治的共同体は、同時に文化的共同体、すなわち言語、慣習、信条の共同体であるべき」とされる(Brubaker 1989a: 4)。もっとも、地位と権利の次元において観察しえたシティズンシップの普遍主義化が、そのアイデンティティの次元に影響を与えないわけもなく、そのナショナルな独自性は希薄化している。以下でみていくように、諸国家は、儀式や厳格な公民・言語要件を通してシティズンシップの意味を格上げすることにより、移民社会の遠心的傾向に対応してきた。しかしながら、そうするなかで諸国家は、アイデンティティをめぐる問いに普遍主義的(ゆえに逆説的)な解答を出すほかないことを学習せざるをえなかったのである。

この理由は単純である。リベラルな国家は、その市民がどんな生を送るかに関して中立であるべきだからである(そして実際、ますますそうなっている)。リベラルな国家の中立性という事実は、移民の多様性がそれを市民集団の外部で劇的に問題化する前に、まず私的な道徳という内面領域で経験された。一九五〇年代のイギリスの事例をみてみよう。一九五七年にウォルフェンデン委員会の報告書が、同性愛への刑罰を廃止するよう示唆したことはよく知られている(同性愛への刑罰は、一八八五年から法文化されていた。その被害者として著名なのはオスカー・ワイルドである)。すなわち、「われわれの見解では、法の役割とは市民の私生活へと干渉することではない」というのである(Sacks 2007: 38f. より引用)。この意見は、イギリスがどんな社会であるか、あるいはむしろイギリスはどんな社会になるべきかをめぐる白熱した議論を巻き起こした。当時のイギリスのあり方を擁護したデブリン卿は、同性愛の解禁に異議を唱えた。その理由は、イギリスはさまざまな個人を入れる雑嚢などではなく、一つの社会だからである。「社会とは、理念の共同体を意味する。政治、道徳、倫理に関する共有理念なくして、いかなる社会も存在しえない」というわけである。一方、イギリスが今後どうなるべきかを論じた法学者のH・L・A・ハートは、J・S・ミルの危害原理を適切にも引用しつつ、ウォルフェンデン委員会を擁護した。「文明社会で個人に対して力を行使するのが正当だといえるのはただひとつ、他人に危害が及ぶのを防ぐことを目的とする場合だけである。個人自身の物質的ないし道徳的な善は、干渉が正当だとする十分な理由にはならない」(ミルの言葉、ibid.: 39 より引用。強調は筆者による)。自由の他ならぬ意味とは、自分の「物質的ないし道徳的な善」を決定するのが、国家ではなく個人だということにある。ミルによる助言は、ヴィクトリア朝のイングランドでは顧みられることがなかったが、一九六〇年代になって継承され流布した。一九六一年には自殺が合法化され、一九六七年には中絶と同性愛も合法となった。これらは、「キリスト教国としてのイギリスの終焉」であった(ibid.: 40)。それ以上に、デブリン卿の言葉を再度引くならば、「政治、道徳、倫理に関する共有理念」によって束ねられた社会の終焉であった。それは、「アイデンティティや道徳に関する中立性を原理」として掲げる「手続き的国家」の始まりだったのである(ibid.: 19)。

こうした事態の進展が、もちろん移民が強く後押ししたとはいえ、移民とは別に生起したことを理解することが重要である。実際手続き的国家は、人びとに対して一つの文化やアイデンティティを押しつけることを差し控え、同化よりも統合を選好するのだが、これが背景となって一九六〇年代以降の西洋社会の移民受け入れを枠づける放任的で事実上の多文化主義が生起したのである(Joppke 1999: part II)。ごく近年になり、移民二世や三世の統合の失敗がとりわけヨーロッパで明白となってようやく、こうした手法(たいていの場合、手法というより一貫した政策の不在)が問題だとみなされるようになった。これがきっかけとなり、本章で検証されるシティズンシップと統合に関するキャンペーンが始まった。

以下第一節では、リベラルな社会が統一や統合を備えることができるとすれば、それはどのような種類のものかについて論じる。本章の主要部となる第二節では、様々な西洋諸国が今日行っているシティズンシップと統合のキャンペーンを細かくみていきたい。その際、それらが普遍主義の逆説にとらわれるようになった傾向に注意を払おう。第三節では、シティズンシップのアイデンティティの中身としてのリベラリズムが、今日のほとんどの西洋諸国が標榜しているものであったとしても、すべてのアイデンティティと同様に、排他的なものたりうる点について論じる。ヨーロッパにおけるムスリムがその証左であろう。最後に、これらの分析が国民性とシティズンシップについてもつ含意を示唆し、本章を結ぶこととしたい。

一　リベラル国家における統一

われわれは統一や統合といった言葉を使うのを止めるべきなのかもしれない。たしかに、社会学の、特にエミール・デュルケーム学派の研究では、統合という観念はその中心を占めている。トマス・ホッブズはその遥か前に、なぜカオスではなく秩序があるのかを問うことにより近代政治哲学を創始した。しかし、そこに統合が存在するとしても、その理由を知っている者はおらず、その答えについて何ら合意はないといってよかろう。タルコット・パーソンズは、その壮大な社会学において、デュルケームから大きく影響を受けつつ、統合は文化的価値の共有を通して起きると論じた。だが、その信用は傷ついている。マイケル・マン(Mann 1970)は、「平等」や「成果」といった価値は、なんであれ具体的な社会構造を正統化するにはあまりに漠然としていると指摘する。また、それらの価値は絶対的な基準を具体化する際に、妥協の余地を残さず、したがって結合よりも摩擦を引き起こす可能性が高いともいう(「平等」と「成果」の衝突など)。もし結合があるとすると、おそらくそれは中核的な価値へのコミットメントによるものではなく、その価値からの孤立によるものであろう。とりわけ労働者階級が示しているのは、他に「現実的代替案」がないことを理由とする中核的価値の「実利的受容」にとどまり、これはパーソンズが定式化した「規範的受容」とは著しく異なっているのである(ibid.: 425)。

移民を「統合」することが不動のお題目となった現在、こうした社会学的な豆知識を再考することは役に立つ。リベラルな視座からみると、統合をめぐる議論には疑念がつきまとう。というのも統合は、排除を必ずともなう統一という前提に依拠しているからである。チャンドラン・クカサス(Kukathas 2003: 21)が考察したように、ホッブズ以来、統一のありふれた隠喩である「政体」という観念は、「体というものが種一般ではなく性別をもつものだ」という事実を見過ごしている。この観念は、女性に対して脱女性化した編入か排除かという二つの選択肢しか残さない。明らかに「これは逸脱や多様性、あるいは差異を包含しうる隠喩ではない。なぜなら、それは差異の最も明らかな形態である性別を包含しえないからである」(ibid.)。

だが、他にどんな代替案があるというのか。クカサス(Kukathas 2003)は、独立しながらも互いに法的管轄を認め合うような「群島(archipelago)」として政治社会を捉える見方を選んでいるが、それは国際社会において諸国家が共存しているという見方と大差ない。これは、国際社会のような国内社会のモデル、あるいはむしろ両者の区別を認めないモデルである。彼が真摯に受け止めているのは、リベラリズムがその核心において人びとの間に境界線も囲いもない「開かれた社会」へと向かう「国際主義的な信条」だということである(ibid.: 39)。しかしこれは、現に政治的に組織されている世界のあり方、すなわち主権をもつ国民国家からなる世界とあまりに急進的に対立するため、現実的な代替案たりえない。国家は望めば消えるようなものではありえない。だから私たちは、国家のエリートによる統一や統合をめぐる語りに巻き込まれざるをえないのである。

理論的次元で言えば、ジョン・ロールズが政治的リベラリズムという観念からリベラルな社会における統一や統合の問題をうまく捉えている。リベラルな社会では、個人は自らの行動の最終目的を自由に選択してよいと取り決めた場合、善き生について対抗し、人びとの選択を形づくるような様々な着想(ロールズの用語では「包括的信条」と呼ばれる)に対して国家は中立的であらねばならない。すると社会統一は、善き生をめぐる一つの着想から引き出すことはできなくなる。というのも、何が善き生かをめぐって対抗し、相互に通約不能な着想は、どんな社会であれ複数存在するものだからである。そうではなく、社会の統一と持続性は、正義の原理についてそれぞれの着想が「重なり合って合意すること」からのみ引き出すことができる。それは、何よりもまず「各人が、平等で基本的な権利と自由からなる十分に適切な枠組みに与する対等な権利をもつ」(Rawls 1985: 227)ということへの合意である。ロールズによれば、この「重なり合う合意」は、人びとが奉ずる実質的な道徳的・宗教的な信条から引き出すことが可能だという。もっとも、これらの信条(あるいは、それを信じる人びと)が「合理的[2]」である限りでとも付言しているのだが。

リベラリズムの性質に関するロールズの思考は、この理論を下支えするものだが、そこには進化がみられる。すなわち、(「自律」や「個人主義」のように)形而上学的な人格観に基づく倫理的リベラリズム(Rawls 1971)から、そうした人格観から独立した政治的リベラリズム(Rawls 1993)へと進化したのである。ある共同体主義者が批判するところによれば、この政治的リベラリズムの難点は、公共生活という目的のために各人の道徳的・宗教的な見解を抽象化するよう個人に強いており、そこにおいて非現実的な「公共的理性という理想」を人びとが抱くと想定されていることにある(Sandel 1994)。しかし、この批判に対しては次のように反論できよう。つまり、「外国人が仲間になれる」(Preuss 1995: 275)空間として近代的シティズンシップが基礎としているのは、まさしく、何らかの「公共的理性」や「超越性」(Schnapper 2006)といった抽象性なのである。倫理的リベラリズムに対抗するものとしての政治的リベラリズムは、この抽象性を強調するものではあるが、その抽象性自体は政治的リベラリズムが新たに創り出したものではない。

きわめて重要なのは、中立性という国家の義務は倫理的リベラリズムと政治的リベラリズムの両方へと適用されることである。ロールズの不朽の功績は、国民やナショナリズムによってリベラルな社会を統合することはできないと示唆したことにある。すなわち、「われわれが政治的共同体という言葉によって、一般的で包括的な信条を皆が支持することにより統一された政治社会を意味するならば、実際、政治的共同体という願望は放棄せねばならない。その実現可能性は、現に存在している多元性と、その多元性の克服のために国家権力を抑圧的に行使することの拒否とによって排除されているのである」(Rawls 1987: 10)。これは、リベラルな社会における社会統一は国民やナショナリズムの「善」から引き出すことはできず、各人に与えられる「権利」に関する合意からのみ引き出しうるということの言い換えである。これが、道徳が政治を凌駕する世界の未来図である。しかし、クカサスには失礼ながら、これがリベラリズムを政治の世界へと持ち込みそれを煎じ詰めた未来図なのかもしれない。

ユルゲン・ハーバーマス(Habermas 1987)は、「憲法愛国主義」という観点からこれと同じ考えを定式化してきた(3)。これは、ロールズにみられる文化と政治との分離を共有するものであり、リベラルな民主国における社会的紐帯は「文化的、地理的、歴史的なものというよりも、法的、道徳的、政治的なもの」であるべきだと論じる（Laborde 2002: 593より引用）。「憲法愛国主義」では、政治的共同体に愛着を抱く究極的な動機は特殊主義的でなく普遍主義的であると考えられている。つまるところ、ひとが政治的共同体に従うのは、その価値や目標、未来像が正当だと合理的に認められるからであり、それらがたまたま何らかの価値や目標、未来像だからではない。ハーバーマスは、おそらく厳格なリベラルというよりも共和主義寄りの姿勢をとっているからか（そのように論じるものとしてKopper 2008: 106-116）、ロールズよりも楽観的で、この普遍主義は他のより特殊主義的な動機と無理なく調和しうるとする。また彼は、「公共的理性」の範疇から特殊主義的な動機を閉め出した点で、ロールズほど厳密でもない。実のところ、もともと「憲法愛国主義」は万人向けではなく、ホロコースト後のドイツ人に提示されたものであった。憲法愛国主義が「抽象的」で「血が通っていない」といった月並みの反論は、それが特定の歴史的文脈のもとで生み出されたことを忘れている。その文脈とは一九八〇年代のドイツ歴史家論争であり、そこでハーバーマスは、ホロコーストを経験したという唯一無二の歴史をドイツの戦後アイデンティティの中心軸として擁護したのである。この特殊なドイツの文脈では、現状へのコミットメントが理性による制約を凌駕するような他のあらゆる立場はどれも、人種主義的な「国民共同体」への忠誠という罪を免ずるものであろう。だからハーバーマスは、「憲法愛国主義は、市民の動機や姿勢と連結するかたちで、市民からなる国民という歴史的文脈に位置付けられなければならない」と論じえたのである（Lacroix 2002: 949f. より引用）。これは、逆説として定式化することもできる。というのも、ドイツの特殊主義は普遍主義になるべく運命づけられることになったが、その理由は、ナチス政権が普遍主義（あるいはむしろ、ユダヤ人）に対して野蛮な絶滅を行ったことにあるからである。

「正義の政治的構想における重なり合う合意」(Rawls 1987: 9)と呼ぼうと、「憲法愛国主義」(ハーバーマス)と言おうと、その考え方に示されているのは、リベラルな社会を繋ぐ絆とは希薄で手続き的なものでしかありえず、濃密で実質的なものではないということである。さもなければ個人は自由たりえない。ある共同体主義者は、ロールズの手続き的リベラリズムが規定する「負荷なき自己」の批判者であるが、その彼も国家の中立と個人の自由との間にある必然的な結びつきを明確に強調している。「われわれが各人の目的について中立な権利の枠組みを必要とするのは、まさにわれわれ自身が、自らの目的を選択しうる自由で独立した自我であるからにほかならない」(Sandel 1994: 1769)。

　しかしながら、これは多様性に満ちた社会の中で統合や統一を促進しようと試みる現代国家の腰を砕くような助言である。手続き的リベラリズムの欠点は、様々な「市民的《シビック》ナショナリスト」によって適切につきとめられているとおり、「あの」共同体より「この」共同体を優先できないことである。[4] たとえば、少数者の権利について最も明快で影響力のある理論を打ち出したウィル・キムリッカは、多民族《マルチエスニック》国家における「社会統一」は「もっともな懸念」であると認めている(Kymlicka 1995: 173)。しかし、それを達成するにはロールズやハーバーマス流の「共有された政治的価値」では十分ではない。キムリッカは、ウェイン・ノーマンがカナダにおける「共有価値のイデオロギー」を痛烈に批判したことにならって(Norman 1995)、ケベックという顕著な事例に目を向ける。カナダ各地でリベラルで民主的な政治的価値への収斂がみられたちょうどそのとき、「フランス語優先主義」により自己規定をしたケベック州は、かつてないほど声高に独立を主張し、英語圏のカナダから分離するすれすれまで接近した。ここからキムリッカは、社会統一は「政治的価値の共有」以上のものから成立するに違いないと考え、それは「共有アイデンティティ」や「歴史や言語の共通性、そしておそらく宗教の共通性」、すなわち「多民族《マルチネーション》国家ではまず共有されないもの」を要すると結論づけたのである（Kymlicka 1995: 188f）。

アイデンティティは、この世に二つとないものなのかもしれない。S・N・アイゼンシュタットとベルンハルト・ギーセンが描くところによれば、アイデンティティとは、人間がそれにより自らの世界を構造化する「中心、現在、主体」であり、「左と右」、「過去と現在」、「神と世界」といった二分法から除外される第三のものである（Eisenstadt and Giesen 1995: 75）。この観点からすると、集合的アイデンティティという観念は、法の支配という観念とは全く別のものとして区別されねばならない（「政治的リベラリズム」や「憲法愛国主義」では両者を混同しているが、そのようなことがないよう注意せねばならない）。なぜなら、法が実効的たりうる境界を設定するのはアイデンティティだからである。[5]

国家は、この世に二つとない。だから国家は、人間と同様に単一なるものとして固定される。[6] ここで問うべきは、「アイデンティティ」がどれほど単一性に依拠しているかである。アイデンティティを単一なるものと等置する極端な主張は、アラスデア・マッキンタイア（MacIntyre 1995）によってなされている。マッキンタイアは、「愛国主義」（国家が最も関心を寄せるアイデンティティの機能）を、「特定の国民性をもつ者だけが誇示しうる、特定の国家に対する忠誠心の一種」として定義した（ibid.: 210）。このような愛国主義は、特定の人格性を要求しない（リベラルな）道徳観からすれば、美徳ではなく悪徳である。自らの文化に忠義を求めるドイツや、自前の文明を誇るフランスなどですら、この「愛国主義」に身を入れて（あるいはそれを国民に吹き込もうとして）はいない。その理由は、忠義の主要な対象は「理想であり、国家ではない」のであって、その理想に賛同する者は誰であれその大義へと与しうるからである。マッキンタイアにとっては、「特定の人格性なきリベラルな道徳」と「愛国主義的な道徳」との間には矛盾があり、結果としてリベラルな民主政は「相互に食い違う原理に対する公共的な忠義という、形式として体系的に一貫性のないもの」を要求しているという(ibid.: 228)。リベラルな民主政体の基盤における「概念的混乱」が何であれ、リベラルな道徳はつねに「社会的紐帯の解体」へと向かう一方で、愛国主義は政体が「実効的に機能し続ける」うえで必要とされる(ibid.)。マッキンタイアは、「多くの人びとがリベラルな道徳に忠義を抱くような政体が政治的に生き残れるかは、リベラルな道徳を拒否する若者がいまなお十分にいるかにかかっている」と暗い調子で述べている(ibid.: 226)。裏返すと、ここに「憲法愛国主義」という概念に内在する巨大な挑発をみてとることができよう。それは、愛国主義と道徳との間にある矛盾の克服を試みているのである。

しかしながらマッキンタイア(MacIntyre 1995)は、愛国主義的な市民集団のアイデンティティを過度に特殊なものとして捉えてはいまいか。少なくとも、「超越的秩序と世俗的秩序との間にある緊張」から無縁な愛国主義は、ユダヤ=キリスト教、ヒンドゥー教、仏教、イスラム教といった「枢軸的」な世界文明のどれにも見出すことができない(Eisenstadt 1999: 3)。近代のあらゆるナショナリズムは、枢軸時代[*1]の普遍主義が世俗化された要素を内包しており、そこでは抽象的な理想が欠陥を孕んだ現実に対置され、その理想に照らして現実を作り変えることが命ぜられた。すなわち「愛国主義的な主題は普遍主義的な言い回しで伝えられ、それぞれの国家は普遍主義的価値の担い手として存在した」のである(ibid.: 43)。この点からすれば、枢軸時代の宗教的な超越論と近代ナショナリズムにおけるその世俗化との間には直接的な連続性がある。そしてその連続性の下には、現代のポスト・ナショナルな社会における移民統合の可能性を付け加えるべきであろう(7)。

これと類似した指摘は、ゲオルク・ジンメルのアイデンティティに関する古典的な議論にみられる。ジンメルは、社会分化の帰結たる「個性」の観点から、アイデンティティとはつねに差異と同一性とを組み合わせるものである(Simmel 1971 [1908])。それによれば、アイデンティティをまず個人の次元に据える(8)。人びとは専門化するにつれて、自分たちを互いに差異化するようになる。それと同時に人びとは、複数の役割や所属を課される。「個人的な自我の感覚」(ibid.: 290)とは、こうした複数的な関わり合いの根底にある同一性の感覚である。簡単にいえば、差異と同一性とがアイデンティティをつくるのだが、それは複雑な社会の「広い圏」*2を背景としてはじめて起きることなのである(それなくして、個人は社会構造の付属物であり続けただろう)。このように、アイデンティティとは近代的な現象であり、(一九世紀のロマン主義やナショナリズムによって称揚された)「差異」という要素と、(一八世紀の普遍主義的な啓蒙思想の主題たる)「自律」という要素とを包含している(ibid.: 271f.)。ジンメルのメッセージとは次のようなものである。すなわち、アイデンティティから普遍主義的な要素(自律と同一性)を剝ぎ取ることは、その近代的な意味づけを歪曲することなのである(9)。

しかし、集団的次元のアイデンティティについてはどうか。続いてジンメルが論じるところによれば、(今日では差異のロマン主義的な意味へと明らかに還元されている)「個性」は、個人と集団のどちらの次元にも位置づけうるという。しかし、どうも同時に両方に定位できるわけではないようである。極端にいえば、高度に個別的な集団には未分化で同系列の個人が付随する可能性が高い。クエーカー教徒を例にとると、個性は個人ではなく集団の次元で与えられている。個人としてのクエーカー教徒は集団に従属しており、教育、婚姻の選択、職業について互いに区別することはできない。しかしながら集団の成員としては、クエーカー教徒は非クエーカー教徒と容易に区別が可能であり、この意味で集団の個性を備えている。近代社会の広い圏においては、この状況は逆となる。高度に個別化した個人は、個別化した集団の余地を残さないのである。ジンメルは、「現象学的な定理」という観点から、個人のアイデンティティと集団のアイデンティティとの間にあるゼロサムな関係を明確に示している。すなわち「個別的な圏の中の要素は未分化であり、非個別的な圏の中の要素は分化されている」のである（Simmel 1971: 257）。これは、個人と集団のアイデンティティ形成の、ゼロサムというよりも相互依存的で錯綜したあり方を明らかに見落としている。[10]だが、彼の枠組みのもっともらしさに反駁することは困難である。個人や下位集団の次元で高度な分化がみられる複雑な社会では、集合的な自己という個別的な感覚を誇示することは難しい。それは単に、共通する特徴を見出しえないからである。あるいは、共通する特徴を見出すことができても、その特徴は他のどんな社会の特徴とも区別できないほどに抽象的なものにならざるをえないからである。

ウィル・キムリッカの議論（Kymlicka 1995: 188f.）、すなわち社会統一には政治的価値のみならずアイデンティティが必要であるという議論は、明らかにアイデンティティを純粋に特殊なものへと還元しており、マッキンタイアによる極端な愛国主義と大差ない。これは教訓に富む問題を提起する。キムリッカとよく似たことを論じているジョナサン・サックスの議論を考えてみよう。「アイデンティティの源泉としての価値をめぐる困難は、価値がアイデンティティの源泉ではないことにある。価値は普遍であり、アイデンティティは特殊である。アイデンティティは、この場所、この土地、この言語、この風景、この歴史にまつわるものなのである」(Sacks 2007: 95)。サックスは、キムリッカ以上にアイデンティティがなぜ特殊であるかについて説得力ある理由を提示している。それは、アイデンティティが語られる《ナラティブ》ものだということである。つまりアイデンティティとは、個人や集団が過去を遡り自身を理解するための物語なのである（集団のアイデンティティ形成における語りの重要性については、Smith 2003も参照）。アイデンティティがもつ語りの構造こそが、それを特殊なるものへと固定化する。というのも、語りというものは、特殊な語り以外になりえないからである。しかしながら、まことしやかに「価値から物語へ」という道筋をつけつつも、サックスが移民の時代における強健だが包摂的なイギリスのアイデンティティについて架空の語りを始めると、それは不整合に陥る。「なおも同じままであり続けているのは、自由や独立、寛容や差異の尊重といった価値なのである。これらは……譲歩しえない。こうした価値こそが、この地に中核的なアイデンティティを与える。価値なしでは計画は立ち行かないであろうし、それを行う値打ちすらないだろう」(Sacks 2007: 170. 強調は筆者による)。なるほど、リベラルな民主政を多くの挑戦や挑戦者から守るという視座からすれば、ある一つの語りを除いてどんな語りもイギリスには（おそらくどの西洋諸国にも）しっくりこない。そのただ一つの語りにおける導きの星とは、普遍主義なのである。

「リベラルな民主政の宗教的な擁護」を行うなかで、ジョナサン・サックスは同時に、アイデンティティという油断ならない領域に対する国家干渉をどう制限するのかについて健全な感覚を示している（Sacks 2007: ch. 19）。ポリス自体を徳と善き生の権化として捉えていた古代ギリシャとは異なり、リベラルな民主国を特徴づけるのは、「節度」である。すなわち「それは、真なるもの、美しきもの、善きものを体現するにあたり、政治から何も要求されることのない体系である。政治への関与は、救済も贖罪も約束するものではない。それが要求するのは、せめぎあう諸党派の間に安寧を維持することだけである」(ibid.: 221)。端的にいえば、アイデンティティは法制化しえないのである。[11] リベラルな国家が自らの手で創出しうるのは、(多くのリベラル・ナショナリストと同様に)サックスが不十分とみなす手続き的な「ホテル」だけである。それは、ひとときの滞在を超える感覚を人びとに抱かせるような「我が家」を構築することはできない。サックスの「誓約に基づく」イギリスの改造は、形としては労働党政権(一九九七―二〇一〇年)によるイギリスのシティズンシップの強化と若干似たところがあるが、それは宗教的な計画であり、その場となるのは国家ではなく「市民社会」である。この意味で、サックスが心に描く「同化なき統合」が「ナショナル・アイデンティティの強い感覚」(ibid.: 234)を求めているとしても、それは国家によって与えられる類のものではない。以下で論じていくことになるが、イギリスであれどこであれ、統一と統合への国家的なキャンペーンにおいていまだに把握されていないのは、この洞察なのである。

と同時に国家は、人びとに対してアイデンティティを強要できないのと同じくらい、それでも「市民になんらかのナショナルな文化を保護するよう強制せざるをえない」(Scheffler 2007: 111)。ロールズの記述においてさえ、国家が支えないわけにはいかない「公共的な政治文化」がつねに存在する。[12] そして、その文化の内実は特殊であらねばならない。というのも、「国家とは歴史偶然的に形成された」ものだからである(ibid.: 113)。

こうして、アイデンティティと文化とを区別するものはあるのか、あるとすればそれは何かについて、省察する必要が出てくる。ロバート・ベラー(Bellah 1998)は、「共通のアメリカ文化」はあるのかどうかを問うた。彼の答えは「ある」だった。その理由は単純で、諸制度の強さ、すなわち教育、国家、メディア、市場などの強さは、「共通文化を供給するもの」だからである(ibid.: 615)。しかし、これは「われわれは皆同じ」ことを意味するものではない(ibid.: 620)。逆に、ベラーは「信教の自由の絶対的中心性」を共通するアメリカ文化の中核的な特徴の一つとしてみなしている(ibid.: 617)。信教の自由は、ありとあらゆる世俗的な「良心の自由」の問題へと拡張され、多文化主義の現代的な「アイデンティティ政治」を後押ししてきた。その例としては中絶の権利やゲイの婚姻権などが挙げられよう。こうしてベラーは、文化はアイデンティティではないと示唆する。というのも、文化とは多数のアイデンティティが集まって構成されうるものだからである。これと似たかたちで、サミュエル・シェフラーも「『文化』とは民族誌学上の記述的分類であって、規範的分類ではない」と論じている(Scheffler 2007: 120)。文化とは習わしである。これが、宗教のような「いかに生きるかについての指針」を与える「正当化構造」から文化を区別する(ibid.: 119)。だからシェフラーは、ベラーに共鳴しつつ、文化は「規範的に一様なものの見方」をもたないが、しかし「道徳的、宗教的、哲学的な多様性」に満ちていると指摘したのである(ibid.: 120)。このような文化の捉え方がアイデンティティの意味に対してもつ含意をシェフラーは明言していないが、こう推論できよう。すなわち、アイデンティティとは一つの「正当化構造」なのである。それは倫理的な良心を基礎とするから、リベラルな国家が人びとへと無理強いできるような類のものではないのだ。

アイデンティティが「正当化構造」(シェフラー)だとすると、「ナショナル・アイデンティティ」という観念は陳腐である。少なくとも、それが国家政策の範疇に入るものである限りはそうだろう。なぜなら、このアイデンティティも個人の内面領域の深層、すなわち個人の良心に根ざさねばならないのだが、ナショナル・アイデンティティは移民に対して尊重するよう正当に期待しうる文化的習わしを超えたものだからである。ロジャース・スミス(Smith 2003)は、何が社会を束ねるのかをめぐる興味深い議論において、人民性に関する「倫理構成的な物語」の重要性を指摘している。この物語は、単なる「経済」ないし「政治権力」をめぐる人民性を形成する物語とは異なり、利害だけでなくアイデンティティに関係する。倫理構成的な物語の基礎は、特殊主義的で非選択的な性質にある。その性質は「人が誰であるのかに固有な」(ibid.: 98)ものとして認識され、かつ、それには「固有の礼節や善性」といった意味が詰め込まれている(ibid.: 102)。この意味でアイデンティティとは、倫理的な重要性を備えた、属性として特殊なものなのである。これと非常に近いかたちで、アンソニー・アッピアは次のように論じている。「アイデンティティは倫理的要求をなす……というのも、私たちは、男性や女性として、同性愛者や異性愛者として、ガーナ人やアメリカ人として、黒人や白人として、生を営んでいるからである」(Appiah 2005: 14)。ここでひとつ奇妙なのは、「ガーナ人」と「アメリカ人」がリストに含まれていることである。アイデンティティが集団に関係することはある。個人は、自分がある集団の一部であると考えたり考えなかったりする。これを私たちはよく「アイデンティティ集団」(Gutmann 2003)と呼んでいる。しかしこのことと、アイデンティティが国家の次元で制度化され、国家が人びとにそれを強制する権力をもつことは、まったくもって別の話である。これは、まさしくアイデンティティの倫理的な中核を侵害するものであろう。というのも、良心の命令が国家の命令へと置き換えられているからである。人民性をめぐる「倫理構成的な物語」の制度化を試みる集団的闘争という光景は、おそらく人類の歴史と同じくらい古いものである(Smith 2003)。しかし、リベラルな国家において、あるアイデンティティの押しつけに対して制限を設けているのは、まさしく、そのアイデンティティがもつ倫理的本性なのである。

二　シティズンシップの格上げと普遍主義の逆説

もし本当に文化とアイデンティティとを区別しうるとすると、それは、ヨーロッパからオーストラリアにかけて目下急激に広がっているシティズンシップ・テストについて驚くべき含意をもつ。リベラルな見地からしても、シティズンシップ申請者に対して、それを与える国家のナショナルな文化の基礎的事実に精通するよう求めることに異議はない。致命的に悪質なのは、シティズンシップ申請者に特定のアイデンティティを要求し、審査手続きを通してそれを確かめようとすることである。たとえ以下でみるように、今日の多くの西洋諸国が求めるアイデンティティの内容が「リベラリズム」である傾向があるとしても、そうなのだ。

ともあれリベラルなシティズンシップのアイデンティティが抱える陥穽を検討する前に、まずは移民統合過程の一環としてシティズンシップの格上げを試みる現代国家のキャンペーンを振り返ってみよう。私たちの興味をとりわけ引くのは、移民はいったい何に統合されるべきなのかという問いに対して、現代国家が普遍主義以外の答えを見出すことが困難になっている点である。これはリベラルな国家の倫理的中立性を忠実に映し出している。しかし、ほとんどの場合には、それは社会の遠心化を食い止めるためと言いながらも、その中心を適切につきとめられない欠陥ないし無能さとして経験されてきた。概していえば、中心は持ち堪えないという感覚をもたらした力が、同じくその感覚が肥大化する可能性を抑えこんでいる。その力とは、公的な中立性、非差別、多様性の肯定的な評価である。

シティズンシップ・テストは、主にこうした国家キャンペーンの中軸を担っている。すでに第1章でふれたように、ヨーロッパからオーストラリアまで、帰化手続きの一環として公式のシティズンシップ・テストを導入する傾向が顕著にみられる。こうしたテストを長期にわたり法制化してきたのはアメリカとカナダだけである。アメリカについては、まず言及しなければならない皮肉な事実がある。すなわち、サックス(Sacks 2007)がイギリスの模範とするに相応しい卓越した「誓約的」な国家であると称賛したアメリカは、つねにシティズンシップについて非常に機械的な方針をとり続けてきたという皮肉である。単にアメリカ社会がもつ同化の力に対する相当な自信によるのだろうが、アメリカはシティズンシップ取得の形式的な過程にとりたてて注意を払う必要がなかった。たしかに、アメリカの帰化試験では「善良な道徳的品性」、「憲法原理への忠誠」、「英語で……読み、書き、話す」能力、アメリカの歴史や政府に関する「基本事項の知識および理解」が、つねに求められる要素ではあった。とはいえ、ヨーロッパで現在実施されている厳密な基準と比較すると、実際のところ認知や忠誠心をめぐる要件の敷居は低く設定されている。帰化する市民は、忠誠の誓いにおいてかなり格式ばった言い方で「あらゆる外国の王、有力者、国家および主権に対する、すべての忠誠と義務を放棄することを誓う」のであるが、これは単なる儀式であり、二重シティズンシップはごく普通に容認されている。言語要件は、三つの英文のうち一文を正しく読み書きできるかというこれ以上ないほど難度が低いものであり、また、読み書きのできない人や高齢者に対してはごく普通に免除されている。公民科テスト(口述式)では、一〇問中六問を正解しなくてはならないが、解答付きで出版されている一〇〇問の基本リストから出題される。

二〇〇八年一〇月に行われたアメリカにおける直近のシティズンシップ・テスト改革は、その難度を高くするのを意識的に控えている。二〇〇一年以後の風潮のなか、この穏健さには驚かされるばかりである。改革の主な動機は、事実の「機械的な暗記」から、「シティズンシップの権利と責任といった理念の重視」へと移行することにあった[13]。国土安全保障省の「シティズンシップ・移民サービス局」の局長だったエミリオ・ゴンザレスは、その目的について次のように語っていた。「私たちの目標は、移民がシティズンシップの誓いの後に我が国の偉大な民主政へと十分に参加していけるよう、我が国の市民的価値を学ぶ動機づけをすることにあります[14]」。ただしこの新しいテストの構想の根底には、シティズンシップの意味に関する重要かつ実質的な変化がある。すなわち、「権利中心」のシティズンシップから「原理中心」のシティズンシップへの変化である(Wonjung Park 2008)。一九八六年以来行われていた旧シティズンシップ・テストでは、シティズンシップとは「戦後の共同体で権力を握った行政府が主導する強力な連邦政府に対する忠誠」を意味していた(ibid.: 1003)。その主眼は特殊主義的だったのである。評判は悪かったが、旧設問リストの最初の七問は、「我が国の国旗」について星やストライプの数や色を問うものであった[15]。二六問が連邦政府を構成する行政機関に関するものであり、さらに、そのうち二二問はアメリカ大統領に集中していた。権力分立や「抑制と均衡」はもちろん、地方政府や州政府への言及もなかった。旧シティズンシップ・テストから伝わってくるシティズンシップのイメージは、実に「ナショナリスト的」で「愛国主義的」なものである(ibid.: 1010)。

これとは対照的に、アメリカの新しいシティズンシップ・テストからは、「シティズンシップを中立的かつ抽象的な原則から定義しようという努力」が読みとれる(Wonjung Park 2008: 1014)。新しい設問リストの最初の問いは、国旗ではなく憲法についてであり、個人の権利、法の支配、権力分立に特に強調点が置かれている。大統領制に関する問いはわずか八問である。旧テストと同様に、地理、歴史、象徴を問う部門は存在する。また、アメリカ社会における元々の被害者たるアフリカ系アメリカ人やインディアンをめぐる設問もある。移民への言及は、ヨーロッパ系と非ヨーロッパ系を問わずまったくない。移民への言及がないことは、パク・ウォンジュンによれば、「シティズンシップを中立的で抽象的な原則から定義しようという努力が……シティズンシップの共同体から、歴史的に好ましくない特定の集団を排除することを前提にしている」のを裏づけているという(ibid.: 1014f.)。簡単にいえば、普遍的シティズンシップの真相とは、「白人のシティズンシップ」だというのである(ibid.: 1031)。しかしながら、黒人とネイティブ・アメリカンが含まれていることから、これは真実ではありえない。そして、この条件反射的な人種主義批判は、本当に驚くべき事実を見過ごしている。すなわち、アメリカが最もナショナリスト的になった九・一一後の時期に、その熱気をひどく煽り立てたブッシュ大統領の下で、「普遍主義的イデオロギー」(ibid.: 1030)が息づくシティズンシップ・テストが導入されたことである。

オーストラリアについてもほぼ同じことがいえるだろう。オーストラリアの新しいシティズンシップ・テストは、多文化主義からナショナリズムへと移行していったジョン・ハワード首相の中道右派政権によって推進されたものである。二〇〇七年一〇月に始まったテストに典型的に表れているのは、「オーストラリア的な価値」を明確に定義する能力の欠如である。アメリカとは対照的に、それまで公式のシティズンシップ・テストをもたなかったオーストラリアは、単に「イギリスとオランダのモデルの見よう見まね」によってそれを得た(16)。実際、オーストラリアが辿ったシティズンシップ・テストへの道のりは、ヨーロッパの多くの国々とよく似ている。すなわち、多文化主義への徒労感、国産《ホーム・グロウン》のイスラム・テロリズムに対する懸念、新しい合法移民を受入れながらもそれに納得しない自国民を懐柔する必要性といった道のりである。印象深いことに、オーストラリアにおいても、鍵となる出来事は二〇〇五年七月のロンドン同時多発テロ事件であり、これがシティズンシップ取得を制限する引き金となった(Cheng 2009)(17)。シティズンシップを格上げしようとする際の言葉づかいもヨーロッパと区別できない。移民省のアンドリュー・ロブ大臣は、シティズンシップ・テストを打ち出した政府文書の序論において、「オーストラリアのシティズンシップは権利ではなく特権」であり、移民にとって「英語能力」の習得と「オーストラリアの生活様式および共有価値の理解」は不可欠であると強調している(Australian Government 2006: 5)。

キャサリン・ベッツとボブ・ビレル(Betts and Birrell 2007)は、オーストラリア政府がシティズンシップに関して「手続き主義」から「愛国主義」へと移行しているとみている。労働党のボブ・ホーク元首相は、かつてオーストラリア人を「ここに住むことを選び、法に服し、税を納める人びと」と定義していた(ibid.: 47)。保守系の自由党のジョン・ハワード首相による新たな方針では、オーストラリア人は「家族のような感情を互いにもつ人びとの結合体」とされている(ibid.)。このような転換を象徴するように、ハワードは二〇〇七年の一月に「移民・多文化省」を「移民・シティズンシップ省」へと改称した。

しかしながら、「オージー」テストは、移民が習得すべき「オーストラリア的な価値」としてもっぱら普遍主義的な答えしか打ち出せなかったために、すぐさま冷笑の対象となった。シク教徒の共同体のある指導者は、普遍主義的価値に何ら異論はないが、「しかしオーストラリア的な価値となると、それが何なのか誰にもわからない」と言明した[18]。実際のところ、シティズンシップ・テストへの準備を支援する『オーストラリア市民になること』という政府冊子は、普遍主義がにじんだ基準のほかにほとんど何も示してはいない。オーストラリア人になることが「別個のナショナルな共同体に加わること」(Australian Government 2007: 1)と述べられてはいるのだが、そこで習得されるべき「オーストラリア的な価値」とは、「個人の平等な価値、尊厳、自由の尊重」、「言論の自由」、「信教の自由と世俗的な政府」などであり、似たような八つの価値が他にも挙げられている。注意を喚起するために、こう述べられてもいる。列挙された価値は、「遵守を追求するもの、ないし共通信条の体系として捉えられてはならない」(ibid.: 5)。これらの価値をひとつひとつ丹念にみてゆくと、最後の「寛容、互いの尊重、困窮者への思いやり」だけが多少のオーストラリアらしさを出している。というのも、この価値は「マイトシップ (mateship)」という「平等主義的な行為規範」であり、囚人と労働者階級というオーストラリアに渡った最初のヨーロッパ系住民の背景事情にその端緒があるからである(ibid.: 7)。これらの価値が「すべてのリベラルな民主政においてある程度は共有されている」(ibid.: 5)と一歩引いたかたちで認められているのをみると、なぜそれが「ある程度」でしかないのか気になるところである。

実際のところ、ある若いオーストラリア人学者は、オーストラリアの新しいシティズンシップ・テストとドイツのテストを比較するなかで、当惑しつつ次のように論じている。「テストの中身は両方似通って」おり、そして、「オーストラリアとドイツの両国が最重要の『ナショナルな』価値とみなしているのは、民主政、宗教の自由、言論の自由、男女の平等といったリベラルな価値なのである」(Cheng

2009: 62)。ドイツは二〇〇八年の九月からシティズンシップ・テストを実施しているが、その道はなおも険しかった。道徳観の取り調べや文化的ナショナリズムといった逸脱を修正しなくてはならなかったのである。口火を切ったのは、二〇〇五年九月にバーデン゠ヴュルテンベルク州がムスリム系申請者のみを対象として、申請者の道徳観を取り調べるシティズンシップ・テストを導入したことである(詳細は後で論じよう)[19]。二〇〇六年三月にはヘッセン州政府がこれに続き、また、全国的なシティズンシップ・テストを申請者全員に課すべきと主張した。ヘッセン州の提案では、道徳観を取り調べる要素は弱められたものの[20]、ドイツの文化的な国民意識に没入するような過酷な要件を課した点で論争を巻き起こした。自由回答式の設問の中には、ゲーテとシラーの作品名を問うものや、カスパー・ダーヴィト・フリードリヒが描いたバルト海に浮かぶリューゲン島の絵の「中心的なモチーフ」を特定するものが含まれていた。

もっとも、二〇〇六年の五月にドイツの各州内務大臣が速やかに合意をみた全国シティズンシップ・テストでは、道徳観の取り調べと文化的ナショナリズムという二重の落とし穴は慎重に回避された[21]。文化的ナショナリズムの拒否について言うと、「シティズンシップ・テストのための実施枠組み」(二〇〇八年)[22]では、「個人と社会」部門に入る設問は「当事者の生活の中心をかたちづくる領域[だけ]を含む」ような「文化」の概念に基づくべきだと明記されている[23]。言い換えると、この「文化」とは、日常的な経験という人類学的な意味で理解されるべきなのである。「ドイツ人はイースターのときに何をしますか」といった類の設問がなおも許されているが、これはここでいう「文化」が「移住過程における差異と公共性」に関係するものだからである[24]。また、税金の査定を間違えられた場合の対処の仕方、賃貸アパートの追加的支出に含まれ「ない」のは何か、どこで飼い犬を登録するかなど、かなり細かい設問もある。

最も重要なのは、ドイツのシティズンシップ・テストが「良心の問題」に触れるのを慎重に避けていることである。[25]その「歴史と責任」部門は、イスラエル人法学者のリアフ・オルガドがいう「ナショナルな立憲主義」に近いものですらある。それは、ヨーロッパの新しいシティズンシップ・テストをめぐる繊細で有益な議論のなかで、彼がリベラルな国家にふさわしいとみなしているもので、「どの国家も、その歴史や発展、文化や文脈的背景を映し出すような、立憲的な独自性がある」（Orgad 2010: 19）という。シティズンシップ申請者に対して、ある国が民主政に至った固有の道のりに関する知識を問うことは、申請者がどの政治的共同体でもなくこの政治的共同体の一員になりたいという事実を確かめることにつながる。オルガドによれば、ナショナルな立憲主義は、言語と並んでリベラルな国家がシティズンシップ申請者に正当に課しうる特殊主義的なものの一つである。この意味で、ヴィリー・ブラント首相がワルシャワ・ゲットーの慰霊碑の前で「ひざまずいている」写真の意味を問うことは、全国シティズンシップ・テストで出題されうる三〇〇問のうちの一つではあるが、ドイツ人がクリスマスやイースターに何をするかという設問とは異なる。むしろこの有名な出来事を知ることは、ドイツがリベラルな民主政になった独自の物語に目を向けることなのである。このタイプの設問は普遍主義的なリベラルな民主政の価値と本質的に結びついており、ドイツ人の作曲者や自動車メーカー、はたまた画家に関する知識を求めるものとは異なる。ヘッセン州の提案において、激しく批判され一度も実施されることのなかったすべての項目は、リベラルな民主政の教えとは関係のない文化的な特殊主義を是認したものだった。

二〇〇五年から実施されているイギリスのシティズンシップ・テストは、さらに歴史や「ナショナルなアイデンティティ」を回避する方向に進んでいる。これは予期できたことでもあり、予期できなかったことでもある。イギリスのシティズンシップが歴史的にあまり意味がなくその制度化に遅れたことを考えれば、これは予期できたことである。しかしながら、ヨーロッパ諸国のなかでもイギリスほど移民の多様性に対する解毒剤としてナショナル・シティズンシップを強力に推進した国がなかったことを考えると、これはじつに驚くべきことである。新しいシティズンシップ・テストを勧告する委員会の議長を務めたバーナード・クリック卿は、その方針を次のように述べている。「私たちはナショナル・アイデンティティを扱いませんでしたが、それはよく考慮したうえでのことです。私が他の委員に言ったのは、私たちが扱っているのは国民性ではなく、シティズンシップに必要な技能、知識、姿勢だということでした」(Kiwan 2008: 62より引用)。こうして、リベラルな民主政の価値と手続きとを強調するのと並んで(これについてイギリスは例えばスウェーデンと同じである)、日々の暮らしを送る上での実用的知識に重点が置かれているのである。例えば次のような問いに答える必要があるかもしれない。「あなたがパブで他人のビールをこぼした場合、どうしますか。A その人にお代わりを申し出る。B その人の濡れたシャツを自分の服で拭く。C 駐車場で喧嘩に備える」(正解はA)[26]。

抽象的原理と日常生活というイギリスの二つの重点から興味深くも省かれているのは、リベラルな民主政に至るイギリス固有の道のりに関連すること、あるいは、オルガド(Orgad 2010)がいう「ナショナルな立憲主義」に関連することである。これは、「アイデンティティをめぐるナショナルな物語の必要性」(Straw 2007)が広く認識されていたことを考えると何よりも驚きである。ジャック・ストローによれば、「イギリス的な自由の物語」は次のように進んでいくようである。「それは、マグナ・カルタ、市民戦争、権利の章典、アダム・スミスとスコットランド啓蒙、投票権のための闘争、カトリック教徒・非国教徒・女性・黒人コミュニティの解放を目指した闘争、第二次世界大戦、戦後における少数者集団の権利のための闘争、とどまるところを知らないテロに対する現在の闘争といった一連の語りからなる自由の物語である」(ibid.: 16)。イギリスのシティズンシップ・テストには、こういう物語がほとんど出てこないのである。[27]

イギリスの事例はもちろん定評あるリベラルな国家の事例だが、それは適切に中心を設定しそれを新規入国者へ教え込む際にリベラルな国家が抱える困難を教訓として示している。クリック委員会は、「イギリス人たること」を次のように定義した。「法律、選挙に基づく議会、民主的な政治構造、そして、相互の寛容、平等な権利の尊重、相互の気遣いといった伝統的価値を尊重すること。そして、自身を保護してもらう代わりに、(一般に国王に象徴される)国家へと忠誠を尽くすこと」(Crick Commission 2003: 11)。このイギリス人たるあり方に含まれる特殊なものは、「国王」だけである。適切なことにその「国王」も括弧内でしか出番はなく、没個性的で互換可能な「国家」のもとに包含されるのである。

こうしてイギリスは、普遍主義の逆説にとらわれている。これは、移民をうまく統合するという目的からシティズンシップの格上げを試みる他のすべてのヨーロッパ諸国と同様である。すなわちイギリスは、移民や民族的少数者をどの社会でもなくこの社会の一部とする必要性を認識しつつも、「ここ」から「そこ」を区別する特殊なものを設定することも強化することもできていないのである。この逆説は、イギリス人たることとは何かをめぐって過去数年間に数多く出された政府声明のほとんどから見て取れる。たとえば、内務省が近年出した『人種間の平等および共同体の結合を促進するための戦略』(Home Office 2005b)を取り上げてみよう。これは、「イギリスのシティズンシップが包摂的だという感覚を深めること」が「文化的差異の同化」を意味しないことを改めて強調している(ibid.: 21)。実際、多数派のものを含めた「どのまとまった文化的価値」であれ、「他より特権的に扱われることはまったくない」のである(ibid.: 42)。譲りえない「イギリスらしさの本質的価値」に、国民としての特色はない。実のところ、その本質的価値とは政治的リベラリズムの応用、すなわち「市民間の寛容や相互的な義務を含む、法の支配と他者を尊重するという価値」なのである(ibid.)。たしかに、この試みにはシティズンシップの公開式典(二〇〇四年二月に開始)に加え、「シティズンシップの日」の導入(二〇〇五年一〇月)など、シティズンシップの儀式的側面を強化するような段階的な取り組みが付随してきた。しかし、その虚飾性を埋め合わせするかのように、政府は「人びとの安全の保護」を「最優先事項」とし、人種主義的な動機に基づく攻撃を今まで以上に厳しく取り締まるべきだとしているのである(ibid.: 49)。

普遍主義の逆説は、退陣前のトニー・ブレア首相が人種間の関係性について最後に残した声明にも充ち満ちている。この声明は、特にムスリムをめぐる統合の意味を適切に省察したものである(Blair 2006)。政治的リベラリズムに繰り返し言及していることから、それはイギリス人たることが「文化ないし生活様式」の問題だという考えを断ち切っている。実際、アイデンティティという観念は集団の次元に据え置かれ、「キリスト教徒、ユダヤ教徒、ヒンドゥー教徒、シク教徒」らがその「完全な権利」をもつとされた。これとは逆に、イギリス人たることはアイデンティティの問題ではなく、「本質的価値」の問題として提示されている。繰り返しになるが、その価値はほとんど普遍主義的であり、「民主政への信頼、法の支配、寛容、万人の平等な処遇、この国および共有される遺産の尊重」である。もちろん、この提案が多文化的なイギリスを「賛美し続ける」ものであり、それがイギリスにおける多文化主義の知の要塞の一つであるラニミード・トラストで行われたのは偶然ではないが、そこには多文化主義の作法にそぐわないトピックが目立たぬように盛り込まれていた。すなわち、統合される「義務」があること、「強制結婚」は望ましくないこと、イギリスでは「宗教法」で裁く場はないこと、「容認しがたい行為」は国外退去につながること、今後言語テスト[*3]は（帰化のみならず）永住資格にも必要になること、ブルカは「人びとと直にコミュニケーションをとる」際の障壁であること、といったトピックである。ともあれ、こうした「差異への権利」の質的留保づけは、イギリスの特殊主義ではなくリベラルな民主政の普遍主義の名の下でなされたのである。

ブレア（Blair 2006）が結論づけたように、「イギリス人たること」が、「差異への権利」と「統合される義務」との組み合わせだとすると、それが同時に示唆しているのは、ここでの統合主義的な要素はアイデンティティや情緒的な忠誠心というよりも束縛や義務として経験されるということである。その代わりに、個人のアイデンティティは何らかの宗教的ないし民族的な集団の成員たることに依拠し続ける。そうした集団の複合体として「イギリス」は認識されるのである。

ブレアが遺産として残した声明は、多文化主義を質的に留保づける意味があった一方で、それが本当に示しているのは、イギリスで時代遅れの多文化主義が放置されていたことである。このことは「統合・結合委員会」の最終報告書にみてとれる（CIC 2007）。この委員会は、ロンドン同時多発テロ事件を受け、翌年の二〇〇六年にイスラム・テロリズムの国内原因を改善する方策を見つけ出すようイギリス政府が立ち上げたものである。ここでは古典的な多文化主義の型どおりに、社会を構成する要素として「集団」が、「異なる集団が互いに折り合いをつけている」ような想像上の状態として「結合」が、それぞれ捉えられている（ibid.: 38）。

しかしながら「統合・結合委員会」は、「統合」と「結合」の注目すべき新しい源泉を同定していた。それは、未来である。実際、多文化主義とナショナリストの言い回しにおいて、過去が人びとを差異化させ、もとより現在が考慮に値しないほどつまらないものなら（でなければ政策は必要ない）、時間的に統一をもたらしうる残された源泉は未来だけである。だからこそ、『共有される私たちの未来』という綱領的な表題をもつ報告書は、「共有される未来という理念は、それぞれの歴史に関係なく局所的な共同体同士を結びつけるものとなる」と明記したのである（CIC 2007: 45）。考え方はもっともだが、何が「共有される未来」を構成するのかを知ると驚愕することだろう。「共有される未来という感覚を深める機会」（なお、未来はfuturesと適切にも複数形）として挙げられているのは、なんと文化間対話ヨーロッパ年（二〇〇八年）やロンドン・オリンピック（二〇一二年）なのである。これらは、かなり希薄で局所的な「未来」であるのみならず、純粋にナショナルな側面も欠落している。実のところ、こうした寄せ集めの「共有される未来」が示唆しているのは、どんなものであれ未来には、在庫として残ったナショナルなものがますます解体していくということなのである。

未来を手段として統一を生み出すという将来像にもっと真剣に取り組んでいるのは、ジョナサン・サックスである。彼の考え方は、社会を「誓約」、すなわち「新しい始まりをめぐる意識的な取り決め」によって再創造しようというものである（Sacks 2007: 109）。誓約は選択に基づく開かれた未来を描くものであるが、それは同時に、実在の人びとが行う有限な行為でもある。誓約は「物語」を構成し、物語は「アイデンティティ」の基礎となる。というのも、「物語は記憶を創出し、記憶はアイデンティティを創出する」からである(ibid.: 120)。誓約とは、未来と過去を一体としてつなぐものである。それは、実現されていない約束という光に照らして不完全な現実を枠づけるために不可欠な緊張感をもたらす。誓約とは、未来へと続く自らの道、すなわち「アイデンティティ」を見つけるための、古くからある物語である。問題は、誓約的な社会もあればそうではない社会もあるという点にある。アメリカは誓約的だが、イギリスはそうではない。アメリカには大統領就任演説のたびに語られるナショナルな物語があっても、イギリスにはそれがない。どちらかといえば、イギリス(むしろイングランド地方というべきか)にあるのは「風景」、すなわちジョージ・オーウェルがエッセイで描いた「ソーホーのパブにあるピンボール・マシーンがガタガタいう音、秋の朝霧のなか聖餐式へと揃って出かけてゆく老婦人たち」のような「風景」である(ibid.: 166より引用)。「多民族社会においては、もはや絵を描くことによってアイデンティティを喚起することはできない。物語を語らなければならない」(ibid.)。これは本当のことかもしれない。だが、どうやって絵から物語に切り替えるというのか。サックスが認めているように、それは国家の政策によってではない(ibid.: ch. 11)。というのも、「誓約」は市民の自発的意志による帰結にほかならず、強制(すなわち国家がもたらすもの)の帰結では決してないからである。したがって、国家が定めた「イギリスの日」というつまらないものによって、イギリスはアメリカと同じ道を邁進しうるというサックスの願望は、妙に矛盾している(ibid.: 166)。

こうしたやり方に幸運にもまだ手を染めていないすべての国が誓約を検討の対象から外すとすると、

集合的アイデンティティを基礎づける代替案は他にあるだろうか。よく引き合いに出されるのは、言語と宗教の二つである。(28) 両者をその候補から退けることは簡単である。というのも、言語はアイデンティティの標識としては固有の弱さを抱えており、宗教を集合的アイデンティティとすることは憲法規範を侵害しうるからである。しかしながら、これら二つの代替案を詳しく検討する価値はある。というのも、それらは政治的エリートの側からも実際にしばしば提案されているからである。

まず言語は、ヨーロッパ全域で厳格化する帰化規定や新たな市民統合政策のなかに見出しうる、おそらく最も特殊なものである。しかし言語は、特定の文脈、とりわけカナダやベルギーのような多民族《マルチ・ナショナル》国家の文脈でしかアイデンティティの標識にはならない(カナダでは国内少数民族のケベックだけの標識である)。他のほとんどの国では、移民やシティズンシップ申請者にその国の言葉の習得を義務づけるのは実生活上で喫緊を要するからであって、アイデンティティの問題ではない。例えば、ドイツ人たることは言語に依拠しえない。オーストリアやスイスの一部でもドイツ語が話されているからである。にもかかわらず、ドイツの新規入国者に対する市民統合政策は、必修試験の合格条件を帰化制度と同じく(「欧州言語共通参照枠組み」に照らして)比較的難度の高い中級相当のB1レベルとしている。これとは対照的にフランスは、フランス語の国内的純粋性と国際的承認に固執しているものの、公式の統合要件についてはかなり穏当といえよう。帰化に際しては会話力のみを要件とし、また新規入国者に対する受入統合契約(Contrats d'acceuil et d'intégration, CAI)ではさらに初歩的なA1・1レベルしか求めていないからである(Michalowski 2007: 124f.)。もしアイデンティティへの関心が市民統合にあたって言語力を重視する原動力だったとすると、フランスの方が基準を高く設定し、ドイツの方が低く設定するという、実際とは逆の事態を予想するところだろう。実のところ、主たる懸念は社会的な順応、特に労働市場への順応にこそあるのだ。このように理解すると、ほとんどの移民がアフリカのフランス語圏から来るフランスでは、言語はさほど関心を集めない。他方、ドイツの民族的出自をもつ人びとであれ、ほとんどの移民が入国時にまったくドイツ語を話せないドイツでは、より大きな関心となる。概して、市民統合の文脈において言語は、アイデンティティの観点というよりも、国家による援助なしに新規入国者が首尾よく順応するための機能的な能力という観点から捉えられているのである。

次に宗教は、アイデンティティのより厳粛な候補といえよう。というのも、ひとは一度に二つの宗教を信奉しえないからである。これは、他言語に習熟してもそれが母語に置き換わることなく、追加的に能力を高めるだけであることと対照的である（これに関する重要な考察として Zolberg and Litt Woon 1999 を参照）。しかしながら、言語がアイデンティティの標識としては固有の弱さを抱えることで行き詰まるとすると、宗教は憲法的な理由によって行き詰まる。シティズンシップ取得における特定の宗教の義務化や、シティズンシップの宗教的なアイデンティティの喧伝は、立憲国家の初歩的な教えに矛盾する可能性が高い。だからどの西洋諸国もそのような姿勢をあえて打ち出そうとはしていない。実のところ、リベラリズムそれ自体が近代ヨーロッパの初期にまさに国家と宗教が分離されるなかで生み出されたものなのであって、政教分離の妥当性は今も揺らいではいないのだ。

しかしそれでも、とりわけムスリムとイスラム教に向き合うときには、宗教的な誘惑に駆られる。デンマークを例にとろう。極右のデンマーク国民党（ＤＰＰ）は、かの国のナショナルな文化の決定的要素はキリスト教であり、新規入国者はそれを受け入れるか順応せねばならないと主張した。「私たちはキリスト教の国で生きているのです。ここに来たならば、デンマークの規範、法、慣習に従わなければなりません」(同党の国会議員による発言。Mouritsen 2006: 76より引用)。ピア・モウリトスン(ibid.)が強調しているように、このキリスト教への言及は、キリスト教が歴史的にもつ宣教という熱意に欠けた紛れもない特殊主義である。そこに道徳的優位性を訴えるものは何もない。代わりにこれは、先着による権利(「最初からいるのは私たちだ」)や、「デンマークの文化的遺産」を「定義できない」もの、「一〇〇〇のすべての些細なこと」、「われわれが吸っている空気」として捉える見方などが混ぜこぜになったものである(引用はデンマーク国民党党首クラスゴーによる発言、ibid.: 89, n.3より引用)。こうした姿勢が政策になればリベラルな立憲主義の原則と矛盾すると指摘することは、おそらく見当違いな反論ですらある。というのも、「定義できない」とおぼしきものはそもそも政策課題になるはずがないからである。

キリスト教への言及は、ドイツ語と並んでドイツの「指導文化(Leitkultur)」という概念に見出しうる特殊主義のひとつである。「指導文化」は、二〇〇〇年に保守のキリスト教民主同盟(CDU)の党内派閥によってまず提唱され、二〇〇七年に同党の基本綱領で息を吹き返した概念である。キリスト教への言及がまだ注意を要する問題だったことは、CDU院内総務のフリードリヒ・メルツが「リベラルなドイツの指導文化」を初めて定式化した際に、キリスト教の記述がなかったことに表れている。キリスト教への言及を盛り込んだのは、CDUの移民委員会(CDU 2000)だけであった。しかし、ここでのキリスト教は移民が「受容」すべき「われわれのキリスト教―西洋的な文化の価値体系」とされている点において、普遍主義的な色彩を帯びている。この「キリスト教―西洋」という連語は周到に練られたものである。というのも、移民に吹き込まれる価値は宗教的でなく世俗的である必要があるわけだが、注目すべきことに「自由、連帯、正義」は「人格のキリスト教的な理解」から「演繹」しうるとされているからである(ibid.)

指導文化という観念は、同化主義の立場に近すぎると疑われたことで、しばらくの間その姿を消していた。しかしながら、これとよく似た特徴を帯びたものはある。二〇〇四年から二〇〇五年にかけてドイツの複数の州政府が可決したイスラム教徒のスカーフに関係する法律である(Joppke 2007c; 2009a: ch. 3.)。バーデン＝ヴュルテンベルク州やバイエルン州でのように、これらの法律は公立学校の教師に対してイスラム教のスカーフを禁止する一方で、カトリックの衣服やアクセサリーの着用を公然と認めていた。ここにはナショナリスト的な主張が潜んでいる。すなわち、ドイツはほかでもない「キリスト教－西洋的」な伝統によって形成された国家なのであり、その伝統に肩入れしそれを世代を越えて再生産していく許可ならぬ負託があるという主張である。イスラム教の拒絶とキリスト教の是認という選別においては、信仰としての宗教と文化としての宗教という微妙な区別が頼みの綱である。もちろん、中立的な国家が信仰を教え込むわけにはいかない。もしこれをするとなると、いずれにせよ近代初期のヨーロッパでキリスト教内の殺戮に終止符を打ったウェストファリア的な平和の流儀を無効とするだろう。しかし国家は、こうした信仰に由来する世俗的な文化の守護者であると自認しうる。また、こんにちの「私たち」を作ったのは「あの」宗教ではなく「この」宗教であるという感覚のなかで偏向的になりうるのである。

いかに世俗化されようと、やはりキリスト教的な特殊主義は問題である。具体的にいうと、公立学校教師のキリスト教修道女がヴェールを着用することは信仰の表現ではなく「伝統の務め」であるといった具合に、それは歪曲した法的構成を必要とするのである(Joppke 2009a: 75f.)。より重要なのは、イスラム教徒の公立学校教師のスカーフ着用だけを選り分けて排除するのは憲法上の平等原理に反することである。ドイツの連邦憲法裁判所は、その後二年間の州法乱発の口火を切った二〇〇三年九月のルディン(*Ludin*)判決において、公共空間から宗教的な象徴を排除するのは国家の自由であると論じた。[29] しかし、もし国家がその排除を決めたとすれば、ドイツの「開放的」な中立性の伝統からも、それと事実上よく似た「政教分離原則(laïcité)」というフランス的中立性の伝統からも逸脱することになるが、あらゆる宗教的な象徴が排除されなければならない。当然ながらキリスト教の象徴も例外ではない。ドイツのスカーフ論争において、議会と裁判所がドイツという国家の背反する自己理解、すなわち、キリスト教的な特殊主義とそれに対抗するリベラルな普遍主義という背反的な自己理解を露呈したことは明白である。概して、集合的なアイデンティティを宗教で基礎づけた場合には憲法の壁に突き当たる。というのも、リベラルな国家は宗教について不可知論をとるか、あるいは少なくとも公平であるべく義務づけられているからである。

代わりに、今日のヨーロッパにおける集合的アイデンティティの問題の典型的な解決策は、フランス共和主義が先鞭をつけたものである。これによれば、ナショナルなるものが人権と民主政という普遍主義的な教えに照らして定義される。

デンマークの事例に関する興味深い議論において、ピア・モウリトスンは、「フランス＝ジャコバン的な短絡の北欧版」がその本命のライバルたる「文化としての世俗的キリスト教」を凌駕していると指摘した(Mouritsen 2006: 84, 77)。これに従うように、デンマークで伝統的に最大の政治勢力である社会民主党の綱領は、グローバル化から挑戦を受けている「デンマーク的な価値」として「自由、平等、連帯」というフランス共和主義的な三点セットを定めている(ibid.：81)。ラスムセン首相は、いみじくもデンマークの特殊な普遍主義を次のように表現した。「デンマークの社会は、いくつかの基本的な価値を基にして築かれており、ここで生きていくならば、これらの価値を受け入れなければなりません。デンマークでは、政治と宗教は分離されます。デンマークには、人間の生命への侵すことのできない尊重があります。デンマークでは……女性と男性は平等です」(ibid.：82)。あるいは、いわゆるムハンマド風刺画事件[*4]でみられたように、デンマーク人たることとは、言論の自由を讃えることなのである。繰り返しになるが、ここでのデンマークらしさは、フランスらしさ、イギリスらしさ、ドイツらしさ、はたまたオランダらしさとなんら変わりはない。ヨーロッパ諸国が移民や民族的少数者に対して受容を求めているナショナルな特殊主義とは、まさしくリベラルな民主政がもつ普遍主義的な特質《イディオム》のローカル版なのである。

三　リベラルなアイデンティティとムスリムの排除

特殊な普遍主義は、今日のヨーロッパ諸国が実践している排除の主たる形態である。現代国家は、特殊なアイデンティティが統合のために必要だと考えながらも、それを形式的には非差別性が要請される法政策で供給することはできないという、特殊アイデンティティのジレンマに追い詰められている。だから現代国家は、リベラリズムに含まれる特定の理念に救出を求めているのである。リベラリズムには、つねに二つの異なる側面があった(Galston 1995; Gray 2000)。ひとつは、他律と信仰に対して自律と理性を優位に置き、理想的な生き方を規定する面である。もうひとつは、救いがたく多様な生き方を特徴とする社会に対して手続き的に寛容かつ非干渉たるべく自制する面である。もちろん、リベラリズムの両面は互いが互いを必要としている。というのも、不寛容な者にひたすら寛容であることも、かれらを容赦なく抑圧することも、どちらもリベラリズムを破滅させるからである。しかしそれでも、リベラリズムの二つの側面を変数として捉え、異なる時と場所によってそれぞれ異なる進展をしてきたと理解することには意味がある。振り返ってみると、過去数十年間にわたり西洋社会で花開いた多文化主義は、リベラリズムの様式のうち、自律よりも寛容という面が広く受け入れられていることを前提としていた。これは、リベラリズムのもう一方の中核的価値、すなわち自律と理性が淘汰されたことを意味しない。逆である。誰もその価値を疑わなかったからこそ、それを声を大にして主張する必要がなかったのである。キムリッカ(Kymlicka 2005)がカナダの「リベラルな多文化主義」という啓発的な議論で示したように、多文化主義とは、ヨーロッパ系民族がリベラルな民主政の枠内で推進し、行為し、理論化したことにより実現したものであった。逆に、キムリッカは「非リベラル」なムスリムの慣習により多文化主義の信用が大きく傷ついたヨーロッパを念頭に、次のように推論している。「カナダにおける議論は、もしヨーロッパのようにその移民の九〇%がムスリムであれば大きく異なっていただろう」(ibid.: 8)。

実際にも、イスラム教徒によるテロリズムを受けて寛容的なリベラリズムは後景に退き、それに代わって、あまり手続き的ではなく、より実質的なリベラリズムの変種が前景に躍り出た。その変種は、男女が平等で世俗が宗教を凌駕するような共通の生き方を規定する。このリベラリズムはともすると一つのアイデンティティであり、人びとをリベラルと非リベラルとに分離する。この「アイデンティティ・リベラリズム」(Tebble 2006)は根深く逆説的である。というのも、観念的に集団の標識たりえない普遍主義が、まさにその標識へと還元されているからである。「アイデンティティ・リベラリズム」は、植民地主義を背景としてはじめて出てきたもので、そこにおいてヨーロッパの生き方と非ヨーロッパの生き方との間に階統的な線引きを許容し、ヨーロッパ人を「優等な人びと」に仕立て上げた(Parekh 1994)。こうした階統的なうぬぼれはいまや抜け落ちたとはいえ、アイデンティティ・リベラリズムは、政治化したイスラム教と対峙するなかで近年になって息を吹き返している。善きにつけ悪しきにつけリベラリズムは、現代国家が喧伝するシティズンシップのアイデンティティを生み出しており、それはムスリムに対して排他的な意味合いを帯びるのである。ある論者が適切にも述べているように、これは「リベラルな社会の中核的価値を明確化し、それらを非リベラルで危険と思わしき集団から保護するために国家強制力を利用しようとする」ような「シュミット的」リベラリズムである(Triadafilopoulos 2008)。

これに当てはまる例としては、フランスが挙げられる。この国では、シティズンシップの普遍主義が「共和主義」の名の下でつねに固有のナショナル・アイデンティティを構成してきた。二〇〇四年のスカーフ禁止法のように、それが国家政府によって強化されたことをみても驚きはない。しかしながら本当に驚かされたのは、フランスの最高行政裁判所であり、長らく政治的国家に対抗して宗教的自由を頑強に擁護してきたコンセイユ・デタが、近年になってそのナショナル・アイデンティティを強化したことである(Joppke 2009a: ch. 2)。二〇〇八年の六月にコンセイユ・デタは、ブルカを着用した女性に対して彼女の「不十分な同化」を理由にシティズンシップの付与を拒否することを認めた[30]。この判決は、彼女が「フランス語の優れた能力を有する」こと、[31]またフランス人(ただしモロッコ出自の)男性と結婚しフランス人の子ども三人の母親であることを、事実として裁判所が認めたにもかかわらず下されたのである。それ以前の規則において、同裁判所は帰化に必要な「同化」を(ごく基本的な)フランス語能力の観点から解釈していた。二〇〇八年の転換で同裁判所が援用したのは、「言語以外での不十分な同化」を理由に国家がシティズンシップ付与を拒否することを認める、フランス民法典の新条項であった。[32]とりわけ裁判所は、「彼女が自身の宗教の極端な実践を自ら採り入れていることは、フランスという共同体の本質的価値、特に両性の平等という原理と両立しえない」と申請者を非難した。[33]実際には、その女性がブルカを着用したのは夫が要求したからであり、「彼女は家族内の男性に完全に従属して」生活していた。[34]それでも、これは裁判所が宗教表現を根拠として国籍の付与を拒否した初めての判例となった。逆説的ではあるが、信教の自由というリベラルな原理の侵害は、性的平等という別のリベラルな原理が援用されたことを通して起きたのである。これはまさにリベラルなアイデンティティを理由とした排除であった。

リベラルな排除の第二の例は、オランダが市民統合政策において「オランダの規範と価値」を移民に対して押し出したことである。多くの論者は、オランダが統合から同化へと回帰したと考えており、しかも、ブルーベイカーにより理論的に否定された旧来的な方式で移民を同化させているとみている(例えば、Entzinger 2006b: 141; Korteweg 2006: 163)。果たしてそうだろうか。リベラリズムが寛容という手続き的な枠組みから実質的な生き方の枠組みへと厚みを増したという意味に限り、その答えは是である。すなわち、多数派が考える「自分たち」の生き方を、移民や民族的少数者も共有するべく期待されているわけである。興味深いことに、ドイフェンダク、ペルス、ライクシュロフ（Duyvendak, Pels, and Rijkschroeff 2009）は、オランダが型通りのいわゆる多文化国家になったことは一度もないと論じている。代わってオランダを特徴づけるのは、北欧の小国と大差のない「進歩主義的な単一文化」であるという（ibid.: 138）。それは、言うなれば男女は平等であり、同性愛は広く受容され、宗教は周縁的ないし厳格に私的なものとする文化である。この印象論的な見解は、確固たる経験的証拠によって裏づけられる。ポール・スナイダーマンとルーク・ハーヘンドールンは、その全国調査と独創的な社会心理実験により、「オランダ社会の大部分の人びとは、ムスリムそれ自体にではなく、ムスリム女性の扱いに強い反感を抱いている」ことを見出した（Sniderman and Hagendoorn 2007: 130）。これが人びとを「リベラル」たらしめているのである。したがって、移民が身につけるよう期待される「オランダの規範と価値」を構成しているのは、木靴やゴーダチーズ、カーテンのない窓を好むことではなく、進歩主義的な多数派の姿勢なのである。もし、「入国前からの統合」という新たな政策によって配布されたオランダの情報ＤＶＤに、オランダの海岸にいる裸の女性やキスを交わす同性愛者の映像が含まれるとすれば、そのメッセージとは「これがオランダなのだ」である。それは進歩主義者の国であり、これを問題とする者は近づくべきではないのである。

特殊な普遍主義がもつ排他的な側面、ゆえにアイデンティティを形成する側面は、リベラルな人びとだけのためのリベラルな国家という観念として定式化できよう。当然、これは大いに非リベラルな考え方である。というのも、人びとを標準の鋳型にはめこみ、自分がどんな人になりたいかを自分で決める可能性を奪うものだからである。カント以来、リベラリズムの鍵となる教えとは、法と公共政策が規制できるのは人びとの外的行為だけであり、内的動機ではないということである。これに呼応するように、ドイツの憲法裁判所は二〇〇〇年一二月のエホヴァの証人をめぐる判決において、市民は「憲法的な価値を個人的に共有するよう法的に要求されることはない」と裁定した[35]。宗教的な反対者に求めうるのは、その外的行為において世俗的な法秩序を優先し尊重すること、そして、他者が有する憲法上の権利を害さないことだけである。だから、「外的行為ではなく内的な気質や考え方」に向けられた厳格な忠誠心を求める要件は、ドイツの基本法に反するものとみなされてきたのである[36]。実のところ、早くも一九四四年にアメリカの控訴裁判所は次のように裁決していた。「愛国主義は帰化の条件とはならない。愛着は、人びとの内心へは向けられていない。また、民主的政府に愛着を持つことや、それに賛同することすら要求されない。代わりに求められるのは、ここに根を下ろしている基本的な政治的慣習や姿勢を受容し、法に服する意志をもつことだけである」(Gordon 2007: 371 より引用)。デイヴィッド・ミラーは、この裁決における指導原理を具体的に示している。「共産主義者、無政府主義者、ファシストが許容されているように、リベラルな国家はその市民にリベラルな原則を信じるよう求めてはいない。それが求めているのは、代替的な取り決めを提唱する自由を残しつつも、市民はリベラルな原則に実践上は順応すべきであり、その原則の名の下で追求される政策を正統なものとして認めるべきだということである」(Miller 2004: 14)。

シティズンシップ・テストは、この視座からすると、国家の歴史、文化、制度に関する事実的な知識を問うものであれば問題にならない。これらは単なる認知的な問題であり、習得可能かつ機械的に再生産しうるからである。知識から価値に目を転じたとしても[37]、署名による忠誠心の宣言、はたまた憲法への誓いですらリベラルな観点からして問題はない。というのもこれは外的行為であり、さらにいえばリベラルなシティズンシップの契約的基礎を具体化する行為によって成立するものだからである。しかしながら、申請者の「内的な気質」を調べ上げるシティズンシップ・テストは問題である。それは行為の規制と信条の統制とを区別する心もとない敷居を踏み越えたものだからである。

この敷居は、ドイツの悪名高いいわゆる「面接指針(Gesprächsleitfaden)」で踏み越えられた。この指針は、二〇〇五年の九月にバーデン＝ヴュルテンベルク州政府が帰化の担当官に便宜を図るべく打ち出したものである。その表向きの目的は、二〇〇〇年からドイツの帰化手続きの構成要素となったシティズンシップ申請者による手書きの「忠誠の宣言」が、かれらの実際の信条や「内面の気質」と一致するかどうかを確認することであった[38]。この指針を法的に評価した研究は、それが二つの観点から国内法と国際法に違反すると指摘している(Wolfrum and Röben 2006)。第一に、アラブ連盟加盟国出身のシティズンシップ申請者に対してだけそれを適用した点で、この指針はムスリムを「差別」した。この指針は、親の権威、宗教、同性愛、両性の平等、テロなどをめぐる申請者の捉え方を問う三〇の質問からなるが、それらは実際、ムスリムという「特別な集団がもつとおぼしき価値とリベラルな民主政の秩序はもっぱら相反する」と解釈していたのである(ibid.: 15)。第二に、われわれの目的にとってはより重要なのだが、この指針は個人の親密圏へと手を突っ込んでいることから、憲法上の自由権、特に否定的意見をもつ自由と良心の自由とを侵害している。二人の法律家が現行憲法の規定を繰り返したように、「ただ意見を持つことは、それが秩序に直接的に反するような具体的行為をもって表現されない限り、リベラルな民主政の秩序に対する脅威になることはない」(ibid.: 16)。その差別的かつ尋問的な道徳テストはしかるべき形で非難されたが、二〇〇八年に全国シティズンシップ・テストが導入された後ですら、驚くべきことにCDUが実権を握る州政府はテストの撤廃を拒否した(39)。バーデン＝ヴュルテンベルク州の面接指針は、近年みられる「抑圧的リベラリズム」(Joppke 2007a: 14-18)のどんな例よりも、アイデンティティへと変容するリベラリズムがもつ潜在的な非リベラル性を示す典型である(40)。ここでのリベラリズムとは、全員が順応するべく求められる倫理的な生き方である。そして、イスラム教とムスリムというリベラリズムが想定する他者を排除する露骨な意図とともに、この倫理的な生き方が前景に躍り出ているのである。

四　シティズンシップと国民性の再考

近代のシティズンシップがつねに「内部包摂性」と「外部排他性」(Brubaker 1992)を兼ね備えたものであったとしても、ここ半世紀の間にその外部排他的な側面は著しく弱まっている。シティズンシップがもつ特殊主義的でアイデンティティを融通する側面の弱体化は、ナショナリズムの退行に等しい。少なくとも西洋においてはそうである。この点、ナショナリズムの衰退をめぐるハーバーマスの簡潔な筋書きは他のどれよりも優れている(Habermas 1987)。第一に、とりわけヨーロッパにおいては、一九四五年以来の長い平和が、ヨーロッパ単位での政体構築とも相まって国民国家社会の外縁をぼかした。第二に、国籍を奪われ剝き出しの生の状態へと追いやられた「受刑者」とともに、かの「強制収容所」が二〇世紀の理解しがたき経験であったとしても、この経験こそが、シティズンシップがもつ制約を超えた、権利の普遍化を推し進めてきた。第三に、ナショナリスト的思考においてかつて歴史学が提供した認識的な座標は、歴史学の国際化と専門化によってその土台を掘り崩されている。その証左は、各国の公立学校における改訂された歴史カリキュラムにみてとることができよう。それらは、ナショナリスト的な忠誠心を教え込むよりも内省的な知識を広めるべく調整されているのである。(41) 最後に、マスコミや観光の大衆化、国際人口移動の隆盛により、生き方が多様化し共存と平等な処遇が声高に主張されるにつれて、「道徳的意識が普遍主義的に拡張していく以外のあらゆる代替案は破棄されつつある」(ibid.: 170)。ハーバーマスは、こうした具体的な歴史的変化に、個人と共同体の両次元で同時に起きている「ポスト因習的」なアイデンティティの進歩的な前進を付け加えている。「ポスト因習的」なアイデンティティの特徴は、普遍の倫理的原則の光に照らして自らの偶然的な考え方や自己同一化から距離をとる能力と再帰性とにある。いまや国民などの疑似神聖的な対象に対する盲目的な自己同一化は忌み嫌われるようになった。この明らかにハーバーマス的な視座からすれば、民主的なシティズンシップが要求するのは「ナショナル・アイデンティティ」ではなく、「共有された政治文化」だけである(Habermas 1992: 643)。それは、彼の著名な「憲法愛国主義」という観念において捉えられた、実質的というよりも手続き的な政治の文化である。

「憲法愛国主義」が多元的社会の統一と統合を実際に生み出す可能性をどう判断するにせよ、シティズンシップと国民性との切断は、特に移民に関して現代国家による統一と統合のキャンペーンが間違いなく辿り着く出口である。ナショナルな包括的社会編成をグローバル化が解きほぐす数十年も前に、タルコット・パーソンズ(Parsons 1971)は、近代社会が「価値の一般化」という傾向の加速によって特徴づけられると理解していた。「価値の一般化」は、どの国民にも特有ではない価値へと進んでいく。実際に、パーソンズが「新しい先導的な社会」たるアメリカに託した性質は、いまやすべての西洋社会の特徴となった。すなわち、シティズンシップは「民族的な成員資格から分離」され、国民国家は「特定の宗教や民族の管理から解放」されたのである（ibid.: 114）。この根底にある過程は、エリック・カウフマン（Kaufmann 2004）にならって、「支配的民族性の衰退」として表現できよう。すなわちここで衰退しているのは、国家とは特定の集団が自己実現するための所有物かつ道具だとする観念なのである。

アラシュ・アビザデー（Abizadeh 2005）は、集合的アイデンティティが特殊となるためには本質的に「他者」の排除を必要とするという「概念的ないし形而上学的な必要性」など存在しないことを、説得力あるかたちで示した。さらに彼は、「特殊主義者の命題」は、歴史偶有的かつウェストファリア的な「一体不可分の主権というイデオロギー」を理論的次元で物象化するものだと論じた（ibid.: 46）。しかし、この世界市民主義の擁護者は、とりわけ国家水準においては、より次元の低いアイデンティティの方が経験的にはいまだ強力であると譲歩している。繰り返せば、国家はこの世に二つとない点で個人と似ている。ゆえに両者は、ともに単一なるものとして固定化される。だから、ドイツの内務大臣ヴォルフガング・ショイブレは、「ドイツのムスリム」に「ドイツ人のムスリム」になるよう呼びかけたとき、包括的な「憲法」は「統合の成功」には不十分だと気付いたのである。つまり、「憲法愛国主義といった（感情ではなく）理性的な事柄だけでは不十分である……私たちが共同体の一部であると感じたいとすれば、より深い人間的な次元、すなわち宗教、文化、価値、アイデンティティの次元で私たちを繋ぎ止める何かがなければならない[42]」。問題は、こうしたアイデンティティは「ドイツ人」と「ムスリム」とを厳密に区別することになり、したがって統合に向けた努力そのものを台なしにしてしまうことにある。ドイツという国家は、明らかに差別的にならない限り、そのアイデンティティを押しつけることはできない。というのも、「キリスト教的な出自と伝統」をもつ国家は、ムスリムが対等な立場になりえない国家のひとつだからである。だからドイツの主要なムスリム系組織は、三度目のいわゆる「イスラム会議」で連邦政府から「ドイツ的な価値共同体」に一体化するよう要求されたとき、それは要求しうるリベラルな最低限度を超えていると冷ややかに応じたのである。シリン・アミール＝モアザミは、この皮肉を次のように解説している。「この事例では、国家が現状の法的構成に違反する方式でムスリムに告解を課そうとしたとき、他ならぬムスリムが国家に自らの憲法原理を思い起こさせたのである」(Amir-Moazami 2008: 203)。

訳　注

＊1　ドイツの哲学者カール・ヤスパースが提唱した時代区分で、紀元前五〇〇年を中心とする数百年の間に、互いに影響がないにもかかわらず世界各地ですぐれた思想が生まれた時代のこと。ヤスパースは、この時代に人間なるものの精神性の基礎が確立したとし、この時代を基軸に人類全体の精神史・世界史を解明しうると考えた。

＊2　圏とは、ジンメルの用語で、個人がその中で活動する集団ないしその相互作用が及ぶ範囲のこと。

＊3　一九六八年に「人種差別への抵抗、多様性のある社会の建設」を目指して設立されたシンクタンクである。

＊4　二〇〇五年九月にデンマークの保守系日刊紙において、ムハンマドを風刺する漫画が掲載されたことに端を発する一連の騒動のこと。偶像崇拝が禁止されるイスラム教徒ないしイスラム教国側と、表現の自由の観点からその自己検閲性を批判するデンマークとの間で暴動やデモを含む外交問題に発展した。

第5章　「軽いシティズンシップ《シティズンシップ・ライト》」へ

結びとなる本章では、第一に、地位、権利、アイデンティティというシティズンシップの各次元における変化が相互にどう連関しているのかという問題に取り組む。そこには厳密な因果関係というよりも、むしろ論理補完の関係があると論じるつもりである。第二に、シティズンシップの進化における逆説、すなわちグローバルな富の分配においてシティズンシップはこれまで以上に重要性を増しているのだが、奇妙なことにそれをもつ人や取得可能な人にとって、シティズンシップの重要性が低下しているという逆説を掘り下げて考察する。第三に、新しいＥＵシティズンシップを、多くの学術研究のように虚構とみなすのではなく、私たちのこれからの時代のシティズンシップとして捉えるべきだと提起したい。

一　地位・権利・アイデンティティの三次元の関係

ブルームラード、コーテヴェーグ、ユルダクル（Bloemraad, Kortewegand Yurdakul 2008: 153）は、その先端的な論考のなかで「シティズンシップの各次元と移民の相互関係をより動的かつ包括的に理解する必要性」を指摘した。そのような視点からの見解を提供することが本書の目的であった。

本書はこの課題に応えてきただろうか。この問いに取り組む前に、二点断っておかねばならないことがある。一つは概念的なもので、もう一つは地理的なものである。まず概念面では、地位―権利―アイデンティティという本書の骨格たる三部構成から、ブルームラードら(ibid.: 156)が同様に重要だとするシティズンシップのもう一つの次元、「政治参加」を省いたことを認めなければならない。本書のシティズンシップの出発点が政治的共同体の成員資格であることを考えれば、シティズンシップの政治的側面を省いたことは間違いなく逆説的である。しかしこれにより、シティズンシップと移民について語る際の政治参加の重要性を否定しているわけではない。伝統的な移民国家では帰化した移民はつねに有力な政治勢力であったし、数は少ないが移民に関心を寄せるアメリカの政治学者がもっぱら研究してきたのは帰化移民の政治行動であった。さらに国境を越えたかなり新しい傾向として、出国した自国民に対する国外投票権の拡張による国家主導の「国境横断的な政治参加」があり、出身国社会と受け入れ社会の双方に民主的正統性と民主的代表をめぐる重要な問題を提起している(Bauböck 2007)。つまり、国内的であれ国境横断的であれ、「移民の政治的編入」は重要なのである。[1]

政治参加を本書の分析の核心から除いたことについて、三つの理由を挙げたい。第一に、シティズンシップに含まれる政治的権利からの移民の徹底的な排除を見ればわかるように、政治参加は移民に対してほぼずっと閉ざされているシティズンシップの一側面だということである。唯一の例外はごく少数の国家が外国人に対して地方参政権を付与したことであるが、シティズンシップ取得の方が喫緊の要請だと考えられるにつれ、その方向への気運はすぼんでいった。[2] 国政レベルの選挙権と被選挙権は、どこであれシティズンシップの特権であり続け、それが変化する兆しもない。第二の理由は、一般に移民が帰化に難色を示し、合法永住者として(非政治的な)権利をもてば満足した様子であることは、「シティズンシップの価値低下」(Schuck 1989)という診断の骨子をなすが、これが示唆しているように、移民の関心はもっと日常的な生活の糧を得ることにあるという点である。移民は不安定な生活に陥りやすいことから、政治参加という高尚な目標よりも、もっぱら居住や仕事の安定といった生活する上で不可欠な機能の方に意識を向けているのである。(3)

しかし第三に、シティズンシップの政治的次元をあっさりと片付けることは、もとより計画していたことでもある。これは移民のこととは別に、シティズンシップの現実世界における変化を考えてのことである。というのも、本書が明らかにしたシティズンシップは、まさに移民と対峙するなかで部分的に輪郭を備えたのだが、このシティズンシップは政治的共同体への能動的な参加というアテネ的なものというよりも、権利の受動的な保有というローマ的なものだからである。地位－権利－アイデンティティというキャンバスの上に現れるのは、取得しやすく、特定の外国人と市民とを明瞭に区別できない権利(とわずかな義務)を備え、希薄なアイデンティティを冠した、軽いシティズンシップ《シティズンシップ・ライト》である。シティズンシップの内部包摂的な力学は、その外部排他的な外殻を食い破り巨大な穴を開けてきた。このことは、シティズンシップによって必然的に設定され前提となる境界線を国家が正統化しようとする際に、周知のとおり困難が生じていることに見てとれる。「外側は硬く、内側は柔らかい」(Bosniak 2006: 4)シティズンシップは、ますます事実と合致しなくなっているのである。もはや北アメリカとオーストラリアの伝統的な移民国家とヨーロッパの民族的な国民国家との間にさしたる違いはない。だから近年の動向を概観した研究は「政策が変化した結果、この二つの社会区分はいくらか似通ってきて」おり、「共通の問題、そしておそらく共通の解決策までもが立ち現れる」可能性を指摘しているのである(Weinstock 2008: 4)。実際、ヨーロッパは伝統的な移民国家から(条件付きのより弱い形式ではあるが)出生地主義条項を取り入れており、伝統的な移民国家はシティズンシップ・テストを改定(アメリカ)ないしは導入(オーストラリア)する際にヨーロッパの事例を参照している。この二つの明らかな収斂傾向を挙げただけでも、移民社会と非移民社会という旧来的な区別がほとんど意味をなさないことがわかる。

さて、地理的な留意点に移ろう。本書で展開したシティズンシップの物語が、北アメリカ、ヨーロッパ、オセアニアの英連邦諸国といった快適な先進地域に限定された地方特有の物語であることは認めよう。この物語は、ジェームス・ホルストンが現代ブラジルに見出した「差異化されたシティズンシップ」とはかけ離れた世界の出来事である。そこでは、「合法化された特権と正統化された不平等」(Holston 2007: 4)という疑似封建的なシティズンシップがあり、例えば法的な不動産の取得は高学歴者に制限され、はたまた刑務所でも高学歴者には特別な独房があてがわれている。本書の物語ともっと劇的に対比しうるのは、カマール・サディク(Sadiq 2005, 2009)がインド、マレーシア、パキスタンで観察した「書類上のシティズンシップ」であろう。それは、偽造書類をもとに非合法移民に対し容易に参政権を与えつつ、逆に地方の貧しい自国民の多くをそこから除外しておく「制度化の不十分な」シティズンシップであり、民族的に分裂した社会における氏族的で弱々しい政府によって推進ないし黙認されている。

本書の物語は、ヨーロッパ内部ですら地方的に偏っている。というのもヨーロッパでは、二〇〇四年と二〇〇七年に東欧一二カ国が西側近隣諸国に比べ明らかにリベラルさで劣るシティズンシップ体制を引っさげてEUに加盟したからである。この「新しいヨーロッパ」をめぐる包括的研究は、「これらの

［新加盟］国におけるシティズンシップは、依然として国民性の民族的理解と密接に結びついており、次世代への継承はもっぱら血統に基づいている。多重国籍への反感は非常に強く、近隣諸国に居住する同じ民族の少数者や在外自国民とのシティズンシップの紐帯が重視されている」と指摘する（Bauböck, Perching, and Sievers 2007: 12）。だからマーク・モージェ・ハワードは、EU加盟国の国籍法に関する論考のなかで「シティズンシップに関する「共通のヨーロッパ基準」はなく、それが現れる兆しもない」（Howard 2009: 190）と結論づけたのである。

これらの留意点を念頭に置くと、本書の物語とは何だったのであろうか。ある意味では、連続的な因果関係の物語、すなわちシティズンシップのある次元で起きた変化が別の次元での変化をもたらすような物語として読むことができよう。それは次のような筋書きである。

- ⑴地位の次元　シティズンシップ取得のリベラル化は、市民集団の民族的多様化をもたらし、
- ⑵権利の次元　それにより、二〇世紀におけるシティズンシップの栄冠たる社会的権利は維持しがたくなり、代わって他の種類の権利が前面に出てくる。外国人の権利と少数者の権利である。
- ⑶アイデンティティの次元　そして国家は、万人と万物が中心から散ってゆくこの多様化に対して、統一と統合を目指すキャンペーンで応ずる。しかしながらそれは、リベラルで普遍主義的な特質《イディオム》のなかで実施されねばならない。

この筋書きが抱える第一の問題は、⑴の冒頭で打ち出したシティズンシップ取得のリベラル化を説明

できないことである。実際には、それぞれの次元を横断してシティズンシップの進化を方向づけた何よりも重要な外部要因が存在する。それは、第二次世界大戦後の西洋において人種主義と極端なナショナリズムが正統性を失ったこと、そして、それと並行して普遍的な人権規範が隆盛したことである。シティズンシップのリベラル化が、一九五〇年代初頭のアメリカにおける人種的制限の撤廃によって始まったことを考えてみればよい。これは、アメリカが戦後に大規模な移民を受け入れるおよそ二〇年も前に起きたことなのだ。人間性の共有を容赦なく拒絶し攻撃したドイツのナチズムを具体的な起源として、国家次元での人種主義の拒絶およびそれに付随する人権の礼賛は、良識ある人間なら誰も異論を挟みえない西洋社会の臆見(*doxa*)あるいは知の枠組み(*episteme*)となった。それに反対する者ですら、その主張は平等と非差別という新しい特質《イディオム》に従わねばならない。文明が崩壊しない限りは、血や階統、通過不能な境界線からなる昔の世界に引き返す道はない。これこそが、本書がシティズンシップの各次元で観察した二〇〇一年以降に加速する制限的な趨勢が、過去半世紀の間に進化したことの周辺には抵触してもその中核には及びえない理由である。

第二に、連続的な因果関係によって内的に完結する筋書きは、社会の民族的多様化がシティズンシップ取得のリベラル化よりも先に生じていたという事実を曖昧にしてしまう。帰化は受け入れ社会における事前の居住を前提とするから、この指摘は論理的である。しかし、この指摘により、権利とアイデンティティの両次元に対して地位における変化が与えうる影響は小さくなる。例えばドイツが民族的に多様化したのは外国人出稼ぎ労働者の流入の帰結であるが、その流入が起きたのは二〇世紀末に遅まきながらシティズンシップをリベラル化する四〇年近くも前のことである。イタリアは、もう二〇年以上も前から移民受け入れ国であるが、いまだにこのリベラル化は起きておらずそれが待たれている。ドイツとイタリアの両国は、反差別的な法律の観点からシティズンシップの権利の次元における変化に向けて動いてきたが、これは市民集団が多様化したからではなく、ブリュッセルのEU本部からの指令に配慮したからである。どちらの事例でも、国家の（少なくとも一時的には）開放的な入国管理政策による社会の民族的多様化が、市民集団の民族的多様化に先行している。ここから次のことが言える。原則として、市民集団が民族的に多様であることだけでなく、社会が民族的に多様であることもまた、少数者の権利を確立する圧力を生み出しうる。もっとも、ジャクリーン・ゲーリング（Gehring 2009）が重要にも示したように、シティズンシップの共有が生み出す連帯感が、少数者の権利を受容し制度化してゆく社会的な原動力になることも大いにありえよう。

民族的多様化の起源をさらに細かく見ていくと、シティズンシップと入国管理政策とが緊密に結びついて進化してきていることも示唆される。国家に参入する許可が二段階になるのは不可避であり、まず物理的入国が、その後に初めて帰化が許可される。だから、入国管理政策はシティズンシップの永久の門番なのである。しかし、だとすると権利とアイデンティティの両次元における変化は、地位の次元でシティズンシップが門番として果たした機能よりも、特定の入国管理政策の影響を色濃く受けたものといえるかもしれない。一転して、押し寄せる群衆を水際で追い払う実効的な入国管理政策があるからこそ、国内での門番たるシティズンシップは、市民と外国人の境界がますます溶解しているかのようなリベラルな外観を呈しうるのである。

第三に、移民がもたらす民族的多様性を社会と市民集団のどちらの次元に位置づけたとしても、シティズンシップの栄冠たる社会的権利の削減と多様性との間に因果関係があるという根拠はない。福祉国家が「条件整備国家」へと変容したとする説得力のある分析(Gilbert 2002)は、その特徴としてサービスの民営化、ワークフェアおよび賃金雇用への回帰、福祉受給対象者の選別、権利から責任と義務へという強調点の転換を挙げているが、移民についてはまばらに言及しているにとどまる。むしろ、西洋社会を「市場志向の社会政策への収斂」(ibid.: 4-5)へと突き動かす動因として特定されているのは、人口統計上の高齢化と人口減少、経済のグローバル化、そして福祉国家自体が人びとの「考え方と規範的見解」において受けが悪いことである(ibid.: 32-43)。移民という要因を除外したことはギルバートの分析の欠点かもしれない。だが、本書が第3章で示した証拠によれば、現在の福祉国家の縮小を理解するうえで移民は括弧に入れて差し支えない。これと同時に、ポスト福祉主義的な条件整備国家と、(第2章で論じたような)移民およびシティズンシップ申請者に対する市民統合政策との間には、驚くべき類似性がある。広い視野から見渡すと、市民統合は移民に対するひねくれた謀略などではなく、移民の事実とは因果関係のない、公的責任から私的責任へという福祉国家の全体的な再編に埋め込まれていることが明らかになる。

連続的な因果関係からなる筋書きは、あまりに内部完結的なことに加え、国家政策を合理的に問題を解決するものとして捉える短絡的な機能主義にも陥りやすい。組織社会学が示してきたのは、他の組織と同じく、国家は客観的な問題に対して効率的な解決策を模索するだけでなく、むしろ「神話と儀式」(Meyer and Rowan 1978)に携わるということだった。つまり国家は、何らかの施策を行う必要性の有無とは無関係に、正当に何かを実施するための環境を保護しようとするのである。ジョン・メイヤーらによる刺激的な思考実験によれば、ある孤島で社会が新しく発見された場合、それはそのうち「ありふれた省庁を数多く備えた近代国家らしきもの」(Meyer et al. 1997: 145)になるという。この視角からすれば、反差別政策が存在するのは市民集団が民族的に多様だからではなく、むしろ他の国家がそうした政策を備えており、また「普通そのようにする」からである。この見方は、どこかの事例でこれこそが反差別政策の起源だと示唆している訳ではない(ヨーロッパでは、明らかにそうではない)が、シティズンシップの法政策における変化に関する本当の因果関係分析はどうあるべきか手がかりを与えてくれる。

最後に、シティズンシップの各次元は、分野ごとに特化した法体制と政治力学からも影響を受けている。例えば国籍法は他の法政策とは異なる。同じ権利の次元においてすら、福祉、外国人、多文化主義、反差別に関係する法政策は、それぞれ別の事柄である。国家エリートによる「アイデンティティ」の表明やキャンペーンが別の事柄であることは言うまでもなく、それはおそらく移民というより国内の多数派に向けられている。これらすべてを「シティズンシップ」と捉えると、それはもはや現実世界におけるシティズンシップではなく、むしろ各々の考え方次第ということになってしまうだろう。これでは、本書があえて概念を絞り込み、シティズンシップを国家成員資格を超えた意味に拡張しないと当初から訴えてきたことに反する。

つまるところ、「シティズンシップのすべての次元がどう連動しているのかをより深く調べること」(Bloemraad, Korteweg, and Yurdakul 2008: 154)は、口にするほどたやすい作業ではない。そのような説明は、少なくとも(先に示した連続的な因果関係の物語のような)各次元間の相互的影響、(普遍的な人権規範、福祉再編成などの)外的要因、そして各次元特有の因果関係(異なる法政策分野における「最善の慣行」

の模倣など)をめぐる研究をバランスよく組み合わせねばならない。これは決して容易な注文ではなく、本書でそれを厳密かつ体系的な方法で検証するに及ばなかったことはたしかである。

しかしながら、本書が示唆したシティズンシップの地位－権利－アイデンティティの繋がりに直線的な因果関係はないとしても、なおもそれは論理補完的なものではある。シティズンシップの三次元における変化は、それらを何がもたらしたにせよ、全体として論理的に一貫した形態《ゲシュタルト》となっている。ここにおいては、ある次元で起きた展開が他の二つの次元における展開を論理的に補完し釣り合わせ、時として固定し強化しさえする。たとえば、社会的シティズンシップの衰退が移民によってもたらされたものではなかったとしても、移民がそれを元に戻す働きをすることはあるまい。別の言い方をすれば、移民によって引き起こされたものではなくとも、社会的シティズンシップの衰退と移民はなおも矛盾せず、その衰退を後押しすることすらあるのである。論理補完性は、各々の次元で変化をもたらした原因とメカニズムについて予断を許さない。因果関係は、単一要因への還元主義をとらない限り机上の理論からは決められず、場に則した説明を必要とするのである。

二　シティズンシップの未来——価値を測る二つの尺度

本書の主張への留保づけを終えたとして、それが投影するシティズンシップの未来図とはどのようなものだろうか。目下のシティズンシップの進化は、ある逆説を提示している。一方では、富と安全の不均衡が巨大かつ増大し、技術と理念によってさらに関係が緊密になる世界において、シティズンシップの客観的価値はいっそう高まっていくに相違ない。他方で、シティズンシップを運よくもつか取得しうる人びとにとっては、シティズンシップの価値はますます低下していく可能性が高い。この逆説は、西洋におけるシティズンシップの「価値」と趨勢について、近年発表された二つの著しく異なる主張に表れている。アイェリット・シャハーの『生得権の宝くじ』(Shachar 2009)と、ピーター・スピロの『シティズンシップを超えて』(Spiro 2008)である。シャハーが指摘するのは、世界人口の九七％が出生によって市民となっていることを考えれば(帰化移民は三％にすぎない)、世界における富と生存機会のほとんどは出生という道徳的には恣意的な事実によって割り振られているという衝撃的な事実である。世界人口の半分近くが「間違った」シティズンシップを生まれもつのだが、その大部分は東南アジアやアフリカのサハラ以南などの貧困地帯におり、一日につき二ドル以下で生き延びなければならない。最貧国に生まれた子どもは五歳になるまでに死亡する確率が五倍も高い。西洋のシティズンシップの価値をこれ以上強調する必要があるだろうか。これと同時に、近代国家の契約的な基礎と近代社会の成果主義イデオロギーに反して、大部分の人びとはシティズンシップを「相続財産という形態」で取得している(Shachar and Hirschl 2007: 254)。だが、有形財の相続が道徳の堕落や機能不全を招くと十分に議論され、いまや二世紀以上にわたりその相続が法により制限されている一方で(最も新しいものとしてはBeckert 2007)、政治的な成員資格はいまだに中世イングランドにおける不動産の「家系相続」ないし「長子相続」の体制とよく似たかたちで継承されている。中世イングランドでは資産譲渡は非課税かつ無期限であり、土地はシティズンシップにそっくりなことに、「ある世代から次の世代へと永遠に」受け継がれていったのである(Shachar and Hirschl 2007: 270)。

シティズンシップに関する研究は、(本書を含めて)シティズンシップの「門番」としての機能ばかりに照準を合わせ、それによって包摂ないし排除される(もっぱら特権的で少数の)移民たちについて多くを論じてきた。他方で、帰化移民を含む残りの大部分の市民がもつ相続的シティズンシップの「資産を保護する」側面は、その視角から抜け落ちていた。実際、この側面は「シティズンシップ論における「ブラックホール」」だったのである(Shachar and Hirschl 2007: 274)。相続的なシティズンシップが「あらゆる領域で生得的地位から離脱していくという近代的傾向の著しい例外」(Shachar 2009: 13)であり、それが広く通用し続けるとすれば、「生得特権の差し押さえ」という名目でそれに課税し人道的事業を行うことが、間違った場所に生まれた者に対して運に恵まれた者が負う最低限のことだと言われたら、いったい誰が否定できようか。かれらは何も悪いことをしておらず、また、もとより少数の移民エリートに加わる機会を滅多にもたないのである。シティズンシップの価値と、人類の半分の恵まれた人びとにとって道徳的に居心地の悪い結論とが、これほど効果的に述べられたことはなかった。

このシャハーの著書と、ピーター・スピロによる『シティズンシップを越えて』(Spiro 2008)とを対比してみたい。後者はスピロ自身が認めたように、本来なら「シティズンシップの終焉」(ibid.: 7)と題されるべきであった。あたかも過去一五年間で現実の世界と学術研究の世界に変化が何もなかったかのように、この本はヤセミン・ソイサル(Soysal 1994)が一九九〇年代初頭のヨーロッパに見出した「ポスト・ナショナルな成員資格」という診断を再述し、それをアメリカの事例に当てはめている。ただし、事態はさらに進行している。グローバル化とともに「空間と国境の重要性が低下」し(Spiro 2008: 4)、同様に空間と領土によって定義される制度である国家の重要性も低下している。多重シティズンシップと強化された外国人の権利からなる世界においては、国家という衰退する制度におけるシティズンシップは以前よりも意味のないものになるほかない。「地位の法的重要性の低下」は、一転して「成員同士をつなぐ紐帯の減退」を促す(ibid.: 6)。アメリカで出生地主義に基づく「過剰包摂的」なシティズンシップがあまり論争の種にならないという事実は、スピロにとっては「シティズンシップそれ自体の重要性の低下」なのである(ibid.: 30)。スピロが示唆するのは、本書の連続的な因果関係の筋書きを擁護するかのような「紐帯の希薄化を促す循環回路」である。つまり、「たまたま市民になった人びとの集団が大きくなればなるほど地位の重要性は低下し、それにより現在の市民は拡張的な入国・帰化基準や名ばかりの成員の追加的受け入れを許容する。そして、今度はこれが地位の重要性の欠如を固定化する」という循環である(ibid.: 31)。本書の言葉でいえば、地位としてのシティズンシップをもつ人の範囲が拡張すればするほど、それは権利とアイデンティティに関して意味が薄れていくというわけである。権利については、シティズンシップは「ほんの僅かな違い」しかもたらさないという(ibid.: 81)。これは希薄なシティズンシップというアメリカの伝統を思い起させる昔ながらの議論だが、そこには新しさもある。というのも、一九九〇年代中葉に移民の福祉受給権に対して激しい攻撃がなされたときですら、市民と移民が「国家による扶助において実際上ほぼ平等」になるよう改めて適正化されたからである(ibid.)。逆に、陪審員を務める義務を除けばシティズンシップに特定の義務はない。というのも、外国人居住者に対しても同様に税金や兵役すら課しうるからである。次にアイデンティティについて言うと、「アメリカのジレンマ」は「包摂がアイデンティティを希薄化している」ことにある(ibid.: 157)。大方の予想通りではあるがより大きな疑問符がつくこととして、スピロは現代の学術研究におけるハイフン付きシティズンシップの筋書きに賛同し、「共同体の中心」が「国家以外の場」に移行しつつあると考えている(ibid.: 137)。国家以外の場とは、たとえば現在の「われわれの存在を規制する」(ibid.: 148)ような閉鎖的な共同体やその他の私的団体である。国家が数ある結合体のひとつへと格下げされるにつれて、「国家と異なる成員資格の重要性は、非国家的な共同体の重要性に比例して増大していく」(ibid.: 151)。スピロによれば、すべての集団の成員資格はシティズンシップの観点から考えることができるという。すなわち、ひとつのシティズンシップの代わりに、私たちひとりひとりのために多数のシティズンシップがあるのであり、そのうちのひとつが他の成員資格を凌駕することもないのである。

両者の正反対な分析を並べてみよう。どうして一方はシティズンシップが「いまだ強靭」(Dauvergne 2007の表現の借用、Shachar 2009: 2)であると捉え、他方はシティズンシップが衰退する「不可逆性」(Spiro 2008: 162)を主張しているのだろうか。その答えは、両者の齟齬がまったくもって視点の問題であり、国家の入国管理政策を要因として考慮するか否かによるということである。シャハーの視線は、主に「生得権の宝くじ」に外れた人びとに向けられており、彼女はその宝くじが人類の大半に貧困、飢餓、早死を強いていると考えている。そしてシティズンシップ法がそのすべての配当を定めているかのように入国管理政策を要因から外しているのである。対して、スピロの視点は合法移民のエリートにある。彼らは、入国という大きな壁を越えると永住資格とシティズンシップのどちらかを選択する。スピロの分析における否定しえない事実は、移民ビザの価値は形式的なシティズンシップの価値よりもはるかに上だということである。あらゆる政治家や国家が愛好するシティズンシップの言辞とは反対に、「本当の賞品はシティズンシップではなく合法的居住である。それは帰化証ではなく永住許可証《グリーン・カード》にほかならない」

(ibid.: 159)。シティズンシップの格上げを目指す現代のキャンペーンは、そうした現実を表面的には変えうるかもしれないが、その内実を変えることはできない。逆にいえば、西洋全体で紛れもなく軽くなったシティズンシップの様相は、入国管理政策という番犬がいて初めて呈しうるものなのだろう。つまり、西洋諸国の入国管理政策がシティズンシップの範疇から人類の大多数を締め出している(当然ながら最も寛大な類のそれですら包摂的ではなく明らかに排他的である)からこそ、シティズンシップの外縁は浸透性を備えるようになり、合法的な外国人居住者と市民との間にある区別は曖昧になったのである。

シティズンシップが「顧客を求めてひれ伏さんばかり」(Spiro 2008: 91)であるというスピロの挑発的な分析がまったくの虚偽でない限り、シティズンシップの格上げを目指す現代のキャンペーンは無意味である。こうしたキャンペーンは、西洋において不可避的に軽くなってゆくシティズンシップに対してなされる、絶望的で究極的には無益な最後の抵抗である。これをはからずも示したのは、アメリカと並んで歴史的に希薄なシティズンシップの典型であるイギリスの事例であった。労働党政権(一九九七—二〇一〇)の戦略は、「流動化が進む社会のなかでアイデンティティと移民をめぐる懸念が広まっていることに対処するために、ナショナルなシティズンシップの認知度を高める」ことであった(Goodhart 2006: 9)。象徴と儀式を定めたことはさておき、この戦略には厳格で法的な要素が含まれており、合法的居住の地位よりも公式のシティズンシップの方に多くの恩恵を結びつけようとした。ここで具体的にグッドハートが提唱したのは、「権利と義務の少ない一時的なイギリス居住者資格」と「公式の完全なシティズンシップ」からなる「公式的な二重構造のシティズンシップ」である(ibid.: 44)。後のゴールドスミス報告（Goldsmith Report 2008）と共鳴するグッドハートの主眼は、シティズンシップおよび永住資格とその他すべての地位との間にある線引きという西洋諸国の法的現実の代わりに、シティズンシップとその他すべての地位とを明瞭に分別することにあった。ゴードン・ブラウン率いる当時のイギリス労働党政権は、「当人がここに永久に住み続けたいと考えていたとしても、人びとにイギリス市民となるよう強要するのは正しく［ない］」と論じ、永住資格の廃止を賢明にも拒否した（Home office 2008b: 10）。しかしながらこの労働党政権は、それでも居住資格とシティズンシップとを改めて区切るという重大な一歩を踏み出すことになった。手始めにあらゆる形態の社会扶助から一時的居住者を排除し、ついでシティズンシップを取得する気がなく単純に永住者になりたい人びとに対して「保護観察中のシティズンシップ」という（相対的に）権利を奪われた地位に留め置く期間を三倍に増やしたのである（ibid.: 14）。

快適な先進地域におけるシティズンシップが今まで以上に有意味だとすれば、とりわけヨーロッパにおいてそれが貴重であることについて誰も疑いを差し挟むことなどないのに、さらにシティズンシップを格上げしようとする神経質な試みがなされているのはなぜなのだろうか。その答えは、シティズンシップをめぐる新たな語りには、ヨーロッパが合法移民に広く門戸を開放したことを取り繕う意図が込められているというものである。合法移民の受け入れは、高度に選別的かつ技能中心的であるにもかかわらず、なおもきわめて一般受けがよくない。この開放の帰結として、シティズンシップの前線において入国管理政策は入国志願者に許否を下す番犬としての役割を以前のようには果たせなくなった。さらにいえば、シティズンシップをめぐる語りの機能は、新規入国者の統合というその発話行為自体に含まれる目的よりも、不安な国民を落ち着かせるという発話行為によって媒介される効果の方に見出すべきであろう。その証左となるのは、イギリス労働党政権が「獲得されるシティズンシップ」と名づけたものに移行する過程であり、そこにおいて労働党は、三ヵ月間にもわたる先例のない公衆との「協議」や「公聴座談会」から抽出した国民の選好におそるおそる歩調を合わせていたのだった(Home Office 2008a, 2008b)。「新しい労働党《ニュー・レイバー》」のシティズンシップ政策を知的に練り上げたデイヴィッド・グッドハートは、次の事実を隠すことなく述べている。すなわち、彼の提言は「ポピュリストは実のところ答えを持ち合わせていないこと、そして、イギリスのシティズンシップは……政治の主流で重視され保護され続けていることを、不安に苛まれる市民に納得させるための防御策」なのであった(Goodhart 2006: 55f.)[4]。ヨーロッパ諸国の中で移民を引き寄せる旗頭になったと自負する国家が、最も強固なシティズンシップ政策を備えた国だったことはなんら偶然でない。イギリスは、直近の移民受け入れ予定期間において、経済的ないし人口的な必要に応じて(「数への統制を加える」という名目で)シティズンシップの間口を開け閉めすらしているのである[5]。逆にいえば、ポスト・ナショナリズムという花は、意図のうえでは移民をゼロにするという土壌でこそ最も華々しく咲き誇ったものであると論じうるかもしれない。そのとき、本当に演じられていたのは緊張関係にある居住資格とシティズンシップが踊るタンゴなのに、その劇の舞台の真ん中には、移民受け入れを拒否するという(事実たりえない)仰々しいレトリックが居座っていたのである。

　デイヴィッド・グッドハートは、現在行われているシティズンシップの格上げや再国民化には根本的な限界があることを、ついでのように認めている。というのも、彼が論じるところによれば、「近代国民国家は、普遍的なリベラリズムにではなく、クラブの成員資格という契約的な考え方に基づいている」からである(Goodhart 2006: 17)。これが本当だとすると、シティズンシップは道具主義によってその価値が低下するため、「進歩的ナショナリズム」という彼が原理化したレトリックは虚偽だということになる。こうした流れに沿うかたちで、近年ある経済学者はシティズンシップがクラブ財理論から分析可能な「自発的なクラブの成員資格」に変化したかどうかを問うた(Straubhaar 2003)。まず国家は、クラブのように財を提供する。その財は、成員だけに消費される場合には「競合関係にならない」が、非成員による消費を「排除しうる」性質をもつ。移民があふれる世界において、多くの人が特定の国家を選択すればするほど、国家はますますクラブのような「道具主義的な結合体」となる。これによく付随して起こるのは強硬な入国管理政策と帰化政策であり、そこでは既存の成員への「便益」は新規の成員を迎える「費用」をつねに上回らなければならない。そうだとしても既存の非差別規範は尊重されねばならないから、入国や帰化をめぐる正当な許可基準は、支払い能力とクラブの規則を受け入れる意志の二つとなる。これは、現代国家の帰化法において移民の経済的自足性と市民的な手続き主義が重視されていることを正確に反映している。

ただし、トマス・ストラウブハー(Straubhaar 2003: 87)は、クラブと国家との間にある一つの「決定的な違い」として「国家は共同体を守るために市民に対して自分の命を危険にさらすよう強制できる」ことを挙げている。これはマイケル・ウォルツァー(Walzer 1983: 41)の観察、すなわちクラブの成員資格はつねに本質的に自発的なものであるのに対し、大部分の人にとって国家成員資格は非自発的なものであるがゆえに、国家はクラブと同じではないとする観察と共鳴する。すでに示唆したように、アイデンティティは人間存在の非選択的な側面において最も強力に費やされるものであり、ナショナリズムの絶頂期に国家は平然とこれを活用したのであった。

しかし、いったい西洋のどの国が共同体の利益に「個人の利益を無条件に従属させる」(Straubhaar 2003: 86)ことを市民に求めているというのだろうか。西洋のどの国よりもナショナリズムが強固なアメリカですら、自国民に戦場で命を危険にさらすよう強制してはいない。もっとも、市民ではない相当数の貧しい移民が、職業と将来の展望とを与えるプロの軍隊に就職し日々命を賭しているのであるが。モーリス・ジャノヴィッツは、約三〇年前に「西洋の政治的民主政の政治過程において義務に対し権利が優位している」(Janowitz 1980: 1)と指摘し、シティズンシップが「権利と義務の均衡」に立脚するという儀式的な観念が空虚なレトリックであることを明らかにした。「シティズンシップの衰退」論の多くが心配性で流行性のものであるのと同じくらい、そこに含まれる疑いなき一片の真理とは、それが指摘する「英雄なき地政学」という新しい文脈であり、それにより「愛国的な市民の役割が……国家にとってはるかに重要性が低い」ものになったということである(Falk 2000: 13)。ほとんどのシティズンシップの権利、特に社会的権利の歴史的な拡張は、国民全員に揺り籠から墓場までの福祉給付を約束したイギリスのベヴァリッジ・プランのように、戦争の後に発生したものである。それは、共同体のために自らの命を危険にさらした市民への補償であった。西洋において市民の一般的義務としての徴兵や戦争参加が消失し、市民兵士が職業兵士へと置き換えられるにつれて、シティズンシップの権利とその強固なアイデンティティとを生み出す歴史的な原動力は復活不能なまでに衰弱している。これは、幸いにもそうなったというべきだろう(6)。

グローバル化する経済が西洋を統合し、痛ましき戦争が非西洋へと移管された現在、シティズンシップに対する道具主義的態度はますます強まるほかない。ロジャース・ブルーベイカーが提示した国民国家の成員資格を定義する古典的な「観念と理想」を再考するとき、一九八〇年代後半頃には「かなり退化」していたそれらは、その二〇年後の現在ではいっそう退化が進んでいるとの結論を得るに違いない(Brubaker 1989a: 3-6)。ブルーベイカーの六つの「観念と理想」[7]のうち、依然として曖昧さを残さず維持されているのは、成員資格は「民主的」であるべきという規範だけである。とりわけヨーロッパ諸国は「非成員の居住者が成員になりうる何らかの手段を与える」方向に飛躍を遂げた(ibid.: 4)。本書では、これをシティズンシップ取得のリベラル化として示したのだった(第2章)。対照的に、少数の例外を除いて、西洋諸国は国家成員資格が「独自」(Brubaker 1989a: 4)であるべきという考えにほとんど見切りをつけている。成員資格の「神聖さ」はこの「独自性」の観念につきものであり、それはかつてナショナリズムの宗教的な起源に共鳴していた。だが、いまだ「必要とあらば[国家の]ために死ぬ」(ibid.)のは市民ではなく職業軍人であり、これもたちまち(そして実際に)「石油のための犠牲」であるとして非難される。成員資格は「社会的に重きをなす」べきとする考え方についていえば、ポスト福祉国家は責任を共同体から個人へ転換する方向に動いてきた。これは市民と移民に同じ影響を及ぼした傾向であるから、もはや希薄化する成員資格の社会的特権が「非成員の地位と明確かつ重要なかたちで区別しうる地位を定義している」(ibid.)とはいえない。最後に、シティズンシップを格上げする現代国家のキャンペーンは、その最前線において国家成員資格が「国民の成員資格に基づく」(ibid.)べきという観念に新たな活力を注ぎこんでいる。すなわち、「言語、慣習、信条の共同体」(ibid.)としての国民である。しかし、第4章でみたように、こうしたキャンペーンで媒介される集合的自我に国民としての特色はなく、それは濃密で文化的というよりも希薄で手続き的なものである。

道具主義は移民およびシティズンシップに関して国家がもつ公式の規則に直接埋め込まれてすらおり、入国と帰化を(高額な)金銭と引き換えに提供している。よく知られているのは、イギリス、アメリカ、最近ではドイツにおける「投資家ビザ」である。それほど知られていないが、オーストリアを含むいくつかの国家は移民ビザどころではなくシティズンシップまでも金銭と引き換えに提供する方向に動いている。興味深いことに、オーストリアはこの分野で通常とっている強硬路線から外れているのである。この国では、誰であれ二五〇万ドルを超えると推定される出資と引き換えに、シティズンシップを「買う」ことができる。事前の居住要件や言語要件、あるいは面接要件すら求められず、取得のための書類作成は「政府の様々な省庁と連絡をとり申請書を準備して提出する」コンサルタント業者が請け負う(オーストリアの場合、三万ドルもの多額の手数料がかかる[8])。オーストリアのパスポートは、その運に恵まれた所有者に対して一二五の国と地域へのビザなし渡航を保証する。もっともこうした策動はたいてい秘密裏に取り行われているという事実からすると、「ただ金銭を渡せばシティズンシップが得られる[9]」ことへの忌避感が伴っており、シティズンシップは道具的になるべきではないという規範が働いていることがわかる。

とはいっても、「国境横断的なシティズンシップ[10]」という標識の下で進行していることには道具主義がその芯まで浸透している。何はさておきこれこそが、オーストラリアからメキシコに至るまで諸国家が二重国籍の容認を通して道具主義に屈した理由である。ほとんどの国家は、一〇年か一五年ほど前までは二重国籍を呪われたもののように捉えていた。レイナー・バウベックは、国境横断的なシティズンシップを「利害関係者《ステーク・ホルダー》」原理によって規律しうると期待している(Bauböck 2008)。この原理によれば、二つ以上の政体における完全な政治的権利の行使は当該社会との「真正な結合」を証明しうる人びとに限られる。これは、「自己統治する政治的共同体における平等な成員資格」というシティズンシップの本質を救済するものであろう(ibid.: 7)。だが政治は、たしかに国境横断的なシティズンシップの唯一にして最大の問題を抱える側面ではあるが、明らかにその主眼ではない。むしろその主眼は、経済的ないし個人的な成功にある。これが送り出し側と受け入れ側の両方の国家が国境横断的なシティズンシップに屈した理由である。アイワ・オング(Ong 1999)は、北アメリカの西海岸にいる東アジア系の資産家ディアスポラに着目し、その新たな現象を「柔軟なシティズンシップ」と名付けた。それは、「投資、労働、家族居住にそれぞれ異なる場を選ぶことで、別々の国民国家レジームの義務から逃れつつ、同時に恩恵の享受を求める移動の自由な経営者、テクノクラート、専門家による戦略や影響」のことである。そこでは、仕事で国境を定期的に横断する「宇宙飛行士」や、「太平洋を横断して通勤する両親の下で外国に生まれ落ちた」「パラシュート・キッズ」のような華やかな人物像が描かれている(ibid.: 19)。柔軟なシティズンシップは、国民国家の成員資格の古典的理想に対する侮辱であるが、まさに国家は人びとが「グローバル経済においてより効果的に競争」できるように、それを「柔軟に富を集積するための道具」として黙認し促進してもいるのである(ibid.: 130)。

三　EUシティズンシップ――現代における一つの答え

シティズンシップに対する道具主義的な態度は、シティズンシップと国民性とが乖離していることを示している。軽いシティズンシップにとって鍵となるこの特徴を示す最たる例は、新しいＥＵシティズンシップであろう。これは、今日の世界における最も革新的でかつ変化の速いシティズンシップのつくりといえる。もしシティズンシップの将来を占いたいのなら、たぶん見るべきはこの事例である。ＥＵシティズンシップは、もっぱら移民という事実、あるいはヨーロッパでは自由移動といわれる現象にそって築かれたものである。それは、ヨーロッパ内を自由に移動する権利を与えることから核心において古代ローマ的であり、逆に古代ギリシャ的な政治、民主政、義務の三点セットには意を介さない。ここでヨーロッパ法学者ジョゼフ・ワイラーが早い段階で「サーチ&サーチ欧州シティズンシップ」[*1](Weiler 1999: 335)と揶揄して下した酷評を蒸し返してみる価値はあるだろう。彼は「欧州シティズンシップを必要(それが雇用のようにどんなに大切な必要であったとしても)や権利に則して概念化するのは、二〇世紀末版のパンとサーカス型政治にほかならない」と述べた。しかし、(ワイラーの精神的な故郷であるイスラエルを除いて)西洋のいったいどこに、権利ばかりで義務がほぼないようなシティズンシップでは不十分とみなし、またシティズンシップが「帰属性と独自性」によって彩られ、「実存的な孤独に対する防護壁」を提供するようなところがあるというのだろうか(ibid.: 338)。これらはすべて、シティズンシップが国民性と結びついていたときにはそうだったかもしれない。しかし、ヨーロッパではもはや国民国家次元であれＥＵ次元であれ、そうではないのだ。もし国民国家が「エロス」であり超国家が「文明」だとするなら(ibid.: 347)、その区別は「能動的市民の責任やそれに付随する政治的愛着」(ibid.: 333)といったかたちでロマンティックに解釈されたナショナルなシティズンシップに依拠しているのであり、それは政治理論家の頭にはあるかもしれないが現実世界には存在しないものなのだ。

たしかに、ワイラーの多元的ヨーロッパの弁護には長い系譜がある(Weiler 1999)。当初からヨーロッパには二つの将来像が競合していた。ひとつはアメリカ合衆国になぞらえてヨーロッパ合衆国のような国家を目指すものであり、もうひとつは欧州経済共同体(EEC)を設立した一九五七年の「ローマ条約」前文に謳われるように「ヨーロッパ諸国民のあいだにますます緊密化する連合」を築くものであった。一九九二年の「欧州連合条約(マーストリヒト条約)」第八条でEUシティズンシップが導入されたことで実際に起きたように、ヨーロッパ統合の試みをシティズンシップのことばで表現することは、EUの国家的統一を図る将来像が勝利する危険をはらむし、逆に「複数のデモイ(民主政を担う集団)」によるヨーロッパがもつ真に超国家的な潜在力を殺いでしまう恐れがあった。二〇世紀ヨーロッパの暗い歴史が頭をよぎるワイラーの表現によれば、真に超国家的なヨーロッパが目指すべきは、「濫用に対抗しさまざまな境界線を取り締まることによってリベラルな国民国家の価値を確固たるものとすること」なのである(ibid.: 341)。しかしながら、ワイラーがヨーロッパ次元に見たいと望んだ「差異性のしるしとしてのシティズンシップ」(ibid.: 329)とか「シティズンシップと国籍の切り離し」(ibid.: 337)といったことは、とうに国民国家の次元で実現していたことである。同様のシティズンシップをEU次元で設けるのは、すでに出発している電車を加速させるだけのことなのだ。要するに、EUの成員資格をシティズンシップと呼ぶのに国家主義的あるいはナショナリスト的な危険があるわけではない。「エロス」としてのシティズンシップは、国家次元ではすでに異種共存のキメラ状態にある。[*2]

しかし本当のところEUシティズンシップとはなんだろうか。もともと一九九二年に導入され、いまはＥＣ条約第一七条一項〔現ＥＵ運営条約第二〇条一項〕となっている条項はこのように規定している。「連合シティズンシップはここに設立される。加盟国の国籍をもつものはみな連合の市民となる。連合シティズンシップは各国のシティズンシップを補足するものであり、それに取って代わるものではない」。この最後の文は、欧州委員会が居住に基づくＥＵシティズンシップを推進し、そこに第三国の国民（すなわちヨーロッパにとっての元来の「移民」）を含めようとしたことから、加盟国が防御的な施策として一九九七年の「アムステルダム条約」において挿入したものである（Ferrera 2005: 142f.）。けれども、この「否」はなんら法的な意味をもたない。というのも、国家シティズンシップに比した時のＥＵシティズンシップの特異性は、それに先立つ文言に石のように刻まれているからである。すなわち、ＥＵシティズンシップはＥＵ自体の国籍法に基礎づけられるものではなく、加盟国のシティズンシップの保持に従属するのだ。これは、連邦的なシティズンシップの歴史ではしばしば見られることである。一八六八年のアメリカ合衆国憲法修正第一四条以前のアメリカのシティズンシップや一九一三年の「帝国籍・国籍法」以前のドイツのシティズンシップは、それぞれ、連邦を構成する州の成員資格に由来していた。さらにいえば、ＥＵシティズンシップの派生的な性質がずっと安定的である可能性は低い。それは、「〔欧州〕共同体法において国籍が果たす重要な連結機能」（O'Leary 1993: 66）や欧州司法裁判所がそうしたことばの定義を自らにゆだねる悪名高いほどの傾向を考慮するならば、とくに当てはまろう。

現代の国家的シティズンシップを鏡として、ＥＵシティズンシップは本質的に権利に関するものとなっている。たしかに、ＥＣ条約第一七条二項〔現ＥＵ運営条約第二〇条二項〕には名ばかりの規定があり、そこでＥＵ市民は「〔この条約で〕課される義務に服する」ということになっているものの、その名に値する義務は条約文のどこにも見当たらない(そこには納税の義務すら記載されていない。いずれにしてもそれは市民だけの義務にはなりえないが)。そのかわり、じつは誰も頓着しない地方やEU次元(留意すべきことに国家次元でなく)の政治的権利(一九条[11](現二二条))より前にきちんと出てくるのであるが、EU市民の第一義的な権利とは伝説的なまでの自由移動の権利であり、それはEC条約第一八条一項(現二一条一項)で「すべての連合市民は、本条約およびその実施のために採択された措置に規定される制限および条件に従い、加盟国の領域内を自由に移動し、またそこに居住する権利を有する」と定められている。

自由移動の権利は、ECがかつて「共通市場」であったころに遡るヨーロッパの四つの古典的自由[12]のひとつであったことから、それを市民の権利に格上げするのを「皮相な広報活動」としてジョゼフ・ワイラーは当初軽くあしらっていた(Weiler 1996)。たしかに、何ら新しい権利が既存のものに付け加わったわけではなかった。懐疑には基盤があったのである。というのも、第一八条一項(現二一条一項)の「制限および条件」規定は一見したところ「市民」を「労働者」ないし他の経済的主体へと巻きもどしたようであり、後者(他の誰でもなく!)の移動はEC条約で規制されつつ、また奨励されてもいたからである。結局のところ「ヨーロッパ」とは、核心において加盟国経済を調整する機能的な体制なのであり、領域国家ではない。そしてそれ自体は市民でなく「生産要素」(ibid.)によって満たされている。だから当初EUシティズンシップを単なる「市場シティズンシップ」(Everson 1995)として非難する声が上がったのである。さらに、「ポスト・ナショナリズムの貧困」に対して傷口に塩を塗るような最近の攻撃は、EU市民の地位は「何ら新しい権利を生みださぬ派生的地位」だというよくある言説を再び持ちだしている(Hansen 2009: 6)。

だが、これはもはや当てはまらない。ヨーロッパのシティズンシップはポスト・ナショナルなものであり、そのもっともよく練られた形態といってよい。この点でそれは遅まきながらソイサルのかつての主張が正しかったことを示している(Soysal 1994: 148)。さえないEUシティズンシップの初期の批判者が知りようのなかったこと、そして現在の批判者が見落としていることとは、欧州司法裁判所の積極的行動主義である。それによって、EUシティズンシップは派生的な地位から転じて自立的な権利の源泉となった。現在も拡張しゆくEUシティズンシップは、「ポスト・ナショナル」という呼び名が一度たりとも正当だったとすればそれに値するといえようが、完全に裁判所の判決がつくりだしたものである。それは、いまヨーロッパ市民がもつ拡張的な権利を保証するやもしれぬアイデンティティに対して、ごくごく希薄な関係しかもちあわせていない。

一九九八年から二〇〇四年までに下された一連の大胆で論争的な判決の中で、[13]欧州司法裁判所は二つの根本的な革新を成し遂げた。この二つは、一九九二年にお飾りのようなEUシティズンシップが始まった時には加盟国が推しはかりえなかったものである。そのひとつは、EUシティズンシップにそもそも内在するものとして自由移動・居住の権利があるということであり、その権利行使に何らかの経済的活動をきっかけとして必要としていたそれまでのEU法とは無関係とされた。二つ目は、形式的な自由移動・居住の権利に次いで、従来までの経済的地位という括りとは別途、実質的な社会権がEU市民に市民として生ずるということである。

この息をのむような権利拡張でときの声となったのは、二〇〇一年九月の画期的なグルゼルチク

(*Grzelczyk*)判決における欧州司法裁判所の言辞、つまり「連合シティズンシップは加盟国国民の基本的地位となる定めにある」[14]であった。これは、名称が誤っているか未来を垣間見たかのどちらかであろう。というのもEU法は、現在の拡張的な形態においてでさえ、加盟国の純粋に国内的な状況には適用されず、越境的な要素が入り込んだときにのみ適用されるからである。しかしながら、この限定は国内の自国市民に対する「逆差別」を含むので、不安定となりがちである。たとえば、いまや軽々と国境を越えるEU市民がヨーロッパ法の下で享受する家族呼びよせ権を、そのEU市民と同じ国にいる市民は国内法のもとでより弱い形で保持するにすぎないという倒錯した状況がある。不安定になりがちといっても、もちろん裁判所が権利保護を弱める方向に舵を切らない限りでのことではある。しかし、裁判所は通常権利を弱める方向に動くことはない。

EUシティズンシップに関する欧州司法裁判所の判決を読むと、「しかしそんなつもりではなかった」という加盟国の苦痛にゆがんだ悲鳴が聞こえるかのようである。それは、最初にEUシティズンシップの地位に依拠して加盟国の社会給付の平等な受給を可能にしたマルティネス・サラ(*Martinez Sala*)判決(一九九八年)[15]から、EU市民が受け入れ国の社会扶助事業を利用することによる自力での居住権の立ち上げを実質的に可能にしたトロジャニ(*Trojani*)判決(二〇〇四年)[16]にいたるまで、そうなのだ。加盟国に同情的なあるヨーロッパ法学者の一人が指摘したように、欧州裁判所は指令や規則といった二次法が維持していた労働者と非労働者との間の区別に襲いかかった(Hailbronner 2005)。なるほど、非経済主体が長期にわたって越境し居住する際の「制限」および「条件」*3は、「十分な資力」と「疾病保険」を保持していることではある。これは、給付ツーリズムを免れ、自由移動をする人が受け入れ国の福祉制度への「非合理な負担」となるのを回避するためである[17]。欧州司法裁判所の判例は、こうした制限を悠長にも無視し、結果としてそれを実質的に破壊したのである。トロジャニ判決（二〇〇四年）では、裁判所はＥＣの二次法では非合法となっている給付ツーリズムと大差ないＥＵ市民の自助戦略を奇妙にも支持した。ここで裁判所は、もちろん「十分な資力」のない非労働者には居住権がないと主張した。しかしながら、なんらかの根拠（この場合はベルギー国内法）があってＥＵの受け入れ国に合法的に滞在しているかぎり、その人はやはり国民と同等の条件で非拠出型社会扶助の受給資格をもつとされた。しかも、社会扶助に頼っても居住許可の取り消しには「自動的には至らない[18]」。加盟国は「比例性」原則の遵守が求められ、「社会扶助に頼ること」と、国外退去の引き金を引くかもしれない「十分な資力の欠如」とを同等視してはならないとされる。換言すれば、社会扶助への対等な受給資格をもつことで、ＥＵ市民は「十分な資力の欠如」規定を切り抜けることが可能となり、結果としてこの規定は受給ツーリズムへの障害としては事実上空虚だということになる。「これは論理的に見える」とあるヨーロッパ法学者はいう（Verschueren 2007: 326）。この様な理屈に不慣れな者はゆがんだ根拠づけと呼びたがるが、そういうものこそ法学者が好むものであり、このようなところからＥＵシティズンシップはつくられているのである。

欧州司法裁判所の積極的行動主義によりＥＵシティズンシップはなんらかの形で「社会的に重きをなす」（Brubaker 1989a: 4）ものとなったが、それはナショナルなシティズンシップが徐々にその性質を示さなくなるに従ってそうなっただけであった。実際、こうしたヨーロッパ化は、社会としてはいまだ空虚なヨーロッパにおいて強力な「超国家的権利」が埋め合わせとして興隆しないなら、「社会的および産業的なシティズンシップがもつ強靱な国民的権利」を台なしにしてしまうに相違ない(Streeck 1997; Scharpf 1999)。なぜなら、ヨーロッパ次元で強い連帯がない以上、国民国家が税を基盤とした社会給付を提供する意欲は冷めてゆくに違いないからである。その社会給付は、他のヨーロッパ諸国を排除することができず、しかもヨーロッパのどこからでも消費可能なものでさえありうるのだ。だからドイツ政府は、高齢者がドイツの高い生活費をやりくりするのを支援するために計画されていた補助的年金事業(いわゆる「フィンク・モデル」)をEU法が「輸出可能な」ものとし、したがって受給資格を得た後にヨーロッパのどこに居住しようと利用可能なものにしようとしたとき、左右を問わず政治的に支持されていたその案を放棄したのである(Conant 2004: 306)。

EUシティズンシップの社会的拡大において主な紛争の種になったのは、「混合」給付という非拠出型の新しいタイプであった。これは、社会保険と社会扶助のあいだの境界にまたがるもので、その目的は「全市民集団にとって最後の頼みの綱となるセーフティネットを設ける」ことであった(Ferrera 2005: 131; van der Mei 2002: 552 f.)。例として、貧しい高齢者、長期失業者、障害者、その他脆弱な人たち向けの最低所得保障が挙げられよう。必要に基づき、税で賄い、それゆえ「国民共同体の成員のみを束ねる「われわれ意識」」(Ferrera 2005: 133)の表現であるそうした施策の立ち上げは、一九六〇年代から七〇年代の福祉国家の黄金時代におけるその発展の主眼であった。国家がそうした施策を自国の市民集団だけのものと意図していたのは疑問の余地がない。一九七一年の第一四〇八規則第四条は、加盟国民の「移民労働者」に対するヨーロッパの社会保障事業をすりあわせたものだが、それは規制の対象から「社会扶助」を除外していた。おそらく、人によっては混合給付という新しい福祉政策は「社会扶助」として分類されるはずだと考えたことだろう。[19] しかしながら、第一四〇八規則は社会扶助と社会保険の明確な定義を提示しなかった。そこで欧州司法裁判所の手でこの隙間が埋められることになり、そして加盟国は戦慄することになる。同裁判所は、一九六〇年代から徐々に姿を現しつつあった混合給付事業を「社会扶助」でなく「社会保険」と定義し、よって第一四〇八規則に含まれるとしたのである。

画期的だったのはフリッリ(*Frilli*)判決(一九七二年)だった。欧州司法裁判所はこの判決において、ベルギー法がベルギー国民に留保していた補充年金給付を「社会保障」として定義し、したがって他のEU加盟国市民も受給可能なものとしたのである。これは次のような形式的根拠に基づいていた。すなわち、補充年金給付は「社会扶助の特徴である個別的な事情の考慮という規定を備えておらず、したがって給付を受ける権利を認める法的地位を受給者に与えている」というわけである。[20] つまるところ、新しい「混合型」給付が慈善でなく権利である限りで、それは「社会保障」と位置づけられ、すべてのEU加盟国市民に適用されねばならないのである。ちなみに、その権利については、認可する側の国には何の裁量の余地もないとされた。次に欧州司法裁判所は、フランスにおける類似の補充年金を国外適用可能と断じた。それは、「事実としてフランスの納税者がイタリアの南部メッツォジョルノにいる貧しい高齢者に補助金を支給する」という奇妙な結果をもたらした(Ferrera 2005: 134)。そうした給付を国外適用可能としたためにその政策は馬鹿げたものとなった。というのも、混合型政策の目的は、特定の受け入れ国の生活費に応じて定められる最低限の生活を保証することにあるのだが、その金額は給付が実施される、相対的に貧しい国・地域の生活費よりも高くなる見込みだったからである。

とすると、社会権に関する欧州司法裁判所の創造性に対してEU加盟国が「回避、却下、先取」(Conant 2004: 317)によって応じたとしても何の不思議もない。興味深いことに、混合型福祉措置の国籍による制限がヨーロッパ法の下で実施不能となるに従い、加盟国に残された唯一の防御策は「居住に対する制御」となった(Ferrera 2005: 135)。これは一九九二年四月三〇日の理事会規則一二四七／九二をもって成し遂げられたわけだが、それはこう規定していた。つまり、一九七二年の社会保障規則付属書で各国向けに明示されている「特別非拠出型給付」は居住地でしか認められず、また厳格な法的居住要件が満たされた場合にのみ与えられるということである(居住を確立する際の複雑さについてはvan der Mei 2002: 564-566を見よ)。

EUシティズンシップに関する欧州司法裁判所の最近の創造性が発揮されたのはまさにこの領域においてであった。結果として加盟国はもはや、「労働者」なるもの(どんなに拡張的に定義されようと)の範囲を限定することによって、自国の福祉体系に対しあらゆる加盟国の請求者が殺到するのを防げなくなった。グルゼルチク事件では、「ミニメックス(Minimex)」*4という最低限生存手段をフランス人学生に与えなかったベルギー政府は、その学生が「労働者」ではなく、したがって「十分な資力」規定に服するという事実に自らが守られており、そしてその規定は、受け入れ国の社会福祉用財源に手を突っ込むことではおよそ迂回しえないと考えていた[21]。ベルギーとデンマークの両政府は、この判決にあたり提出した意見書でかねてからの主張を再提起し、EUシティズンシップはEC条約と二次法に由来する権利以外に「なんら自律的な内容をもたず[22]」、しかも二次法は労働者と非労働者との区別を明確に支持していると論じた。さらにフランス政府は、ミニメックスを外国人学生に認めると「ある加盟国に定着したEU市民とその国の国民との間に完全な平等を確立することとなり、そうすると国籍に付随する権利との調和が困難に陥る」[23]と警告した。けれども、この「完全な平等」こそが、欧州司法裁判所のグルゼルチク判決が達成したことである。それはこう宣言したのだった。「連合シティズンシップは加盟国国民の基本的地位となる定めにあり、同一の状況にある者が国籍とは無関係に同一の法的取り扱いを享受することを可能にする」[24]。

欧州司法裁判所がグルゼルチク判決で高飛車に定めたように、加盟国は「移民を受け入れた加盟国の国民と他の加盟国の国民とのある程度の財政的連帯」を受け入れざるをえなかった。それはとりわけ、この事例のようにあるＥＵ市民の困難が「一時的」[25]でしかなかった場合にそうであった。この驚くべきヨーロッパ的われわれ意識の規定は、移動の自由と「連帯の原則」との間には根本的な「緊張関係」があるという事実をうまく取り繕っている（Giubboni 2007）。ほんもののヨーロッパ的連帯なるものが加盟国政府と市民に欠如していることが明白ななか、受け入れ国とその納税者市民に強要された「財政的連帯」は自立したものでなく、それが依拠するけれど決して補充しはしない国ごとの連帯に寄生しているのである。

もしヨーロッパの論理が、国籍から居住に依拠する共同体およびシティズンシップ意識へと移行するならば、厳密な意味での「移民」（ＥＵの業界用語でいう「第三国国民」）はそれでうまくやっていけると思うかもしれない。実際、活動家の世界やほとんどの学者による標準的な発言とは裏腹に、移民はヨーロッパで確かにうまくやってきている。その理由は、二種類の域内自由移動者を、片方はＥＵパスポートをもち、もう片方は持っていない（それでも合法的永住権をもつ）という風に区別するのが本来的に難しいことにある。両タイプの自由移動者を対等に扱うべきだという悩ましい感覚があるのだ。この見解がどんなにありふれたものだとしても、市民と移民の区別を抹消するがゆえに、それは真に過激である。これは、加盟国レベルでの「ポスト・ナショナルな」展開により醸成された可能性がある一方、なによりもＥＵがもつ脱国家的論理の力を示している。両タイプの移動者の間の平等は、ＥＵシティズンシップが「国籍ではなく居住に基づくものとして」再定義されたとき達成されるだろう（Besson and Utzinger 2007: 581）。これはＥＵシティズンシップの論理に呼応するのだが、他方で現在のところまず政治的に現実的ではない。

しかしながら、この理想には届かないけれども、ヨーロッパに移民を結びつけるうえで意義深い進歩がなされてきた。欧州司法裁判所の判決の結果、ＥＵと移民出身国との間の連合《アソシエーション》協定の効力が及ぶ移民は「明示的なヨーロッパの法的権利」を享受するのであり、その権利は多くの点で加盟国国民の権利に近似しており、ときには倒錯したことにそれを超えさえする（Conant 2004: 315）。ついでに言うと、ＥＵが域外国と結んだ連合協定で守られている非加盟国からの移民の数（二三〇万人のトルコ人、一〇〇万のモロッコ人、六〇万のアルジェリア人、二五万のチュニジア人）はＥＵ加盟国民の自由移動者（四九〇万人）に匹敵している。(26) ＥＵ市民とほぼ対等となった第二の移民集団はＥＵ市民の家族員で、彼らは「準シティズンシップ権利」を享受している（Besson and Utzinger 2007: 580）。そして、一九七一年の社会保障に関する理事会規則が二〇〇三年に第三国国民に拡張されたことを考慮すると、「雇用と福祉の分野では……第三国国民はいまや実質的に国民と同等の権利義務を享受している」と結論しなければならない（Ferrera 2005: 144）。

もちろん、ＥＵ市民とＥＵ域外からの移民とがほぼ対等であることの唯一の例外は自由移動の権利である。それはEU市民には無条件にある一方、第三国国民は五年の合法的居住を経て初めて、またその後にもさらに条件が付けられたうえで手にすることになる。この点で、一九九九年のタンペレ欧州理事会の約束、すなわち第三国国民に「EU市民に匹敵する権利義務」を与えるという約束は、実際は実現していない[27]。居住に基づくEUシティズンシップの大仰な展望が棚上げを余儀なくされたのち、移民を擁護する者の強調点は「移民の法的地位をEU加盟国国民のそれに近づける[28]」方向に向かった。欧州委員会とそれに連なる権利擁護団体の新機軸は移民のための「市民的《シビック》シティズンシップ」の創設となり、それは国籍よりもむしろ居住ゆえにもつとされる。

「市民的シティズンシップ」運動の主要な成果である二〇〇三年の「長期居住者指令[29]」から判断すると、移民の権利は市民の権利に二つの点で劣っている。第一に、国家次元の移民の権利と軌を一にするように、EU次元の移民の権利は高度に断片化かつ階層化している。ここでは学生、亡命希望者、難民、短期労働者は指令の範囲から除外されているのだ[30]。第二に、最も特権的な移民集団である長期の合法的移民労働者の地位ですら「市場シティズンシップ」(Everson 1995)の論理に従ったままである。長期居住者指令の第五条は、長期居住資格が認められる条件として「安定的で定期的な資産」と「疾病保険」を求めている。そのような条件はEU市民が永住の地位を獲得する際には一切課されない。マーク・ベル(Bell 2007: 329)が鋭く観察したように、「EUシティズンシップは市場シティズンシップのモデルから移行し離れる一方で、第三国国民についてはそれを再構築しつつある」。EU市民には無縁な、さらなる障害は、第三国国民を「国内法に合致した統合条件に従[31]」わせるところにあり、その規定はヨーロッパのますます多くの国で実施されている移民への市民統合政策をEU次元で明記するものなのである。

EUで移民と市民の間に公式の不平等が持続しているという事実は驚くに当たらない。国家次元であれヨーロッパ次元であれ、入国管理政策が存在する限りは、そうでないことはあり得ない。驚きであるのは、移民の権利擁護運動がシティズンシップのことばで表現されていることであり、これは活動家集団によってではなく、ヨーロッパの公的中心機関によってなされているのだ。これが示しているのは、EUシティズンシップが「概念として国籍から切り離され、事実としてヨーロッパ各国のどんな形態のナショナリズムからも切断されている」ことである(Besson and Utzinger 2007: 576)。ヨーロッパ・アイデンティティという観点でなにが存在するにせよ、それは希薄で手続き的なものである。その典型はいわゆるコペンハーゲン基準であり、これによれば、市場経済で、民主的で、また法の支配、人権、EU法の総体系(*acquis communautaire*)を尊重する限りは、どんな国家も加盟申請を妨げられないとされる。[32]ある想像力あふれる法律家が予見しているように(Davies 2005: 53)、権利や帰属の焦点を国籍から居住に移しながら、「ヨーロッパは外国人の吸収だけでなく、国外追放の拒絶をも求めている」のである。シティズンシップが居住とともに頽れていく、このような真にポスト・ナショナルな瞬間はいまだ到来しておらず、たぶん決してやっては来ないだろう。しかし、「断続的に自己再生して変化し、出生で選ばれたのでなく参加する人に属する、……歴史というより現存の成員によって定義された……共同体」(ibid.: 56)という展望はある。これは、たしかに「相当アメリカ的に見えるモデル」(ibid.: 55)ではある。だが、これこそがEUシティズンシップがもつ展望なのだ。それはコスモポリタンにとっては祝福すべきことであるが、シティズンシップは我が家であって、軽くあってはならないとする人にとっては呪うべきものとなろう。

EUシティズンシップはかつて誤った名称として馬鹿にされてきたが、より面白いのはそれを実体のある未来と見なすものだ。新しい千年期への転換点につくられたそれは、私たちの時代における一つのシティズンシップである。それは、国民性やナショナリズムの桎梏から完全に解放されているのだが、その桎梏はどんなに亡霊のようになっても昔のシティズンシップを招き寄せる。国家はみずからが手綱を握っていると考えている。というのも、EUシティズンシップの取得はいまなおナショナルなシティズンシップの保持を通じてなされるからである。しかしこれは欺瞞だ。実際には、欧州裁判所が主導してEUシティズンシップの力が強化されたことで、ナショナルなシティズンシップの価値を格上げしようとする現代国家のキャンペーンに大きな影響が出ている。仮にイギリスという国家がシティズンシップの地位により多くの権利を付随させ、並行して合法的永住資格という代替案がもつ魅力を減らそうと試みたとしても、これは完全に不毛であろう。というのもEU法は、各国がシティズンシップをどう格上げしようと、その国のシティズンシップ特権にすべての他の加盟国民と長期滞在する移民を含めるよう命じているからである。事実、シティズンシップを再国民化しようとする現在進行中の試みをヨーロッパという高みから振り返ると、これらの国ごとのキャンペーンはただのまやかし、すなわちそんなものがあるとすると「象徴政治」でしかないと明らかになるのである。シティズンシップの未来は軽いものとなる定めにあり、「ヨーロッパ」[33]の介助によりもっと軽くなるのである。

訳 注

＊1 「サーチ&サーチ」とは広告代理店として地球規模の成功を収めた会社のこと。この文脈では、「広告代理店がで

っちあげたような」というたぐいの悪い意味で使われている。

＊2　生物学で異なる遺伝子が個体内で共存している状態を指す。

＊3　労働や学業のためにに移動するのではなく、ある国の社会給付を受けることを目的として移住すること。

＊4　Minimum des Moyens d'Existence の略。直訳すると「最低限の生存手段」で、ベルギーにおける最低所得保障の制度を指す。

注

第1章

(1) 他にも例えば、ディーター・ゴセヴィンケル(Gosewinkel 2001: 1852)は「シティズンシップは政治的共同体の成員資格を意味する」とし、またリンダ・ボスニャック(Bosniak 2006: 20)は「シティズンシップの領域……は概して本質的に政治的なのだ」と述べている。

(2) 言うまでもなく、規範的／事実的という区別を横断する他の可能性もある。例えば、対内的配分としての政治と対外的境界設定としての政治を区分するPoggi(1978: ch. 1)を参照せよ。

(3) ただし、シュミットを現代のホッブズとして特徴づけるのは誤りであろう。シュミットはその「猛烈な反個人主義」や暴力の「好戦主義的な」称賛といった点で、ホッブズとは異なる(ホッブズは、暴力を不可避の人間の悪習と考え、それを受け入れたのである)(Holmes 1993: 42)。

(4) しかし、「至上の」結合体が何を指すのかについては、歴史的経緯や論者の来歴次第で多様であることに留意する必要がある。マルクス主義的な階級闘争の視点からすると、至上の結合体は万国の労働者階級となり、また現代のイスラーム主義の視点からすると、信者による世界的共同体、すなわち「ウンマ」などとされるだろう。

(5) 「主権者とは、例外状態について決断を下す者である」(Schmitt 1985 [1922]: 5)というカール・シュミットによる有名な定義を見よ。

(6) これは、同じ「国家が―安全を―提供する」という連関を、チャールズ・ティリー(Tilly 1985)がきわめて非シュミット的に解釈して述べたことである。

(7) サミュエル・ファイナー(Finer 1997: 367)は、古代アテネ人は紀元前約四八〇―三八〇年の栄光のさなかにあって、「三年のうち二年は戦時下だった」という事実を指摘している。またファイナーは、「実に非市民的な三つの悪習といえる金銭欲、競争心、貪欲さが充満していた」(ibid.: 326)として、アーレントが見出すよりはるかに不快な古代ギリシャ文化の構図を描いている。

(8) マーガレット・ソマーズが「非契約的な権利義務から、見返りを求める(*quid pro quo*)原理や実践へ」の移行として叙述する「シティズンシップの契約化」という見解も参照されたい(Somers 2009: 2)。

(9) この伝統的な考えに関する最も優れた現代の研究として Koopmans et al. (2005)が挙げられる。

(10) この点に特に関係があるのは、フリードリッヒ・マイネッケ(二〇世紀初頭のドイツ人歴史家)による、ドイツの「文化国民(Kulturnation)」とフランスの「国家国民(Staatsnation)」の間の区別である。

(11) 市民的なるものと民族的なるものを対立項とすることへのその他の反論は、Joppke (2005: ch. 1)と Shachar (2009: ch. 4)を参照されたい。

(12) 一九九七年の時点までしか実施されなかったとしても、このように問うことはできるだろう。同年に新しく選出された社会党の首相は、以前の状態に(微修正を加えて)再び戻した。

(13) この点で良く似た研究として Jacobson (1996)がある。

(14) アメリカ連邦最高裁判所のブラックマン判事は、積極的差別是正措置(アファーマティブ・アクション)という最強の反差別政策の論理を、かの有名なバッキ判決における意見書のなかで次のように性格づけた。「人種を乗り越えるには私たちはまず人種を考慮しなければならない」(438 US 265 [1978])。

(15) 「多文化主義的シティズンシップ」に関するより詳細な批判は、Joppke (2001a)を参照のこと。

(16) 例えば Bauböck (2006a)や Shachar (2009)がある。Broemraad (2000)、Bosniak (2006: 20)、Broemraad, Korteweg, and Yurdakul (2008)は、「政治関与」や「政治参加」を四つ目の次元として加えている。このように別個の次元として立てない場合は、「アイデンティティ」に組み込むことになる。これらの(ここで提示するものも含めた)類型論はすべて帰納的でその場限りなものだから、それが有効なのかどうかはその成果から判断されなければならない。ここでシティズンシップの第四の次元という「政治参加」を省いた理由は、本書第5章の最初の数頁を見よ。

(17)　これは重要な留保である。例えば、一般的なフランス人がフランス人性をカトリシズムと同一化しないなどと主張しているわけではない。国家だけは、リベラルな中立性や非差別規範によって制約される以上、そのような同一化をしてはならないのである。

第2章

(1)　一九九〇年代後半の統計によれば、生得権以外の方法、すなわち帰化を通じてシティズンシップを取得した世界人口はわずか二%である(Shachar 2003: 359)。
(2)　結婚における自発性の賛美は、ロマンチック・ラブの自発性を基盤としているが、これは西洋に特有のことである(Luhmann 1982b)。
(3)　この有名な言葉は、一六五五年四月一三日に当時一六歳のルイ一四世が、対スペインの軍事計画への出費を渋る反抗的なパリ議会に言い渡したこととされている。
(4)　一七九〇年からは「自由な白人」しか帰化が許されなかった。この人種的制限は、黒人に対して一八七〇年に、アジア系に対して一九五二年にそれぞれ撤廃された。
(5)　修正第一四条のシティズンシップ条項は、次のように出生地主義シティズンシップを正式に記している。「アメリカ合衆国で生まれた者、あるいは帰化した者、およびその法的管轄に属することになった者すべては、アメリカ合衆国の市民であり、その居住する州の市民である」。
(6)　連邦最高裁判所は、一八五七年のドレッド・スコット判決において自由黒人はアメリカ市民ではないと裁定した。
(7)　さらにアメリカ人政治家は、血統主義中心のシティズンシップ法の下で「外国人出稼ぎ労働者(ゲストワーカー)」の子孫が受け入れ国のシティズンシップから長きにわたり除外されているヨーロッパの歴史を否定的に指摘していた(Joppke 2000: 150)。
(8)　引用は米国シティズンシップ・移民局サービス(USCIS)のシティズンシップ部局課長のアルフォンソ・アギラー

ルの発言(Lauren Monsen, “Revised US Naturalization Test to Focus on Civic Values, History”(US Department of State), 7 December 2005, www. america. gov より引用、最終閲覧二〇〇八年七月二五日)。

(9) ただし、一九九五年頃からはアメリカで帰化傾向が非常に高くなったことに注意されたい。二〇〇五年になると、外国生まれの合法居住者人口の五二%が帰化者であった。同時期にメキシコ出自の帰化市民数は一四四%上昇した。パッセル(Passell 2007: 22)は、この上昇を説明しうるいくつかの要因を挙げている。例えば、近年のメキシコによる二重シティズンシップの容認、帰化する「傾向が最も高い」中東出自の移民の増加、好景気の持続による帰国意識の減退、そして特に重要なのは、連邦福祉給付の受給資格がシティズンシップと関連づけられたことである(この福祉改革法が実施された一九九六年に、新規の帰化件数が史上最高の一〇〇万件に及んだことに注目されたい。そして、いくつかの福祉給付の制限が徐々に取り下げられた後には、その件数は年間六〇–七〇万件ほどに下がった)。

(10) 主な違いは、カナダでは三年間の合法的居住の後に帰化が可能となるのに対し、アメリカは最低五年を要することである。

(11) Janoski (2006: 2)を参照のこと。もっとも、ヤノスキは「帰化率」を算出する際に、出生地主義による国籍取得者、すなわち「国内で外国人の両親のもとに生まれた」(ibid.: 15)人びとを含めている。これはあまり一般的な方式ではない。しかしながら、北アメリカのシティズンシップ体制のほうがヨーロッパのそれに比べて包摂的であることを強調する場合には、このデータはなおも有用である。

(12) ノッテボーム判決からその鍵となる箇所を引用しておきたい。「国籍とは、互酬的な権利および義務とともに、結合という社会的事実、すなわち、生存、利益、感情の上の真正な結合をその基礎とする法的きずなである」(*Lichtenstein v. Guatemala*, International Court of Justice, 6 April 1955; 1955 ICJ 4)。

(13) スウェーデンは、公式には「裁量として」帰化を扱っているものの、実質的にはその包摂性と敷居の低さから「権利として」帰化を認めていると言えるため、ブルーベイカーの分析(Brubaker 1989b: 110)において特別な位置を占めている。

(14) 二〇〇三年の「長期に居住する第三国国民の地位に関するEU指令(長期居住者指令)」では、加盟国内で五年間の合法的居住を経た者には、ヨーロッパ内を自由移動する権利（したがって事実上のＥＵシティズンシップ）を認めている。もちろん、これが加盟国内で既定事実となるにはほど遠いとはいえ、ヨーロッパでは五年間の合法的居住期間を帰化の前提条件とすることを「最良の実践」として捉える傾向が高まっている。これは、「カーネギー財団・シティズンシップ比較プロジェクト」による勧告とも一致している（Aleinikoff and Klusmeyer 2002: 21）。

（15）二〇〇八年六月にコンセイユ・デタは、帰化手続きの面接中にブルカの着用を固持したムスリム女性に対して、シティズンシップを付与しないことを容認した。この判決に関する簡潔な議論は本書の第4章を、詳細な議論はOrgad (2010)を参照されたい。

（16）例えばオーストラリアは、二〇〇二年までは帰化移民に対して出身国の国籍の保持を容認していたが、海外で帰化した自国民のオーストラリア国籍を剥奪していた。

（17）区分けと機能の違いについては、Luhmann (1982a)を見よ。

（18）懐疑的な論者でさえ（顕著なものとしてMartin 2005; Hansen and Weil 2002）、二重シティズンシップの便益（例えば貿易、投資、知識の移転など）は、その費用を遥かに上回るとみている。

（19）ドイツでは、二〇〇〇年には四四・六％の帰化移民が出身国のシティズンシップを保持していた（Howard 2009: ch. 6）。オランダでは、より広範な例外措置により二重国籍が事実上認められている件数は八〇％に及んでいる（Faist et al. 2007: 927）。

（20）Hansen and Weil (2001)を特に参照のこと。また、制限的な可能性に着目したものであるがHoward (2006)も見よ。

（21）一九八四年には、保守とリベラル（ＣＤＵとＦＤＰ）の連立政権は「どの国家も、人口の相当数にあたる部分が世代をまたいで政治的共同体の外に取り残されている事態をいつまでも認めているわけにいかない」ことを理解していた（Hailbronner and Renner 2001: 140より引用）。しかし保守主導の政権は、条件付きの出生地主義シティズンシップを先取りするような暫定的な「子供の国家帰属」という考えを瀬踏みする一方で、それを実行に移そうとはしなかった。なお、条件付きのシティズンシップは、一九九八年にＳＰＤと緑の党の連立政権により最終的に導入された。

(22) これについては本書第4章で踏み込んで議論する。

(23) ドイツの二〇〇四年七月の新しい移民法には、厳格な移民統合政策の負の影響がシティズンシップ法に表れていた。新しい移民法では、子どもが出生地主義シティズンシップを取得するためには、その両親のどちらかが「定住許可」を得ていることが条件とされた。転じて両親が定住許可を取得するためには、高度なドイツ語能力と市民統合講座の受講が要件となったのである(Hailbronner 2006: 225f.)。

(24) オーストリアとデンマークに関しては、Bauböck et al. (2006: vol. 2)の該当する章を参照のこと。簡潔な概要としては、Joppke (2008a: 140-143)も参照されたい。

(25) 二〇〇五年に、イギリス政府は、「永住権を付与する前に、英語能力とイギリスに関する知識のテストの合格を義務づけること」が、他の手段よりも「定住許可の基準をシティズンシップ付与の基準に近づける」見込みがあるとの見解を示していた(Home Office 2005a: 22, 強調は筆者による)。なお、二〇〇七年四月からこのテストは法的に実施されている。

(26) Edward Rothstein, "Refining the Tests that Confer Citizenship," *New York Times*, 23 January 2006.

(27) フィルキン卿の発言である(Crick Commission 2003: 20 より引用)。

(28) 少なくとも二〇〇八年二月の政府試案においては、政府は「この件に関して協議中」であった(Home Office 2008a: 30)。能動的シティズンシップを要件とすることは最終的には否決された(Home Office 2008b: 18)。だが、このような非リベラルな措置が否決されたことよりも、むしろそれが考慮されたということに驚愕させられる。

(29) 当事者が無国籍状態とならないことを条件とするそのような条項は、二〇〇二年の「国籍、移民および庇護に関する法」に盛り込まれた(Dummett 2006: 575)。二〇〇一年九月一一日の後では、これに類似する対テロ政策が他の多くのヨーロッパ諸国の国籍法にもみられる。

(30) これは偶然ではなく、カナダ人哲学者ウィル・キムリッカがシティズンシップ政策の再編についてイギリス政府に提言したためである。

(31) ドゥ・フルート(De Groot 2003: 244)は、一〇年以上国外に居住する者のシティズンシップの自動的な喪失というオランダの規定が、一九九七年の「欧州国籍条約」に適合するか「疑わしい」とすら指摘している。

(32) Mario de Queiroz, "Nationality Extended to Second and Third-Generation Immigrants," *Inter Press Service News Agency*, 16 February 2006, http://ipsnews.net/news.asp?idnews=32189.

(33) Gretchen Lang, "When Roots Translate into a 2d Passport," *International Herald Tribune*, 30 September 2006, p. 19.

(34) スペインの憲法第四二条は以下のように謳っている。「国家は在外スペイン人労働者の社会的・経済的権利を保護し、その帰国を容易にする政策を制定しなければならない」(Rubio-Marin 2006: 488 より引用)。

(35) 本章の「新たな制限」に関する一節の元となった拙論(Joppke 2008a)に対するサミー・スムーハによる批判(Smooha 2008)を参照されたい。スムーハは筆者の分析の特徴に関して多くの点で反論しているが、ヨーロッパにおける国籍法がイスラエルと比較して「リベラルな伝統」を保持していることは肯定している(ibid.: 11)。

(36) 二〇〇六年八月初旬、イタリアのロマーノ・プロディ内閣は、ジュリアーノ・アマートの下で内務省が練り上げたシティズンシップ法案を可決した。その法案は、帰化に必要な居住期間を一〇年から五年に削減し、移民の子どもに対して条件付きの出生地主義シティズンシップを付与するはずのものであった。しかしながら、他の多くと同様に、この立派な計画もイタリア政治という複雑怪奇な空間のなかで消失してしまった。

(37) 当然だが、この圧力は左派政権もまた受けている。(すでに述べたように)ドイツは一九九八年に二重シティズンシップ法案の可決に失敗した。イタリアの左派政権が二〇〇〇年と二〇〇六年に移民に友好的なシティズンシップ改革案を可決できなかったことは、いずれも右派ポピュリスト政党(北部同盟)の強い影響力と、それに付随する移民問題の高度な政治化に起因したものであろう。

(38) 二〇〇五年一一月にイギリスの新しいシティズンシップ・テストが設置されてから一年後では、受験者の三分の一が不合格であった(*Sunday Telegraph*, 15 October 2006, p. 10)。

（1）「社会の一般的信頼」の定義は、「他者は避けられるならば意図的または訳もなく自分に危害を与えないし、可能であれば自分の利益を気にかけてくれるという信念」である（Delhey and Newton 2005: 311）。

（2）デルヒーとニュートンは、この知見は、「一般化」された信頼（匿名的）と「個別化」された信頼（個人的）という、よく用いられる区別に疑義を呈するものだと付言している。なぜなら前者は、「すべての他者へと一般的に拡張することは……困難であり」、同じ民族性をもつ人びとに限られるからである（Delhey and Newton 2005: 324）。

（3）ただし、ナタリア・レッキ（Letki 2008）のイギリスに関する重要な研究を参照されたい。レッキは、低水準の信頼を予測する上では、多様性よりも貧困の方が優れた指標であるとしている。

（4）ファン・パレイス（van Parijs 2003）は、なぜ地方の多様性が経済的な連帯に害を与えるのかについて説得的かつ簡潔な説明を行いつつ、身内びいきという疑わしい法則を退けている。彼は、言語・宗教・地理的差異や距離に起因する歪んだコミュニケーションにより、「相互認識や「われわれという感覚」は自然に現れづらい。したがって互酬的な信頼、すなわち他者があまりただ乗りをせず、もし立場が逆転したら相手も同様のことをするだろうという信頼も自然には現れにくい」とする（ibid.: 377）。

（5）多文化主義政策は多様性を認め促進しようとするため、それらの政策は多様性が増幅し反復する形態として捉えうる。もし多文化主義政策が福祉国家の支持について負の影響をもたないのであれば、多様性それ自体もまたそのような影響をもたないと結論づけられるかもしれない。

（6）ただし、アレシーナとグレイザー（Alesina and Glaeser 2004: 10）は、こうした議論のもつあらゆる基本的含意からただちに距離をとっている。その代わりに、自民族中心的態度は「先天的ではなく」、人種という切り札を出す右翼政治家によってかきたてられていると主張する。このような構成主義者の典型的な手法は、なぜアメリカでは人種という切り札がすぐ用意できるのに、ヨーロッパでは（少なくとも当初は）用意できなかったのかという問題をはぐらかしている。アレシーナとグレイザーの暗黙の陰謀論をめぐる優れた批判は、Saunders（2005）を参照。

(7) ヨーロッパの人びとの約六〇％が貧困者は貧困に「追い込まれた」と認識しているのに対し、アメリカ人の約六〇％が貧困は「怠惰」が原因であると考えている(Alesina and Glaeser 2004: 184)。

(8) US Supreme Court, *Graham v. Richardson*, 403 US 365, 14 June 1971; at 371.

(9) 入国区分に基づく外国人の階層化に関する興味深い議論は、Vertovec (2007: 1036-1040)を参照。ここでは、そうした階層化は現代の「超多様性」の一部と考えられている。

(10) Davy (2001)を参照。本書はこれ以降、主にこの第一級の研究に依拠する。二〇〇三年一一月の「長期に居住する第三国国民の地位に関するEU指令」(Council Directive 2003/109/EC)は、一時滞在者から永住者の地位への移行期間を最長で五年として設定した。しかしこの指令は諸刃の剣であった。これは、ドイツに対して制度のリベラル化を迫った一方で、イギリスに対しては移行の最低期間を四年から五年に引き上げることを許容し、実際、イギリスは即座にそれを行ったのである。

(11) ドイツは、「一度で終わる手続き」という欧州委員会による勧告を取り入れた二〇〇四年の新しい移民法まで、居住許可と労働許可を別々に発行していた。労働許可はさらに、限定的な「労働許可」(特定の雇用主、地域、職種、期間が固定される)と「労働権」(制限なし)とに分かれていた。

(12) これは、自国の市民、EU市民、合法永住者を含む「国内居住者の優先」を意味する。

(13) グラハム判決において州次元での福祉制限を廃止する根拠とされた「平等な保護」と、連邦法規の「専占」原則との緊張関係に関しては、Joppke (2001c: 42)を参照。

(14) 本書の第5章を参照。

(15) ゴールドスミス卿(Goldsmith 2008: 12)は、グアンタナモ湾にあるアメリカの留置施設からイギリスの永住者を解放しようとするイギリス政府の見せかけの試みに言及していた。

(16) この観念は、二〇〇六年の「軍事委員会法」によって成文化された。この法律は、テロリスト容疑のある外国人を特別軍事裁判にかけることを定めたものである。

(17) ジュリア・エッカートは、敵への法と「管理の文化」との興味深い対応関係を示している。「管理の文化」とは、社会学者のデヴィッド・ガーランド（Garland 2001）が犯罪を脱社会化する刑法に関して分析したものであり、更正や矯正の代わりに「懲罰、行為能力の剝奪、リスクの処理」(Eckert 2008: 21より引用)を選択する文化を意味する。

(18) 軍事命令（MA）は、外国人に対して唐突に制約を設けたという理由で二〇〇六年六月に最高裁によって取り消された。だが、二〇〇六年の「軍事委員会法」が軍事命令における市民と外国人の区別を擁護したことで、連邦議会の手により復活した(Katyal 2007: 1366f.)。

(19) これとは対照的に、ブッシュ大統領は、愛国者法の反テロリズム条項を外国人から市民へと拡張する改正愛国者法を連邦議会で可決できなかった(Paye 2005)。

(20) 貴族院におけるホフマン卿の発言(*A and others v. Secretary of State for the Home Department; X and another v. Secretary of State for the Home Department* (2004), UKHL 56, (2005) 2 AC 68, (2005) 3 ALL ER 164, 16 December 2004)。

(21) Ibid., at par. 33.

(22) Ibid., at par. 48.

(23) Frances Glibb and Richard Ford, "Terror Laws in Tatters," *The Times*, 17 December 2004, p. 1.

(24) アメリカでは逆の結果になったことを言及しておかねばならない。二〇〇八年六月一二日のブーメディアン対ブッシュ判決(*Boumediene v. Bush*)において、最高裁はグアンタナモで拘留中のテロ容疑者の外国人に対して人身保護権を復活させた。そして、「外国人の違法敵性戦闘員」の人身保護請求権を剝奪する根拠となってきた二〇〇六年の「軍事委員会法」を違憲であるとしたのである。

(25) ウォーターズ(Waters 1990: 157)は代わりにそれらを「民族集団」と呼ぶ。彼女による人種集団と民族集団の区別では、前者が他者により否定的に規定された集団、後者が自己により肯定的に規定された集団とされる。この区別はマックス・ヴェーバーの『経済と社会』における「民族関係」をめぐる有名な議論に忠実である(Weber 1976 [1921]: 234-244、とくに234)。

(26)　一九六六年の「市民的及び政治的権利に関する国際規約」の第二七条。

(27)　一九九二年の「民族的又は種族的、宗教的及び言語的少数者に属する者の権利に関する宣言(少数者の権利宣言)」の第一条は、「国家は、それぞれの領域内における少数者の存在と、少数者のもつ民族的あるいは種族的、文化的、宗教的、言語的なアイデンティティを保護し、そのアイデンティティを促進する条件を奨励しなければならない」と規定している。

(28)　反植民地主義ではなくフェミニズムに触発された、影響力のある急進的なもう一つの変種として、Young (1990)を参照。

(29)　多数派集団の成員にはなく移民の少数者のみに付与される、文化に対応した数少ない権利の一つは、刑法におけるいわゆる文化的弁護である。これは、出自の文化に起因するとみなされる犯罪を行った者の有責性を軽減するものである(Dundes Renteln 2005)。

(30)　「表出的」な人種主義と「参加機会」の人種主義という有用な区別は、Bleich (2003: 9-12)から借用した。

(31)　引用は一九六四年の公民権法における「違法な雇用慣行」を対象とした第七編第一条から抜粋。

(32)　機会の平等と結果の平等の区別に関しては、Bell (1973: 408-455)がいまなお最も優れている。

(33)　Skrentny (1996: 111-145)も参照。ここでも同様に積極的差別是正措置の台頭が「行政上の実利主義」として位置づけられている。

(34)　U. S. Supreme Court, *Griggs v. Duke Power Co.* (1971), 401 US 424, 91 S. Ct. 849; at 431.

(35)　Ibid., at 430.

(36)　「間接的差別」という言葉は、グリッグス判決では用いられていない。

(37)　U. S. Supreme Court, *Regents of the University of California v. Bakke* (1978), 438 US 265, 98 S. Ct. 2733.

(38)　Ibid., at 295.

(39)　Ibid., at 292.

(40) Ibid., at 311 and 313.
(41) Ibid., at 297.
(42) Waters and Vang (2007: 433)を参照。ここでは、積極的差別是正措置により少数者が「特に中等後教育における目覚しい進歩」を遂げてきたという証拠が挙げられている。
(43) 特にフランスは、初期から「表出的」な人種差別に対抗するために刑法規定を用いていた(Bleich 2003: chs 5 and 6)。フランスがその法的伝統からして異質な措置を強力に支持した理由に関しては Guiraudon (2004)が説得力ある議論を行っている。
(44) Council Directive 2000/43/EC of 29 June 2000, *implementing the principle of equal treatment between persons irrespective of racial or ethnic origin* (*Official Journal of the European Communities*, 19 July 2000, pp. 22-26).
(45) Ibid., p. 25.
(46) Ibid., Article 2.2(b).
(47) Ibid., Article 5.
(48) Ibid., "whereas" no. 17, p. 23.
(49) Cécilia Gabizon, "La France dit non au fichage ethnique," *Le Figaro*, 9 December 2009, p. 2.
(50) サルコジの発言(ibid. より引用)。
(51) Joppke (2001a, 2004, 2007a, 2007b)において、筆者はこれらの展開を議論してきた。

第4章

(1) 本章は、リアフ・オルガドによる綿密な読み込みと有益な示唆から恩恵を受けている。
(2) 「合理的」とは、人びとが抱く「信条」の修飾語とされるときも、人びと自身の修飾語とされるときもある(例えば、Rawls 1997: 805)。

（3）「憲法愛国主義」という概念の進展に関する優れた説明として、Müller（2006）を参照。

（4）ただしアビザデー（Abizadeh 2004）が示したように、この代償は市民的ナショナリストが民族的な論法に陥ることである。こうして規範政治的な理由から、市民的ナショナリストにとって重要な民族と文化の区別が曖昧になるのである。

（5）ヘブライ大学でのワークショップにおけるベルンハルト・ギーセンの発言（Holberg Workshop in Honor of Shmuel Eisenstadt, 10-11 June 2007, Hebrew University, Jerusalem）。

（6）アコス・コパー（Kopper 2008）が見事な研究で示したように、これは単なる偶然ではない。「二つの主権」、すなわち国家の主権と自律的個人の主権は、つねに近代的な政治生活の二本の支柱であった。両者は相互に緊張関係にある。ウェストファリア時代には国家が個人を凌駕した。おそらく、多少希望を込めた言い方をすれば、「世界市民の主権」という新たな時代では、個人が国家を凌駕するであろう。

（7）このことは枢軸的文明に属さない国、すなわち日本の否定的な事例によって裏づけられる。移民に対する日本特有の嫌悪は、普遍主義なきナショナリズムによって説明されうるだろう。それは、「改宗で日本人になれないこと」を含意する（Eisenstadt 1999: 157）。

（8）ジンメル（Simmel 1971）は「アイデンティティ」という言葉を使っておらず、その代わりに「個性」について語っている。私見では、これら二つの用語は互換可能である。

（9）Taylor（1989: 14）も参照のこと。テイラーは、労働と日常生活の肯定的な再評価と自律とに近代的なアイデンティティを関連づけている（これはキリスト教を起源とする）。

（10）ジョージ・ハーバート・ミード（Mead 1934）による古典的な論考を参照すれば十分である。これが示すところによれば、自我の感覚は「一般化された他者」の立場を引き受けることを要件とする。

（11）ジョン・エルスター（Elster 1983: ch. 2）にならえば、アイデンティティは睡眠、幸福、あるいは愛と同様に、「本質からして副産物のような状態」の部類に属するといいうるかもしれない。これらは意図しえない状態なのである。こうした哲学的な流れを本書で掘り下げることはできない。

(12) 後期の研究においてロールズ(Rawls 1999: 23)は、J・S・ミルを引きつつ「リベラルな人びと」は「共感」によって統一されるとまで論じ、さらにこの「共感」はとりわけ「人種と血統」から生じうるとした(引用はミルの言葉、ibid.: n. 17より引用)。

(13) US Citizenship and Immigration Service, *Fact Sheet: USCIS Naturalization Test Design* (22 January 2007), available at www. uscis. gov.

(14) "New Citizens Will Need Deeper Knowledge," *New York Times*, 1 December 2006, p. 26.

(15) 新しい設問リストにはまだ国旗に関する問いが二問ある。しかし、それらは末尾の「象徴」の項目において、星と線が何を象徴するかを問うだけである。

(16) Greg Sheridan, "A Test of Our Good Faith," *The Australian*, 28 September 2006, p. 12.

(17) Stone (2006)も参照のこと。ここでは、オーストラリアのシティズンシップの「口に出せない問題」としてムスリムを論争的に批判している。

(18) Janet Albrechtsen, "Open Market on Democratic Ideals," *The Australian*, 3 May 2006, p. 12.

(19) ドイツの連邦制では、地方の州政府が帰化の許否権限を有する。

(20) ヘッセン州の提案したシティズンシップ・テストにおいて、ムスリムを標的として道徳観を詮索しているとしか考えられない質問は次のとおり。「近親者の男性が付き添わない限り、女性は公の場所で自由に移動ないし旅行すべきではない。これについて、あなたはどう考えますか」("Proposed Hesse Citizenship Test," *Spiegel Online*, 9 May 2006)。

(21) 連邦政府案は、認知についてもヘッセン州案ほど難易度は高くない。具体的には、申請者が(公布された三〇〇問のリストから出題される)三三問の選択問題のうち一七問を正解できれば合格となる。

(22) *Verordnung zu Einbürgerungstest und Einbürgerungskurs* (5 August 2008, BGBl. 1S. 1649), Anlage 2.

(23) Ibid., p. 171.

(24) Ibid.

(25) "Germany to Introduce Controversial New Citizenship Test," *Spiegel Online*, 11 June 2008.

(26) BBC News, "Can You Pass a Citizenship Test?," http://news.bbc.co.uk/1/hi/magazine/4099770.stm（最終閲覧二〇〇九年二月一二日）。

(27) しかしながらこれは、二〇〇九年八月の「市民協議」で提案された「シティズンシップのためのポイント・テスト」(Home Office 2009)が法として制定されれば変化しうる。この構想は、二段階のシティズンシップ・テストからなる。第一段階は、従来のように日常生活における実用性に重点をおく「保護観察中のシティズンシップ」である。第二段階のテストは、シティズンシップの固有の性質を問う点においてより難度が高く、そこには「歴史」と「イギリスの政治的・立憲的な体系」(ibid.: 22)といった要素が含まれる。

(28) もちろん、「誓約的」なアイデンティティとは宗教的アイデンティティであるという論者もいよう（アメリカの場合はたしかにそうである。Bellah (1970: ch. 9)における市民宗教の観念を参照）。だとすると、「宗教」は誓約の「代わり」にはまずなりえない。しかし、（秘密とは対極的な）公然とした宗教的アイデンティティがもつ別の意味は、本章の残りの部分で明らかにされよう。

(29) この詳細な経緯はLiedhegener (2008)を参照。

(30) Conseil d'Etat, 27 June 2008, Mme Faiza M., req. no 286798.

(31) Ibid.

(32) Loi no. 2003-1119 of 26 November 2003. 現在のフランス民法典の第二一条四項である。

(33) Conseil d'Etat, 27 June 2008, Mme Faiza M., req. no 286798.

(34) "A Burqa Barrier," *The Economist*, 19 July 2008, p. 51.

(35) 二〇〇〇年一二月一九日の「エホヴァの証人」に関するドイツ連邦憲法裁判所の判決文より引用(BVerfGE 102, 370)。

(36) Ibid.

(37) シティズンシップ・テストの文脈における知識と価値の峻別に関しては、Hampshire (2008b)を参照。

(38) バーデン＝ヴュルテンベルク州内務大臣の発言(Az.: 5-1012.4/12, September 2005: 複製ファイルを筆者が所有)。

(39) したがって、バーデン＝ヴュルテンベルク州の不審な面接方法は「速やかに廃止されるはずである」(Joppke 2008b: 542)と以前に私が述べたことを修正しなければならない。明らかに撤回されたのは、同性愛に関する質問だけであった。内務省の報道官による言明によれば、州政府は「申請者が本当に基本法に従っているかをめぐる疑念を払拭する」意図を持ち続けているという(Sabine am Orde, "Ein Test für den Pass," *Die Tageszeitung* (TAZ), 11 June 2008, p. 2)。

(40) 当然、ドイツ南部における保守系カトリック派のCDU政権をリベラルとすることを疑問視する人もいるだろう。だが、ここでこれに関して検討を加えることはできない。

(41) 世界中の歴史教科書をめぐる論争に関する有益な概要としては、次を参照。"Where History Isn't Bunk," *The Economist*, 17 March 2007, pp. 65-66.

(42) Wolfgang Schäuble, "Muslime in Deutschland," *Frankfurter Allgemeine Zeitung*, 27 September 2006, p. 9.

第5章

(1) 「移民の政治的編入」に関するアメリカとカナダの比較研究としては、Bloemraad (2006a)を参照。また、同じ主題について大陸間比較を行った論文集として、Hochschild and Mollenkopf (2009)を参照。

(2) これに関して象徴的な事例はドイツである。Joppke (1999: ch. 6)の議論を参照のこと。

(3) これは、シティズンシップの政治的権利からの排除が深刻な脆弱性を生む要因にならないと言っているのではない。評判の悪い一例としては、一九九〇年代中頃にアメリカが福祉給付から合法的永住者を法的に排除したことがある(Correa 2002)。もっともこの排除は、市民ないし移民による政治的活動というよりも、移民の利害を代弁した裁判所とリベラルな(特に州次元の)エリートによって是正された。

(4) グッドハートと新しい労働党政権による「中流階級の沈静化」戦略に対する批判として、Pathak (2007: 265)を参照。

(5) これが「シティズンシップのためのポイント・テスト」(Home Office 2009: 14)というごく最近なされた提案の骨子で

ある。これは、入国管理において既に実施されている技能重視のポイント制度の論理を帰化の領域にも適用するものである。この提案がもつ陰湿な新しさは、シティズンシップ取得を入国管理と同じく「国家の必要」(ibid.: 4)と結びついた裁量的な市民の選別へと転換するべく、「一時滞在と永住との間にある自動的な連結を本質的に[破壊する]」(ibid.: 6)ことを目指している点である。

(6) 兵役とシティズンシップの進化との関係は、現在ではかなり忘れられているが、モーリス・ジャノヴィッツによる研究の主題であった(例えばJanowitz 1978: ch. 6)。

(7) ブルーベイカー(Brubaker 1989a: 3)が提示した成員資格の六つの規範とは、「平等主義的」、「神聖さ」、「ナショナル」、「民主的」、「独自性」、そして「社会的な重要性」である。

(8) "Pledge of Allegiance," *The Economist*, 1 February 2007 (www.economist.com よりダウンロード).

(9) オーストリア経済省の担当者の発言(ibid. より引用)。

(10) レイナー・バウベック(Bauböck 2007: 2395)の定義では、国境横断的なシティズンシップとは「個人と二カ国以上の独立国家との三者関係からなり、そこにおいて個人は複数の国家で同時に成員資格とそれに基づく権利ないし義務を与えられる」とされる。

(11) エイドリアン・ファヴェル(Favell 2003: 20)の観察によれば、「(政治的権利を供与するものとしての)ＥＵシティズンシップはユーロスターたちにとっては特に目を引く争点とはなっていない」という(「ユーロスター」とはＥＵ加盟国国民で他の加盟国で居住し働くものを指す)。

(12) ヨーロッパ次元の四つの自由とは「物、人、サービス、資本の自由移動」である(ＥＣ条約第三条c)。

(13) 入手可能な最良の要約はCraig and de Burca (2008: ch. 23)である。併せてWind (2009)も参照のこと。

(14) European Court of Justice, Case C-184/99, *Rudy Grzelczyk v. Centre public d'aide sociale d'Ottignies-Louvain-la-Neuve*, at par. 31.

(15) European Court of Justice, Case C-85/96, *Maria Martinez Sala v. Freistaat Bayern*.

(16) European Court of Justice, Case C-456/02, *Trojani v. Centre public d'aide sociale de Bruxelles*.

(17) Directive 2004/58/EC of 29 April 2004, *on the right of citizens of the Union and their family members to move and reside freely within the territory of the Member States*, preamble at par. 10.

(18) ECJ decision on *Trojani*, at par. 45.

(19) Council Regulation (EC) no. 1408/71 of 14 June 1971, *on the application of social security schemes to employed persons, to self-employed persons and to members of their families moving within the Community*.

(20) Judgment of the European Court of Justice of 22 June 1972, Case 1-72, *Rita Frilli v. Belgian State*, at par. 14.

(21) ECJ decision on *Grzelczyk* (op. cit.), at par. 13.

(22) Ibid., at par. 21.

(23) Ibid., at par. 22.

(24) Ibid., at par. 31.

(25) Ibid., at par. 44.

(26) 合計すると、EU法の射程に入るヨーロッパの二種類の移民集団は約九〇〇万人であり、全EU人口の三%をわずかに下回る(Conant 2004: 314f.)。

(27) Tampere European Council, 15 and 16 October 1999, *Presidency Conclusions*, at par. 18.

(28) Ibid., at par. 21.

(29) Council Directive 2003/109/EC of 25 November 2003, *concerning the status of third-country nationals who are long-term residents*.

(30) Ibid., Article 3(2).

(31) Ibid., Article 5(2).

(32) もちろん、欧州連合条約(マーストリヒト条約)第四九条〔現行条約でも第四九条〕は、どんな「ヨーロッパの国家」もリストの最低限の基準を満たせばEU加盟の申請ができると定めているが、「ヨーロッパ」の定義から地理や文化は消せないので、たとえば日本は申請できない。

(33)「ヨーロッパ一帯におけるナショナリスト的な統合政策の回帰」に関する悲観的な論考は、Favell(2008)を参照されたい。

〈解題〉試されるリベラリズム

遠藤　乾

国民、市民、移民――シティズンシップの政治

「エットランジェー（外国人の野郎）！」　浮浪者風の男のはき捨てるような怒声をきっかけに、満員のメトロ車内が突如凍りついた。もう二〇年前になるが、毎朝出勤していたブリュッセルの欧州委員会本部に向かう途中のことである。それが自分のことかもしれないと身構えた瞬間、指弾の対象となったらしいマグレブ系の男が「おれは何十年も働いてこの国に税金を払ってきているんだ！」と興奮して叫び返し、周りはあわてて「シー、シー」と諌めた。ことなきを得たものの、その一瞬の緊張は強烈な原像として今なお残っている。

当時住んでいたブリュッセル南駅のそばでは、エスニシティ・ウォッチングの毎日だった。いまやパリやロンドンと結ぶTGVのモダンな駅に変貌しているが、その頃はなんともうらぶれた感じ。いまでもちょっと脇の界隈に入ると懐かしい光景が目に入る。ギリシャ系の焼肉屋、アラブ系のパン屋、ヴェトナム人がやっている中華料理屋。シチリア出身の大家はモロッコ人家族、コンゴ人学生、そして日本人の私をたまに食卓に招いてくれた。

銀座のようなショッピング街のアベニュー・ルイーズから、サン・ジル界隈を経て南駅近くのフォレ

スト公園にいたる下り坂は、そのまま社会的階層に呼応していた。アベニュー・ルイーズにいる人たちはサン・ジルにはめったに降りてこない。サン・ジルにいる人たちは、フォレスト公園の上のふちまで犬の散歩に来ることはあっても、その下には決して近寄らない。わたしは、上に行くに従って肌の色まで如実に変わるそんな人たちを、底辺から見上げて楽しんでいた。

もちろんそうした社会的背景があってのことである。ブリュッセルに移る直前まで学んでいた近郊のルーヴァン大学では、移民やエスニシティの科目がいくつも展開されていた。当時の日本では、「移民」という存在がどこか縁遠い存在に見えた――あるいは今でもそうかもしれない。それは、「在日」とか「ジャパゆきさん」のように社会的に周辺化された事柄として捉えられるか、あるいは自らの事柄として語られる場合でも、せいぜい南北アメリカ大陸における日系移民のドラマのような歴史的なエピソードとして意識されていた。他方のベルギーでは、「移民」は本腰を入れて取り組むべきリアルな課題として目の前にあった。当時その排斥を掲げる右翼政党「フラームス・ブロック」が勢力を伸張するなか、大学院のゼミでは移民の二世三世の社会的統合、多文化主義、多極共存型デモクラシーなどの試みがしょっちゅう議論の俎上に上っていた。

今にして思うと、まだ夢があったということだろうか。当時は解として語られた社会的統合や多文化主義は、いまや深刻な見直しの対象となってしまった。それほどまでに九・一一同時多発テロ事件以降のイスラム嫌い（Islamophobia）は根深い。ヨーロッパでも、二〇〇五年七月のロンドン同時多発テロや同年晩秋のパリ郊外の暴動は、イギリス・フランスのような伝統的に移民に対して開放的な社会のみならず、その構成原理までをも揺さぶったのである。周知のように、前者では、二世三世の「国産《ホーム・グロウン》テロリスト」が多文化主義による「寛容」を直撃し、後者では、共和主義の平等のもとで当然に「統合」したはずの郊外居住者が厳として存在する差別の構造を告発した。どちらにおいても、もはや「移民」ですらないイスラム系の自国民が暴発したわけである。近隣のオランダでも、伝統的な「寛容」の看板は、ピム・フォルタイン党首や映画監督テオ・ファン・ゴッホ氏の暗殺を経て、あっという間に下ろされ、イスラム嫌いに取って代わられた。

それでは、いわゆるリベラルな包摂型の社会は潰えたのだろうか。なにもモデルは英仏蘭だけではあるまい。ハワイはどうだろうか。そこでは、出自にこだわっている余裕がないほどに多民族化し、混合しているように映る。あるいはカナダ。ハワイに比べて緊張が感じられないわけでないし、また最近は中国系の移民への風当たりがやや強まっているようだが、それでも多文化主義の母国としての面目は保っている。

じつは当のヨーロッパでも、不思議なことが起きている。「シティズンシップ」をめぐるポリティクスは、移民に対する排他主義のいくつかの兆候にもかかわらず、大枠としてリベラルな国家の矜持を守る傾向を指し示しているのだ。

クリスチャン・ヨプケ『軽いシティズンシップ』とその構成

その太い幹のような傾向を余すことなく抽出するのが、ここで訳出したクリスチャン・ヨプケの近著 Christian Joppke, *Citizenship and Immigration*, London: Polity Press, 2010 である。原題は、「シティズンシップと移民」だが、ここでは著者の了解も得て、終章のタイトルでもあり、著者が今後進化する方向として示した「軽いシティズンシップ」をもって邦書の題名とした。

ヨプケは、ドイツ生まれでフランクフルト大学にてユルゲン・ハーバーマスに師事したのち、カリフォルニア大学バークレー校にて社会学博士号を取得。南カリフォルニア大学にて教鞭をとったのを皮切りに、欧州大学院大学、ブリティッシュ・コロンビア大学、ブレーメン大学、パリのアメリカン大学を経て、二〇一一年よりベルン大学の教授職（および社会科学部学部長職）にある。もともと東西ドイツにおける反核、環境、民主化の市民運動について研究していたヨプケは、一九九〇年代から移民とシティズンシップに関心を移し、いまやこの分野では大御所のような存在である。

本書は、いままでの彼のシティズンシップ研究の「大全（Summa）」（彼自身曰く）にあたり、いってみれば簡潔にエッセンスを散りばめた集大成ともいえる。読みやすくまとめられた原著二〇〇頁ほどの本書は、以下のように構成されている。

まず序および第1章では、シティズンシップ概念の歴史的変遷をたどり、近年の言説をレビューすることで、その定義や国家との関わりを問い直している。基本的に、一国家内成員資格《メンバーシップ》という地位としてシティズンシップを捉え、そこから派生する権利やアイデンティティという次元を考察し、最後にそれらの連関を問うことになる。

第2章では、地位としての市民／移民を取り上げ、主に国籍法からその意味を再考する。九・一一同時多発テロ事件以降に帰化資格条件は厳格化されたが、出生地主義と血統主義の混合が推進された結果、出自や集団の属性とは無関係に国籍・シティズンシップの取得が容易になった。再民族《エスニック》化現象とでも括りうる在外の自国民の統合政策もまた、二重シティズンシップの寛容につながっているのである。概して西欧のシティズンシップは、民主主義に付きものの政権交代により左右に揺れながら、包摂的でリベラルなものへと進化しつつあるという。

第3章では、市民/移民と権利との関係を検討する。ここで重視されるのは、移民がシティズンシップの権利面を前景に押し出したことである。自国以外の人間に対する市民的自由は確かに認められ、ポスト・ナショナルな視座をもたらした。実態として権利付与の程度は国により異なり、国の中でも差異化・階層化され、九・一一以降は制限されているが、それらは大枠としてリベラルな潮流の下で起きている。また、民族的《エスニック》な多様性は、多文化主義的な差異の承認や権利というより、より普遍的リベラルな差別是正措置につながっている傾向が指摘される。

第4章では、近年の西欧諸国における移民統合政策の分析から、市民的アイデンティティが移民とともにどのように変貌したのかという問題を扱っている。ムスリム系の統合に苦戦するヨーロッパ諸国に見られるのは、人種的・文化的なアイデンティティの葛藤というより、民主主義的なリベラル国家として自己(再)定義する姿である。

そして最終章では、これら三次元(地位、権利、アイデンティティ)の問題の連続性/非連続性を示し、特定の文化、国家、ナショナリズムから独立したリベラルなシティズンシップは可能で、移民がそれを強化するアクターとなりえると強調する。そこに現出するのは、権利が普遍化し、義務との応答や帰属感との連関が希薄化した「軽いシティズンシップ」であり、いまやリアルな現実となったEUシティズンシップは先駆けとしてこうした展望を支えるものとされる。

本書の特徴はどこにあるか

概要と構成を確認したとして、この本はどんな顕著な特徴をもっているのだろうか。それは、大きく括れば三つのテーゼに集約されよう。

第一に、すでに述べたことに関連するのだが、《リベラルな国家の強靱性》とでもいうべき主張である。本書が主題とするのは、戦後の西洋社会におけるシティズンシップの進化であるが、さまざまな枝葉を捨象したとき、その時空間におけるもっとも骨太な傾向のひとつは、人権や民主主義の尊重である。戦後が、ナチスに対する否定と勝利の上に築かれたのであるから、当然といえば当然である。

その文脈で最初にシティズンシップが議論されたとき、それは権利の伸長との関連においてであった。その嚆矢であるT・H・マーシャルは、今や古典ともなった『シティズンシップと社会的階級』(岩崎信彦・中村健吾訳、法律文化社、一九九三年、原著 T. H. Marshall, *Citizenship and Social Class*, London: Pluto Press, 1992 [1950])において、シティズンシップを有名な三部構成の権利、すなわち市民的権利、政治的権利、そして社会的権利としてとらえた。そしてマーシャルは、その最後の社会的権利の発展を通じ、社会主義革命とは異なる形で一国内の階級対立を止揚する方策を探ったのである。これは、いわゆる市民的自由が前提になった話として読むこともできる。

この一国内の社会的進歩という構図を揺さぶったのが移民であった。国境を越えて人が移動するという現象は太古からあるが、それがヨーロッパで先鋭な政治的問題となったのは、特に経済が停滞し、危機の時代と評された一九七〇年代からであろう。ただし、移民との関係でシティズンシップが語られるまでには若干タイムラグがあった。

ロジャース・ブルーベイカーによる一九九二年の作品『フランスとドイツの国籍とネーション――国籍形成の比較歴史社会学』（佐藤成基・佐々木てる監訳、明石書店、二〇〇五年、原著 Rogers Brubaker, *Citizenship and Nationhood in France and Germany*, Cambridge, MA: Harvard University Press, 1992）は、その意味で金字塔である。つまり、マーシャルから始まったシティズンシップ研究が、一国内の市民の権利、とりわけ社会権の向上を志向していたのに対し、ブルーベイカーは外国人が国際的に移動して定住する事態を考慮に入れ、体系的に移民時代のシティズンシップのあり方を考察したのである。そのうえでブルーベイカーは、シティズンシップという地位の取得、つまり帰化に関する制度を各国間で比較した。よく知られていることだが、その結果、ドイツの血統主義とフランスの出生地主義を対比し、それを両国のナショナルな文化的伝統として位置づけたのである。

ヨプケがシティズンシップ研究の分野で広く知られるようになった最初のきっかけは、このブルーベイカーを批判したことからだろう。ヨプケは、マーシャルと違って移民を考慮に入れてシティズンシップを語るというブルーベイカーの問題構成自体は引き継いだ。しかし同時にヨプケは、ブルーベイカーの独仏比較と文化的アプローチを根底からひっくり返してしまった。じっさい一九九〇年代末までに両国の制度はその二つをミックスするような形で収斂してきていた。ヨプケは、その結果、ドイツが血のつながりを重視する反自由主義で、他方フランスは出生地主義をとる包摂型リベラルだとするような文化的アプローチでは到底説明ができず、多くの西欧諸国の理念・制度が人権時代においてリベラルに収斂してきていることを実証的に余すことなく論じたのである。

ヨプケは、リベラルな国家がシティズンシップを語る場合、成員を平等に取り扱う（差別を永続化しない)という基本的志向から逃れられないという。彼によれば、リベラルな理念と制度は、移民の現象以前から成立しており、後者によって挑戦を受けているとしても、それによって前者の根本が揺らいでいるとはいえない。そこから、一見、血のつながりを重視しそれがありさえすればシティズンシップを認めるような再民族化の動きや、言語・信条チェックのような九・一一後に導入された新たな制限が目につくとしても、それは大きなリベラルな体制を揺るがすまでに至らず、むしろその枠の中で起きており、権利同等のものとして帰化を認知するなどのさらなるリベラル化の施策と並行してなされがちだと論ずるのである。

第二の特徴として挙げられるのは、近年における学説上の展開に関連づけて、《グローバル化するのでもなく、ナショナルに分岐するのでもなく、そのあいだでリベラルな包摂型へと進化するシティズンシップ》を描いていることであろう。

一方でブルーベイカーが国ごとで異なるナショナルなシティズンシップを示唆していたとすると、他方でソイサルのようにポスト・ナショナルなシティズンシップを説く論者もいる。ヨプケが、前者に対し各国間でリベラルに収斂する構図を描いていたことはすでに述べた。しかし、同時にヨプケは、後者のようにシティズンシップがグローバル化し、外国人も内国民同様に権利を認められる(べき)とするソイサルに対しても同様に批判的である。

そもそもシティズンシップとは、ヨプケによれば「本質的に国家の成員資格《メンバーシップ》」に他ならない。これは、基本的に地位に関わることである。権利の側面ばかりを取り上げるソイサルは、ヨプケによれば、権利を軽視し地位を重視するブルーベイカーと正反対の間違いを犯しているのであり、それは地位、権利、アイデンティティの三側面を包括的に検討すべきだとする本書の議論につながっていくのである。

自身国外への逃亡を余儀なくされたハンナ・アーレントが、かつて彼女と同時代の国際法学者を引いて論じたように、国家主権は、「「移民、帰化、国籍、そして国外追放」といった事柄においてこそ最も絶対的となる」。したがって、外国人の取り扱いが権利面でやさしくなり、居住、移動、職業選択などにおいて本国人並みに自由度を増すということだけでグローバルなシティズンシップが誕生したというのは早計だということになる。「本国人並み」という「地位」は、当該国家が付与するものであり、それはいつでも回収可能なのである。

同様に、そのようなやさしい取り扱いの中でも、権利は階層化されている。本国人と外国人の間には、幾重もの障害が設けられ、前者がもつ諸権利を後者がまるまる享受するわけにはいかない。国政へ参加する政治的権利はその最たるものであろう。他にも、福利厚生の権利も、あるときには微妙に、またあるときには露骨に本国人を優遇するものとなっている。

逆に、帰化の制度を精査すると、この分野における国家裁量は国際法や国内裁判所によって相当程度制約されており、また帰化を権利同然のものとして認めたうえで条件を課す政府が増えてきてもいる。

これらが指し示すのは、ナショナルでもグローバルでもなく、そのあいだでリベラルな大枠を守りながら進化しゆくシティズンシップである。ヨプケが注視するのは、この進化の行方なのである。

ここでアイデンティティとの関係で付言すると、多文化主義(的シティズンシップ)についてもヨプケはニュアンスに富んだ批判を展開している。国内に元々ある差異に加え、移民によってもたらされた彩りは、多文化主義に適合的であるようにも映る。それぞれのアイデンティティが「真正さ(authenticity)」

（チャールズ・テイラー）を志向するならば、なおさらのことである。しかしながら、各国のシティズンシップ政策を検証すると、多文化主義的な差異の承認よりも、普遍的リベラルな志向性に基づく反差別主義のほうが顕著である（たとえばアファーマティブ・アクションのような差別是正措置が、副産物として様々な差異と多元性を保持することはあるとしても）。

むしろ、人権時代に移民に直面するリベラルな国家のほとんどは、それがリベラルであり続ける以上、自国独自のアイデンティティのありかを普遍主義的リベラリズムに求めざるを得ないという奇妙な状況が現出しつつある。たとえば、ムスリム的な価値観と対峙する際に自国のナショナルな価値として持ち出されるのは、ジェンダーの平等やホモセクシュアリティの認知といった至ってリベラルな価値である。そうした傾向は、シティズンシップ獲得の際に課される市民的価値に関するテスト（「シティズンシップ・テスト」と呼ばれる）の中味を規定し、ひるがえってテストを課す当該国家のアイデンティティをリベラルに再定位するのである。こうして移民に直面したシティズンシップは、じつはリベラルに進化してゆく。

第三の特徴として、ヨプケは、現状分析の延長上にシティズンシップの将来像として《軽いシティズンシップ》という絵を提示する。「コカコーラ・ライト」ならぬ「シティズンシップ・ライト」というわけである。それは、すでに述べた三次元に沿って言えば、①その地位取得が容易な、②外国人と市民との間を権利上は峻別せず、③希薄（かつリベラル）なアイデンティティをもつ。

そして、この西洋諸国の国内的傾向としてすでに広くみられるシティズンシップを、もっとも劇的に表現しているのがEUシティズンシップであるとする。そこでは、地位獲得が容易になり、権利上内外の区別が緩やかで、かつそれがもたらすアイデンティティは薄くかつリベラルなものである。それは、すでに「軽いシティズンシップ」をさらに軽くする枠組みなのだ。

日本への含意をどう汲み取るか

このような特徴を抱える本書は、日本の読者に対してどのような意味を持つのだろうか。なかには、在特会(在日特権を許さない市民の会)などの極端例から、より一般的な右傾化の証拠の数々をもって、リベラルな方向に収斂しているというヨプケの現状認識を否認する読者もいるだろう。また、未来モデルとして抽出された権利重視の「軽いシティズンシップ」に対して、住民間の社会経済的格差を念頭に、軽くなったそれが実質的に何の役に立つのか、疑問を呈する向きもあるに違いない。いずれにしても、批判を経由したものを含め、一冊の本の意味をあらかじめ詳細に規定するのは解題の手に余るだけでなく、豊かたりうる含意を抑圧してしまうので、基本的に読者に委ねるべき性格のものである。

ここでは代わりに、注記のようなマイナーな形で、本書でヨプケが指摘していることを紹介し、問題提起しておこう。

すでに言及したが、異質な移民に直面したリベラルな西洋国家は普遍主義的なリベラリズムで自己再定位を図る。じつは、その例外として本書で挙げられているのが、他でもない日本なのである(第4章注7)。かの国のナショナル・アイデンティティは、六〇年に及ぶ自由民主主義体制を経て、普遍主義的リベラリズムと無縁なのだろうか。日本においてシティズンシップの議論を進める際、分岐点になるのはこの問いかもしれない。

自民党主導の政権に再交代した後の二〇一三年の段階ではもはや霞んで見えるが、民主党を中心とする連立政権は外国人参政権の実現を謳い、民族系高校をも対象とした授業料無償化を政策目標に掲げていた。争点化するや否や先送りされたが、当時のある政権高官の言を借りれば、それらは夫婦別姓とともに、進歩主義／保守主義の分別を占うもっとも先鋭的な争点であった。そのような重要性にもかかわらず、それらは、中道右派政権になる以前、中道左派の政権期にすでに、国家安全保障の掛け声の中であっという間にかき消され、後景に退いたのである。ここで問われるのは、ヨプケの観察の是非、すなわち日本が西洋諸国に見られる普遍主義的リベラリズムの逸脱例なのかどうか、である。

またそもそも、そうした政治情勢の変化を超えて、日本が外国人や外国系の住民とどう向き合うのか定かではない。日本語で「移民」と言うと、どこか縁遠い現象に映ってしまう。「シティズンシップ」は何年たってもカタカナのままで、「市民」同様どこかバタ臭い。

しかし最現代の日本には、中国出身の研修生やブラジルから来た労働者が数多くおり、それぞれの現場で不可欠の存在になっている。数は限定的であったが、フィリピンやインドネシアの看護師・介護士が、少子高齢化の進む日本社会の最前線に浸透してきた。また日本において夫婦のいずれかが外国人である新規の国際結婚は、いまや五％に達した。こうして以前からいる朝鮮半島出身の在日韓国・朝鮮人や中国出身の華僑・華人を含めると、登録された外国人だけで二〇〇万人近くの人が日本に住んでおり、よく見ると日本もそれなりにカラフルな多文化に包まれている。逆に、数多くの日本人が海外に出て居住してもいる。

つまり、外国人という存在は不可避なのである。それに対し、なかには、日本に住む外国人は長く居住する以上「帰化」すべきだとしてそれを奨励し、そのために日本語等の試験を課そうという見解も見られた。本書流にいえば、シティズンシップ・テストを経て国籍を変えさせ、日本人化を推進するということになろう。この際問題となるのは、再び本書に基づけば、例えばそのテストがリベラルな市民的価値を問うものになるかどうか、はたまたシティズンシップ政策が、移民から出身国の国籍を奪わずに、二重国籍を許容するのかどうかである。

こうした外国人への対応は、ややもすると主流の国民から周辺的なことと受け取られる。自国で貧困、失業、格差を抱えるとき、そのような悠長な争点に関わっていられないとする向きも多い。しかし、「内」に抱える「外」への態度は、「内」のたたずまいを定めるのである。かつて、反アパルトヘイトの闘士だったノーベル平和賞受賞者のデズモント・ツツ師は、「白人が本当に解放されるのは、黒人が解放されるときだ」と述べた。むろん、日本がアパルトヘイトを実践しているなどと示唆しているのではない。そうではなく、中に抱える外国人の取り扱いは、日本のあり方を洗い出し、そこに跳ね返ってくる本質的な問題だということである。

こうして、外国人という存在の不可避性は日本の生き方に関わる。本書が提示するシティズンシップ論は、その生き方を今一度問い直す機会となるように思う。

＊ 本解題は「試されるリベラリズム——グローバルとナショナルの間の市民権」『アステイオン』七四号、二〇一一年四月、一五九―一六七頁、に修正を加えたものである。

あとがき

本書は、Christian Joppke, *Citizenship and Immigration*, Polity, 2010 の全訳である。原書は、旧知のヨプケ氏から出版前のゲラを戴いたのは三年ちょっと前のことだった。コンサイスでありながら主張が明白で、また刺激的である。それが邦訳に値することは一読して見て取れた。翻訳という作業が難しいものであることは頭では理解していた。しかし、三年かけても感ずるこれ程の困難は想定を超えていた。ドイツ人社会学者の著者による英文テキストは、意味はすぐ取れても、上手く日本の読者に伝わる言葉を探すのに非常に時間と手間がかかる代物だったのである。

さらに、大学の学部三・四年生が本文だけでスラスラ読める平易なものを目指したとき、それは専門用語との齟齬を引き起こし、その度に立往生した。たとえば、専門家が使う「文化的イディオム」といった訳語に我々は満足できなかった。一読して分からないからである。移民研究で頻出する「出移民(emigrants)」「入移民(immigrants)」でさえ、便利とは思うものの、その業界のジャーゴンに見えた。他にも、ルーマンやロールズの訳書で使われる専門用語には難儀した。ここでは、そうした難解な術語はできるだけ避け、意識はしたけれども、読みやすさを優先した。どうしても上手くいかないときには、最小限の訳注をつけている。

この間、翻訳者のチームおよび三代に渡った編集者――特に最後にお世話になった大橋久美氏――には大変なご苦労をかけた。最初、佐藤と始めた翻訳は、その後井口の手を借りることとなり、最後には宮井のスパートに負うこととなった。最初は一応、第一章は遠藤といった形で分担はあったのだが、お互いに手を入れるに従い、全くそれは意味をなさなくなった。私以外の三人はいまやそれぞれ自分のキャリアを歩み始めているが、本訳書は全章にまたがって本当の意味で共同作業の結果であり、おそらく全員が我こそが一番貢献した訳者だと考えているにちがいない。

念入りにチェックをしたが、残るミスは全て訳者の責任である。ご指摘いただければ、機会を見つけ直していきたいと思う。

爽やかな風が吹く初夏の札幌にて

訳者代表　遠藤　乾

統合の終焉　EUの実像と論理　遠藤乾　四六判五〇八頁　定価三九九〇円

反転する福祉国家　―オランダモデルの光と影―　水島治郎　四六判二五四頁　定価三三六〇円

ヨーロッパ市民の誕生　―開かれたシティズンシップへ―　宮島喬　岩波新書　定価七七七円

市民権とは何か　デレック・ヒーター　田中俊郎　関根政美 訳　四六判三四二頁　定価二九四〇円

ああ、ヨーロッパ　ユルゲン・ハーバーマス　三島憲一　鈴木直　大貫敦子 訳　四六判三〇〇頁　定価三〇四五円

移民社会フランスで生きる子どもたち　増田ユリヤ　四六判一九八頁　定価一九九五円

岩波書店刊

定価は消費税5%込です

2013年8月現在

著者紹介

クリスチャン・ヨプケ(Christian Joppke)

1959年生．カリフォルニア大学バークレー校博士(社会学)．南カリフォルニア大准教授，欧州大学院大学教授，ブリティッシュ・コロンビア大教授，パリ・アメリカン大教授などを経て，現在，ベルン大教授(社会学)．

主著に *Veil: Mirror of Identity*. Polity, 2009; *Immigration and the Nation-State: The United States, Germany, and Great Britain*. Oxford University Press, 1999; *East German Dissidents and the Revolution of 1989: Social Movement in a Leninist Regime*. Macmillan, 1995; *Mobilizing Against Nuclear Energy: A Comparison of Germany and the United States*. University of California Press, 1993 など．

訳者紹介

遠藤 乾　1966年生．北海道大学教授(国際政治)

佐藤崇子　1980年生．在ナッシュビル日本領事館専門調査員(アメリカ史)．

井口保宏　1984年生．さいたま市職員．

宮井健志　1988年生．日本学術振興会特別研究員(政治理論)．

軽いシティズンシップ
——市民，外国人，リベラリズムのゆくえ
クリスチャン・ヨプケ

2013年8月27日　第1刷発行

訳　者　遠藤《えんどう》 乾《けん》　佐藤崇子《さとうたかこ》　井口保宏《いぐちやすひろ》　宮井健志《みやいたけし》

発行者　岡本 厚

発行所　株式会社 岩波書店
〒101-8002 東京都千代田区一ツ橋2-5-5
電話案内 03-5210-4000
http://www.iwanami.co.jp/

印刷・法令印刷　製本・牧製本

ISBN 978-4-00-025914-9　Printed in Japan

索　引

事　項

ア 行

カ 行

サ 行

タ 行

ナ 行

ハ 行

マ行・ラ行・ワ行

人 名

ア 行

カ 行

サ 行

タ 行

ハ 行

マ行・ヤ行・ラ行・ワ行

参考文献

Abizadeh, Arash (2004) "Liberal nationalist versus postnational social integration," *Nations and Nationalism*, 10(3), 231-250.

Abizadeh, Arash (2005) "Does collective identity presuppose an other?" *American Political Science Review*, 99(1), 45-60.

Abraham, David (2002) *Citizenship Solidarity and Rights Individualism*. San Diego: Center for Comparative Immigration Studies (Working Paper no. 53).

Aleinikoff, Alexander (2000) "Between principles and politics: U. S. citizenship policy," in Alexander Aleinikoff and Douglas Klusmeyer, eds, *From Migrants to Citizens*. Washington, DC: Carnegie Endowment for International Peace.

Aleinikoff, Alexander, and Douglas Klusmeyer (2002) *Citizenship Policies for an Age of Migration*. Washington, DC: Carnegie Endowment for International Peace.

Alesina, Alberto, and Edward Glaeser (2004) *Fighting Poverty in the US and Europe*. New York: Oxford University Press.

Amir-Moazami, Schirin (2008) "Islam und Geschlecht unter liberal-säkularer Regierungsführung: die Deutsche Islam Konferenz," *Tel Aviver Jahrbuch für deutsche Geschichte* (December).

Appiah, Anthony (2005) *The Ethics of Identity*. Princeton, NJ: Princeton University Press.

Arena, Marta, Bruno Nascimbene, and Giovanna Zincone (2006) "Italy," in Rainer Bauböck et al., eds, *Acquisition and Loss of Nationality*. Amsterdam: Amsterdam University Press, Vol. 2.

Arendt, Hannah ([1958] 1981) *Vita activa oder vom tätigen Leben*. Munich: Piper; Eng. trans. as *The Human Condition*, Chicago: University of Chicago Press, 1974 (志水速雄訳『人間の条件』ちくま学芸文庫, 1994 年).

Arendt, Hannah ([1951] 1979) *The Origins of Totalitarianism*. New York: Harvest (大久保和郎・大島通義・大島かおり訳『全体主義の起原　1-3』みすず書房, 1981 年).

Aristotle (1981) *The Politics*, trans. T. A. Sinclair. Harmondsworth: Penguin (牛田徳子訳『政治学』京都大学学術出版会, 2001 年).

Australian Government (2006) *Australian Citizenship: Much More than a Ceremony* (foreword by Andrew Robb). Discussion Paper, Canberra, September.

Australian Government (2007) *Becoming an Australian Citizen*. Canberra.

Baganha, Maria Ioannis, and Constança Urbano de Sousa (2006) "Portugal," in Rainer Bauböck et al., eds, *Acquisition and Loss of Nationality*. Amsterdam: Amster-

dam University Press, Vol. 2.

Baldwin, Peter (1997) "State and citizenship in the age of globalization," in Peter Koslowski and Andreas Føllesdal, eds, *Restructuring the Welfare State*. Berlin: Springer.

Banting, Keith, and Will Kymlicka (2006) "Introduction: multiculturalism and the welfare state," in Keith Banting and Will Kymlicka, eds, *Multiculturalism and the Welfare State*. New York: Oxford University Press.

Banting, Keith, Richard Johnston, Will Kymlicka, and Stuart Soroka (2006) "Do multiculturalism policies erode the welfare state? An empirical analysis," in Keith Banting and Will Kymlicka, eds, *Multiculturalism and the Welfare State*. New York: Oxford University Press.

Barth, Fredrik (1969) *Ethnic Groups and Boundaries*. London: Allen & Unwin.

Barry, Kim (2006) "Home and away: the construction of citizenship in an emigration context," *New York University Law Review*, March, 11-59.

Bauböck, Rainer (2006a) "Citizenship and migration-concepts and controversies," in Rainer Bauböck, ed., *Migration and Citizenship: Legal Status, Rights and Political Participation*. Amsterdam: Amsterdam University Press.

Bauböck, Rainer (2006b) "Who are the citizens of Europe?" *Eurozine*, http://www.eurozine.com, 1-7 [last accessed 7 August 2009].

Bauböck, Rainer (2007) "Stakeholder citizenship and transnational political participation: a normative evaluation of external voting," *Fordham Law Review*, 75, 2393-447.

Bauböck, Rainer (2008) "Citizens on the move: democratic standards for migrants' membership," *Canadian Diversity*, 6(4), 7-12.

Bauböck, Rainer, et al. (2006a) "Introduction," in Rainer Bauböck et al., eds, *Acquisition and Loss of Nationality*. Amsterdam: Amsterdam University Press, Vol. 1.

Bauböck, Rainer, Eva Ersbøll, Kees Groenendijk, and Harald Waldrauche, eds (2006b) *Acquisition and Loss of Nationality: Policies and Trends in 15 European States*, 2 vols. Amsterdam: Amsterdam University Press.

Bauböck, Rainer, Bernhard Perching, and Wiebke Sievers, eds (2007) *Citizenship Policies in the New Europe*. Amsterdam: Amsterdam University Press.

Beckert, Jens (2007) "The longue durée of inheritance law," *Archives européennes de sociologie*, 48(1), 79-120.

Bell, Daniel (1973) *The Coming of Post-Industrial Society*. New York: Basic Books (内田忠夫他訳『脱工業社会の到来——社会予測の一つの試み　上・下』ダイヤモンド社, 1975年).

Bell, Mark (2007) "Civic citizenship and migrant integration," *European Public Law*, 13(2), 311-333.

Bellah, Robert N. (1970) *Beyond Belief*. Berkeley: University of California Press.

Bellah, Robert N. (1998) "Is there a common American culture?" *Journal for the American Academy of Religion*, 66(3), 613-625.

Besson, Samantha, and André Utzinger (2007) "Introduction: future challenges of European citizenship—facing a wide-open Pandora's box," *European Law Journal*, 13(5), 573-590.

Betts, Katharine, and Bob Birrell (2007) "Making Australian citizenship mean more," *People and Place*, 15(1), 45-61.

Blair, Tony (2006) *Our Nation's Future: Multiculturalism and Integration*, http://www.number10.gov.uk/Page11923.

Bleich, Erik (2003) *Race Politics in Britain and France: Ideas and Policymaking since the 1960s*. New York: Cambridge University Press.

Bloemraad, Irene (2000) "Citizenship and immigration: a current review," *Journal of International Migration*, 1(1), 9-37.

Bloemraad, Irene (2002) "The North American naturalization gap: an institutional approach to citizenship acquisition in the United States and Canada," *International Migration Review*, 36(1), 193-228.

Bloemraad, Irene (2006a) *Becoming a Citizen: Incorporating Immigrants and Refugees in the United States and Canada*. Berkeley: University of California Press.

Bloemraad, Irene (2006b) "Becoming a citizen in the United States and Canada: structured mobilization and immigrant political incorporation," *Social Forces*, 85(2), 667-695.

Bloemraad, Irene, Anna Korteweg, and Gökçe Yurdakul (2008) "Citizenship and immigration: multiculturalism, assimilation, and challenges to the nationstate," *Annual Review of Sociology*, 153-179.

Bosniak, Linda (2006) *The Citizen and the Alien*. Princeton, NJ: Princeton University Press.

Bourdieu, Pierre, and Jean-Claude Passeron (1970) *Reproduction in Education, Society and Culture*. London: Sage (宮島喬訳『再生産——教育・社会・文化』藤原書店, 1991年).

Brubaker, William Rogers (1989a) "Introduction," in R. Brubaker, ed., *Immigration and the Politics of Citizenship in Europe and North America*. Lanham, MD: University Press of America.

Brubaker, William Rogers (1989b) "Citizenship and naturalization: policies and politics," in R. Brubaker, ed., *Immigration and the Politics of Citizenship in Europe and North America*. Lanham, MD: University Press of America.

Brubaker, Rogers (1992) *Citizenship and Nationhood in France and Germany*. Cambridge, MA: Harvard University Press (佐藤成基・佐々木てる監訳『フラン

スとドイツの国籍とネーション——国籍形成の比較歴史社会学』明石書店，2005 年）.

Brubaker, Rogers (1999) "The Manichean myth: rethinking the distinction between 'civic' and 'ethnic' nationalism," in Hanspeter Kriesi et al., eds, *Nation and National Identity*. Zurich: Rüegger.

Carens, Joseph (1987) "Aliens and citizens: the case for open borders," *Review of Politics*, 49(2), 251-273.

CDU (Christlich-Demokratische Union Deutschlands) (2000) "Arbeitsgrundlage für die Zuwanderungs-Kommission der CDU Deutschlands." Typescript (on file with author).

Cheng, Jennifer (2009) "Promoting 'national values' in citizenship tests in Germany and Australia," in Ricard Zapata-Barrero, ed., *Citizenship Policies in the Age of Diversity*. Barcelona: CIDOB Foundation.

CIC (Commission on Integration and Cohesion) (2007) *Our Shared Future*, http://www.integrationandcohesion.org.uk.

Çinar, Dilek, and Harald Waldrauch (2006) "Austria," in Rainer Bauböck et al., eds, *Acquisition and Loss of Nationality*. Amsterdam: Amsterdam University Press, Vol. 2.

Cole, David (2002) "Enemy aliens," *Stanford Law Review*, 54, 953-1004.

Conant, Lisa (2004) "Contested boundaries: citizens, states, and supranational belonging in the European Union," in Joel Migdal, ed., *Boundaries and Belonging*. New York: Cambridge University Press, 284-317.

Correa, Michael Jones (2002) "Seeking shelter: immigrants and the divergence of social rights and citizenship in the United States," in Randall Hansen and Patrick Weil, eds, *Dual Nationality, Social Rights and Federal Citizenship in the US and Europe*. New York and Oxford: Berghahn Books.

Council of Europe (1997) *European Convention on Nationality*. Strasbourg.

Craig, Paul, and Grainne de Burca (2008) *EC Law*. 4th edn, Oxford: Oxford University Press.

Crepaz, Markus (2006) "'If you are my brother, I may give you a dime!' Public opinion on multiculturalism, trust, and the welfare state," in Keith Banting and Will Kymlicka, eds, *Multiculturalism and the Welfare State*. New York: Oxford University Press.

Crick Commission (2003) *The New and the Old: The Report of the 'Life in the United Kingdom' Advisory Group*. London: HMSO.

Dahl, Robert A. (1989) *Democracy and its Critics*. New Haven, CT: Yale University Press.

Dahrendorf, Ralf (1974) "Citizenship and beyond," *Social Research* (winter), 673-701.

Dauvergne, Catherine (2007) "Citizenship with a vengeance," *Theoretical Inquiries in Law*, 8, 489-507.

Davies, Gareth (2005) "'Any place I hang my hat?' or: Residence is the new nationality," *European Law Journal*, 11(1), 43-56.

Davy, Ulrike (2001) "Integration von Einwanderern: Instrumente-Entwicklungen-Perspektiven," in Ulrike. Davy, ed., *Die Integration von Einwanderern*. Frankfurt am Main: Campus.

Davy, Ulrike (2005) "Integration of immigrants in Germany: a slowly evolving concept," *European Journal of Migration and Law*, 7, 123-144.

De Groot, Gerard-René (1989) *Staatsangehörigkeitsrecht im Wandel*. Cologne: Carl Heymanns.

De Groot, Gerard-René (2003) "Loss of nationality: a critical inventory," in David A. Martin and Kay Hailbronner, eds, *Rights and Duties of Dual Nationals*. New York: Kluwer Law International.

De Hart, Betty, and Ricky van Oers (2006) "European trends in nationality law," in Rainer Bauböck et al., eds, *Acquisition and Loss of Nationality*. Amsterdam: Amsterdam University Press, Vol. 1.

De Zwart, Frank (2005) "The dilemma of recognition: administrative categories and cultural diversity," *Theory and Society*, 34, 137-169.

Delhey, Jan, and Kenneth Newton (2005) "Predicting cross-national levels of social trust," *European Sociological Review*, 21(4), 311-327.

Dummett, Ann (2006) "United Kingdom," in Rainer Bauböck et al., eds, *Acquisition and Loss of Nationality*. Amsterdam: Amsterdam University Press, Vol. 2.

Dundes Renteln, Alison (2005) *The Cultural Defense*. New York: Oxford University Press.

Duyvendak, Jan Willem, Trees Pels, and Rally Rijkschroeff (2009) "A multicultural paradise? The cultural factor in Dutch integration policy," in Jennifer L. Hochschild and John H. Mollenkopf, eds, *Bringing Outsiders In: Transatlantic Perspectives on Immigrant Political Incorporation*. Ithaca, NY: Cornell University Press.

Dworkin, Ronald (1984) "Rights as trumps," in Jeremy Waldron, ed., *Theories of Rights*. Oxford: Oxford University Press.

Eckert, Julia (2008) "Laws for enemies," in Julia Eckert, ed., "The Social Life of Anti-Terrorism Laws." Bielefeld: transcript Verlag.

Eisenstadt, S.N. (1999) *Fundamentalism, Sectarianism, and Revolution*. Cambridge: Cambridge University Press.

Eisenstadt, S.N., and Bernhard Giesen (1995) "The construction of collective identity," *Archives européennes de sociologie*, 36(1), 72-102.

Elster, Jon (1983) *Sour Grapes*. Cambridge: Cambridge University Press.

Engbersen, Godfried (2003) "The wall around the welfare state in Europe," *Indian Journal of Labour Economics*, 46(3), 479-495.

Ensor, Jonathan, and Amanda Shah (2005) "United Kingdom," in Jan Niessen, Yongmi Schibel, and Cressida Thompson, eds, *Current Immigration debates in Europe*. Brussels: Migration Policy Group.

Entzinger, Han (2004) "Integration and orientation courses in a European perspective." Expert report written for the Sachverständigenrat für Zuwanderung und Integration. University of Rotterdam (on file with author).

Entzinger, Han (2006a) "The parallel decline of multiculturalism and the welfare state in the Netherlands," in Keith Banting and Will Kymlicka, eds, *Multiculturalism and the Welfare State*. New York: Oxford University Press.

Entzinger, Han (2006b) "Changing the rules while the game is on: from multiculturalism to assimilation in the Netherlands," in Y. Michal Bodemann and Gökçe Yurdakul, eds, *Migration, Citizenship, Ethnos*. New York: Palgrave Macmillan.

Esping-Andersen, Gøsta (1990) *The Three Worlds of Welfare Capitalism*. Princeton, NJ: Princeton University Press (岡沢憲芙・宮本太郎監訳『福祉資本主義の三つの世界——比較福祉国家の理論と動態』ミネルヴァ書房, 2001 年).

European Commission (2002) *Promoting Diversity*. Brussels: DG4 Employment and Social Affairs.

Everson, Michelle (1995) "The legacy of the market citizen," in Jo Shaw and Gillian More, eds, *The New Legal Dynamics of European Union*. Oxford: Clarendon Press.

Fagerlund, Jessica (2006) "Finland," in Rainer Bauböck et al., eds, *Acquisition and Loss of Nationality*. Amsterdam: Amsterdam University Press, Vol. 2.

Faist, Thomas, et al. (2007) "Dual citizenship as a path-dependent process," *International Migration Review*, 38(3), 913-944.

Falk, Richard (2000) "The decline of citizenship in an era of globalization," *Citizenship Studies*, 4(1), 5-17.

Favell, Adrian (2003) "Games without frontiers?" *Archives européennes de sociologie*, 44(3), 106-136 [the paginated quotation in the text is from the typescript, available at http://www.sscnet.ucla.edu].

Favell, Adrian (2008) "Immigration, migration and free movement in the making of Europe," in Jeffrey C. Checkel and Peter J. Katzenstein, eds, *European Identity*. New York: Cambridge University Press.

Ferrajoli, Luigi (1994) "Dai diritti del cittadino ai diritti della persona," in Danilo Zolo, ed., *La cittadinanza*. Rome and Bari: Laterza.

Ferrera, Maurizio (2005) *The Boundaries of Welfare: European Integration and the New Spacial Politics of Social Protection*. Oxford: Oxford University Press.

Finer, Samuel (1997) *The History of Government from the Earliest Times*, Vol. 1. Oxford: Oxford University Press.

Fitzgerald, David (2006) "Rethinking emigrant citizenship," *New York University Law Review* (March), 90-116.

Fitzgerald, David (2008) *A Nation of Emigrants: How Mexico Manages its Migration*. Berkeley: University of California Press.

Foblets, Marie-Claire, and Sander Loones (2006) "Belgium," in Rainer Bauböck et al., eds, *Acquisition and Loss of Nationality*. Amsterdam: Amsterdam University Press, Vol. 2.

Freeman, Gary P. (1986) "Migration and the political economy of the welfare state," *Annals of the American Academy of Political and Social Science*, 485, 51-63.

Galeotti, Anna Elisabetta (1993) "Citizenship and equality," *Political Theory*, 21 (4), 585-605.

Galston, William (1995) "Two concepts of liberalism," *Ethics*, 105, 516-534.

Garland, David (2001) *The Culture of Control*. Chicago: University of Chicago Press.

GCIM (Global Commission on International Migration) (2005) *Migration in an Interconnected World*. New York: GCIM.

Gehring, Jacqueline S. (2009) "Hidden connections: citizenship and anti-discrimination policy in Europe," in Ricard Zapata-Barrero, ed., *Citizenship Policies in the Age of Diversity*. Barcelona: CIDOB Foundation.

Gilbert, Neil (2002) *Transformation of the Welfare State*. New York: Oxford University Press.

Gilens, Martin (1999) *Why Americans Hate Welfare*. Chicago: University of Chicago Press.

Giubboni, Stefano (2007) "Free movement of persons and European solidarity," *European Law Journal*, 13(3), 360-379.

Glick-Schiller, Nancy (1999) "Transmigrants and nation-states," in E. Hirschman, P. Kasinitz, and J. de Wind, eds, *Handbook of International Migration*. New York: Russell Sage Foundation.

Goldsmith, Peter (2008) *Citizenship: Our Common Bond*. London: HMSO.

Goldstone, James A. (2006) "Holes in the rights framework: racial discrimination, citizenship, and the rights of noncitizens," *Ethics and International Affairs*, 20 (3), 321-347.

Goodhart, David (2004) "Too diverse?" *Prospect*, 22 January.

Goodhart, David (2006) *Progressive Nationalism: Citizenship and the Left*. London: Demos.

Gordon, Susan M. (2007) "Integration immigrants: morality and loyalty in US natural-

ization practice," *Citizenship Studies*, 11(4), 367-382.

Gosewinkel, Dieter (2001) "Citizenship, historical development of," in Neil J. Smelser and Paul Baltes, eds, *International Encyclopedia of the Social & Bahavioral Sciences*. New York: Pergamon, 1852-1857.

Graham, Hugh Davis (1990) *The Civil Rights Era*. New York: Oxford University Press.

Graham, Hugh Davis (2002) *Collision Course: The Strange Convergence of Affirmative Action and Immigration Policy in America*. New York: Oxford University Press.

Gray, John (2000) *Two Faces of Liberalism*. Cambridge: Polity (松野弘監訳『自由主義の二つの顔――価値多元主義と共生の政治哲学』ミネルヴァ書房, 2006年).

Groenendijk, Kees, and Paul Minderhoud (2001) "The Netherlands," in Ulrike Davy, ed., *Die Integration von Einwanderern*. Frankfurt am Main: Campus.

Guiraudon, Virginie (2004) "Construire une politique européenne de lutte contre les discriminations," *Sociétés contemporaines*, 53, 11-32.

Gutmann, Amy (2003) *Identity in Democracy*. Princeton, NJ: Princeton University Press.

Habermas, Jürgen (1987) "Geschichtsbewusstsein und posttraditionale Identität," in Jürgen Habermas, *Eine Art Schadensabwicklung*. Frankfurt am Main: Suhrkamp.

Habermas, Jürgen (1992) *Faktizität und Geltung*. Frankfurt am Main: Suhrkamp; Eng. trans. as *Between Facts and Norms*, trans. William Rehg, Cambridge: Polity, 1996 (河上倫逸・耳野健二訳『事実性と妥当性――法と民主的法治国家の討議理論にかんする研究　上・下』未来社, 2002-03年).

Hailbronner, Kay (1989) "Citizenship and nationhood in Germany," in Rogers Brubaker, ed., *Immigration and the Politics of Citizenship in Europe and North America*. Lanham, MD: University Press of America.

Hailbronner, Kay (2005) "Union citizenship and access to social benefits," *Common Market Law Review*, 42, 1245-1267.

Hailbronner, Kay (2006) "Germany," in Rainer Bauböck et al., eds, *Acquisition and Loss of Nationality*. Amsterdam: Amsterdam University Press, Vol. 2.

Hailbronner, Kay, and Renner, Günter (2001) *Staatsangehörigkeitsrecht*. Munich: C. H. Beck.

Hampshire, James (2008a) "Disembedding liberalism? Immigration politics and security in Britain since 9/11," in Terri E. Givens, Gary P. Freeman, and David L. Leal, eds, *Immigration Policy and Security*. New York: Routledge.

Hampshire, James (2008b) "Liberalism and admission to citizenship." Typescript (on file with author) [to be published by *Journal of Ethnic and Migration Studies*].

Handler, Joel (2004) *Social Citizenship and Workfare in the United States and Western Europe.* New York: Cambridge University Press.

Hansen, Randall (2009) "The poverty of postnationalism: citizenship, immigration, and the new Europe," *Theory and Society*, 38(1), 1-24.

Hansen, Randall, and Patrick Weil, eds (2001) *Towards a European Nationality*. London: Palgrave Macmillan.

Hansen, Randall, and Patrick Weil (2002) "Dual citizenship in a changed world," in Randall Hansen and Patrick Weil, eds, *Dual Nationality, Social Rights and Federal Citizenship in the US and Europe*. Oxford: Berghahn Books.

Hayek, Friedrich (1960) *The Constitution of Liberty*. Chicago: University of Chicago Press (気賀健三・古賀勝次郎訳「自由の条件　I－III」『ハイエク全集第 I 期　5-7』春秋社, 2007 年).

Hero, Rodney E., and Robert R. Preuhs (2006) "Multiculturalism and welfare policies in the USA: a state-level comparative analysis," in Keith Banting and Will Kymlicka, eds, *Multiculturalism and the Welfare State*. New York: Oxford University Press.

Hobbes, Thomas ([1651] 1998) *Leviathan*, ed. J. C. A. Gaskin. Oxford: Oxford University Press (水田洋訳『リヴァイアサン　1-4』岩波書店, 1, 2 は改訳 1992 年, 3 は 1982 年, 4 は 1985 年).

Hochschild, Jennifer L., and John H. Mollenkopf, eds (2009) *Bringing Outsiders In: Transatlantic Perspectives on Immigrant Political Incorporation*. Ithaca, NY: Cornell University Press.

Hohfeld, Wesley Newcomb (1919) *Fundamental Legal Conceptions*. Westport, CT: Greenwood Press.

Holmes, Stephen (1993) *The Anatomy of Antiliberalism*. Cambridge, MA: Harvard University Press.

Holston, James (2007) *Insurgent Citizenship: Disjunctions of Democracy and Modernity in Brazil*. Princeton, NJ: Princeton University Press.

Home Office (UK) (2002) *Secure Borders, Safe Haven*. London: HMSO.

Home Office (UK) (2004) *Counter-Terrorism Powers*. London: HMSO.

Home Office (UK) (2005a) *Controlling our Borders: Making Migration Work for Britain*. London: HMSO.

Home Office (UK) (2005b) *Improving Opportunity, Strengthening Society: The Government's Strategy to Increase Race Equality and Community Cohesion*. London: HMSO.

Home Office (UK) (2008a) *The Path to Citizenship: Next Steps in Reforming the Immigration System* (February). London: HMSO.

Home Office (UK) (2008b) *The Path to Citizenship: Government Response to Consultation* (July). London: HMSO.

Home Office (UK) (2009) *Earning the Right to Stay: A New Points Test for Citizenship* (July). London: HMSO.

Howard, Marc Morjé (2005) "Variation in dual citizenship policies in the countries of the EU," *International Migration Review*, 39(3), 697-720.

Howard, Marc Morjé (2006) "Comparative citizenship: an agenda for crossnational research," *Perspectives on Politics*, 4(3), 443-455.

Howard, Marc Morjé (2009) *The Politics of Citizenship in Europe*. New York: Cambridge University Press.

ILA (International Law Association) (2000) *Final Report on Women's Equality and Nationality in International Law*. London: ILA.

Isin, Engin F., and Bryan S. Turner, eds (2002) *Handbook of Citizenship Studies*. London: Sage.

Jacobson, David (1996) *Rights across Borders*. Baltimore: Johns Hopkins University Press.

Janoski, Thomas (2006) "Making strangers into citizens: regimes, barriers and the politics of naturalization." Typescript (on file with author).

Janowitz, Morris (1978) *The Last Half-Century: Societal Change and Politics in America*. Chicago: University of Chicago Press.

Janowitz, Morris (1980) "Observations on the sociology of citizenship: obligations and rights," *Social Forces*, 59(1), 1-24.

Joppke, Christian (1995a) *East German Dissidents and the Revolution of 1989: Social Movement in a Leninist Regime*. New York: New York University Press.

Joppke, Christian (1995b) "Toward a new sociology of the state: on Rogers Brubaker's *Citizenship and Nationhood in France and Germany*," *Archives européennes de sociologie*, 36(1), 168-178.

Joppke, Christian (1998) "Immigration challenges the nation-state," in Christian Joppke, ed., *Challenge to the Nation-State: Immigration in Western Europe and the United States*. Oxford: Oxford University Press.

Joppke, Christian (1999) *Immigration and the Nation-State: the United States, Germany, and Great Britain*. Oxford: Oxford University Press.

Joppke, Christian (2000) "Mobilization of culture and the reform of citizenship law: Germany and the United States," in Ruud Koopmans and Paul Statham, eds, *Challenging the Politics of Ethnic Relations in Europe*. Oxford: Oxford University Press.

Joppke, Christian (2001a) "Multicultural citizenship: a critique," *Archives européennes de sociologie*, 42(2), 431-447.

Joppke, Christian (2001b) "The legal-domestic sources of immigrant rights," *Comparative Political Studies*, 34(4), 339-366.

Joppke, Christian (2001c) "The evolution of alien rights in the United States, Germany, and the European Union," in Alexander Aleinikoff and Douglas Klusmeyer, eds, *Citizenship Today*. Washington, DC: Carnegie Endowment for International Peace.

Joppke, Christian (2003) "Citizenship between de- and re-ethnicization," *Archives européennes de sociologie*, 44(3), 429-458.

Joppke, Christian (2004) "The retreat of multiculturalism in the liberal state: theory and policy," *British Journal of Sociology*, 55(2), 237-257.

Joppke, Christian (2005) *Selecting by Origin: Ethnic Migration in the Liberal State*. Cambridge, MA: Harvard University Press.

Joppke, Christian (2007a) "Beyond national models: civic immigration policies for immigrants in Western Europe," *West European Politics*, 30(1), 1-22.

Joppke, Christian (2007b) "Transformation of immigrant integration: civic integration and antidiscrimination in the Netherlands, France, and Germany," *World Politics*, 59(2), 243-273.

Joppke, Christian (2007c) "State neutrality and Islamic headscarf laws in France and Germany," *Theory and Society*, 36(4), 313-342.

Joppke, Christian (2008a) "Comparative citizenship: a restrictive turn in Europe?" *Journal of Law and Ethics of Human Rights*, 2, 128-168.

Joppke, Christian (2008b) "Immigration and the identity of Citizenship," *Citizenship Studies*, 12(6), 533-546.

Joppke, Christian (2009a) *Veil: Mirror of Identity*. Cambridge: Polity.

Joppke, Christian (2009b) "Successes and failures of Muslim integration in France and Germany," in Jennifer L. Hochschild and John H. Mollenkopf, eds, *Bringing Outsiders In*. Ithaca, NY: Cornell University Press.

Katyal, Neal (2007) "Equality in the war on terror," *Stanford Law Review*, 59(5), 1365-1394.

Kaufmann, Eric (2004) *The Rise and Fall of Anglo-America*. Cambridge, MA: Harvard University Press.

King, Desmond (1999) *In the Name of Liberalism*. Oxford: Oxford University Press.

Kiwan, Dina (2008) "A journey to citizenship in the United Kingdom," *International Journal of Multicultural Societies*, 10(1), 60-75.

Koopmans, Ruud, Paul Statham, Marco Giugni, and Florence Passy (2005) *Contested Citizenship*. Minneapolis: University of Minnesota Press.

Kopper, Akos (2008) "Cosmopolitan sovereignty and the proliferation and stratification of citizenship." Doctoral dissertation, Jacobs University, Bremen.

Korteweg, Anna C. (2006) "The murder of Theo van Gogh," in Y. Michal Bodemann and Gökçe Yurdakul, eds, *Migration, Citizenship, Ethnos*. New York: Palgrave

Macmillan.
Koslowski, Rey (2000) *Migrants and Citizens*. Ithaca, NY: Cornell University Press.
Kukathas, Chandran (2003) *The Liberal Archipelago*. Oxford: Oxford University Press.
Kymlicka, Will (1995) *Multicultural Citizenship*. Oxford: Clarendon Press (角田猛之・石山文彦・山崎康仕監訳『多文化時代の市民権——マイノリティの権利と自由主義』晃洋書房, 1998年).
Kymlicka, Will (2005) "Testing the bounds of liberal multiculturalism?" Typescript (on file with author).
Kymlicka, Will (2007) *Multicultural Odysseys*. New York: Oxford University Press.
Kymlicka, Will, and Keith Banting (2006) "Immigration, multiculturalism, and the welfare state," *Ethics and International Affairs*, 20(3), 281-304.
Laborde, Cécile (2002) "From constitutional to civic patriotism," *British Journal of Political Science*, 32, 591-612.
Lacroix, J. (2002) "For a European constitutional patriotism," *Political Studies*, 50(5), 944-958.
Ladeur, Karl-Heinz (2002) "The German proposal of an 'anti-discrimination' law: anti-constitutional and anti-common sense," *German Law Journal*, 3(5), 1-3.
Letki, Natalia (2008) "Does diversity erode social cohesion?" *Political Studies*, 36, 99-126.
Levitas, Ruth (2005) *The Inclusive Society? Social Exclusion and New Labour*. 2nd edn, London: Palgrave Macmillan.
Liedhegener, Antonius (2008) "Religionsfreiheit und die neue Religionspolitik," *Zeitschrift für Politik*, 55(1), 84-107.
Luhmann, Niklas (1982a) *The Differentiation of Society*. New York: Columbia University Press.
Luhmann, Niklas (1982b) *Liebe als Passion*. Frankfurt am Main: Suhrkamp; Eng. trans. as *Love as Passion*, trans. Jeremy Gaines and Doris L. Jones, Cambridge: Polity, 1986 (佐藤勉・村中知子訳『情熱としての愛——親密さのコード化』木鐸社, 2005年).
Luhmann, Niklas (1986) *Ökologische Kommunikation*. Opladen: Westdeutscher Verlag; Eng. trans. as *Ecological Communication*, trans. John Bednarz, Jr., Cambridge: Polity, 1989 (庄司信訳『エコロジーのコミュニケーション——現代社会はエコロジーの危機に対応できるか?』新泉社, 2007年).
Lukes, Steven (1973) *Individualism*. Oxford: Blackwell (間宏監訳『個人主義』御茶の水書房, 1981年).
MacIntyre, Alasdair (1995) "Is patriotism a virtue?" in Ronald Beiner, ed., *Theorizing Citizenship*. Albany: State University of New York Press, 209-228.

Mann, Michael (1970) "The social cohesion of liberal democracy," *American Sociological Review*, 35(3), 423-439.

Marshall, T. H. ([1950] 1992) *Citizenship and Social Class*. Concord, MA: Pluto Press (岩崎信彦・中村健吾訳『シティズンシップと社会的階級――近現代を総括するマニフェスト』法律文化社, 1993年).

Martin, David (2005) "Dual nationality," in Matthew J. Gibney and Randall Hansen, eds, *Immigration and Asylum: From 1900 to the Present*, Vol. 1. Santa Barbara: ABC CLIO.

Martin, Susan (2002) "The attack on social rights: US citizenship devalued," in Randall Hansen and Patrick Weil, eds, *Dual Nationality, Social Rights and Federal Citizenship in the US and Europe*. Oxford: Berghahn Books.

Marx, Karl ([1843] 1978) "On the Jewish question," in Robert C. Tucker, ed., *The Marx-Engels Reader*. New York: Norton (城塚登訳『ユダヤ人問題によせて ヘーゲル法哲学批判序説』岩波書店, 1974年).

Mead, George Herbert (1934) *Mind, Self, and Society*. Chicago: University of Chicago Press (河村望訳『精神・自我・社会』人間の科学社, 1995年).

Meyer, John, and Brian Rowan (1978) "Institutionalized organizations: formal structures as myth and ceremony," *American Journal of Sociology*, 83(2), 340-363.

Meyer, John, John Boli, George M. Thomas, and Francisco O. Ramirez (1997) "World society and the nation-state," *American Journal of Sociology*, 103(1), 144-181.

Michalowski, Ines (2007) "Bringschuld des Zuwanderers oder Staatsaufgabe? Integrationspolitik in Frankreich, Deutschland und den Niederlanden." Doctoral dissertation, University of Münster and Institut d'etudes politiques, Paris.

Miller, David (2003) "Social justice in multicultural societies," in Philippe van Parijs, ed., *Cultural Diversity vs Economic Solidarity*. Brussels: de Broek.

Miller, David (2004) "Immigrants, nations, and citizenship." Paper presented at the conference on Migrants, Nations, and Citizenship, New Hall, Cambridge, 5-6 July.

Miller-Idriss, Cynthia (2006) "Everyday understandings of citizenship in Germany," *Citizenship Studies*, 10(5), 541-570.

Miller-Idriss, Cynthia (2009) *Blood and Culture*. Durham, NC: Duke University Press.

Morris, Lydia (2002) *Managing Migration: Civic Stratification and Migrants' Rights*. London: Routledge.

Mouritsen, Per (2006) "The particular universalism of a Nordic civic nation," in T. Modood, A. Triandafyllidou, and R. Zapata-Barrero, eds, *Multiculturalism, Muslims and Citizenship*. London: Routledge.

Moyse, Françoise, and Pierre Brasseur (2006) "Luxembourg," in Rainer Bauböck et al., eds, *Acquisition and Loss of Nationality*. Amsterdam: Amsterdam University Press, Vol. 2.

Müller, Jan-Werner (2006) "On the origins of constitutional patriotism," *Contemporary Political Theory*, 5, 278-296.

Murguia, Janet, and Cecilia Muños (2005) "From immigrant to citizen," *American Prospect Online*, 11 October, http://www.prospect.org.

Myles, John, and Sébastian St-Arnaud (2006) "Population diversity, multiculturalism, and the welfare state: should welfare state theory be revised?" in Keith Banting and Will Kymlicka, eds, *Multiculturalism and the Welfare State*. New York: Oxford University Press.

Neuman, Gerald L. (1998) "The effects of immigration on US nationality law." Typescript (on file with author).

Noiriel, Gérard (1996) *The French Melting Pot*. Minneapolis: University of Minnesota Press.

Norman, Wayne (1995) "The ideology of shared values," in Joseph Carens, ed., *Is Quebec Nationalism Just?* Montreal: McGill-Queen's University Press.

OECD (2007) *International Migration Outlook: Annual Report*. Paris: OECD.

O'Leary, Siofra (1993) "The evolving concept of community citizenship" Doctoral dissertation, Department of Law, European University Institute, Florence.

Ong, Aihwa (1999) *Flexible Citizenship: The Cultural Logics of Transnationality*. Durham, NC: Duke University Press.

Orentlicher, Diane (1998) "Citizenship and national identity," in David Wippmann, ed., *International Law and Ethnic Conflict*. Ithaca, NY: Cornell University Press.

Orgad, Liav (2010) "Illiberal liberalism: cultural restrictions on migration and access to citizenship in Europe," *American Journal of Comparative Law* (forthcoming; all citations are from the typescript, in author's possession).

Parekh, B. (1994) "Superior people," *Times Literary Supplement*, 25 February, 11-13.

Parsons, Talcott (1971) *The System of Modern Societies*. Englewood Cliffs, NJ: Prentice Hall (井門富二夫訳『近代社会の体系』至誠堂, 1977年).

Passell, Jeffrey S. (2007) *Growing Share of Immigrants Choosing Naturalization*. Washington, DC: Pew Hispanic Center, 28 March; http://pewhispanic.org/reports/report.php?ReportID=74.

Pathak, Pathik (2007) "The trouble with David Goodhart's Britain," *Political Quarterly*, 78(2), 261-271.

Paye, Jean-Claude (2005) "The end of habeas corpus in Great Britain," *Monthly Review*, 57(6), 34ff.

Pocock, J. G. A. (1995) "The idea of citizenship since classical times," in Ronald S. Beiner, ed., *Theorizing Citizenship*. Albany: State University of New York Press, 29-52.

Poggi, Gianfranco (1978) *The Origins of the Modern State*. Stanford, CA: Stanford University Press.

Popitz, Heinrich (1992) *Phänomene der Macht*. 2nd edn, Mohr: Tübingen.

Preuss, Ulrich K. (1995) "Problems of a concept of European citizenship," *European Law Journal*, 1(3), 267-281.

Putnam, Robert D. (2007) "E pluribus unum: diversity and community in the twenty-first century," *Scandinavian Political Studies*, 30(2), 137-174.

Rawls, John (1971) *A Theory of Justice*. Cambridge, MA: Harvard University Press (矢島鈞次監訳『正義論』紀伊國屋書店，1979 年，川本隆史・福間聡・神島裕子訳『正義論　改訂版』紀伊國屋書店，2010 年).

Rawls, John (1985) "Justice as fairness: political not metaphysical," *Philosophy and Public Affairs*, 14(3), 223-251.

Rawls, John (1987) "The idea of an overlapping consensus," *Oxford Journal of Legal Studies*, 7(1), 1-23.

Rawls, John (1993) *Political Liberalism*. New York: Columbia University Press.

Rawls, John (1997) "The idea of public reason revisited," *University of Chicago Law Review*, 64(3), 765-807 (中山竜一訳「公共的理性の観念・再考」『万民の法』岩波書店，2006 年).

Rawls, John (1999) *The Law of Peoples*. Cambridge, MA: Harvard University Press (中山竜一訳『万民の法』岩波書店，2006 年).

Rosanvallon, Pierre (2000) *The New Social Question*. Princeton, NJ: Princeton University Press (北垣徹訳『連帯の新たなる哲学──福祉国家再考』勁草書房，2006 年).

Rubio-Marin, Ruth (2000) *Immigration as a Democratic Challenge*. Cambridge: Cambridge University Press.

Rubio-Marin, Ruth (2006) "Spain," in Rainer Bauböck et al., eds, *Acquisition and Loss of Nationality*. Amsterdam: Amsterdam University Press, Vol. 2.

Sabbagh, Daniel (2007) *Equality and Transparency: A Strategic Perspective on Affirmative Action in American Law*. London: Palgrave Macmillan.

Sacks, Jonathan (2007) *The Home We Build Together*. London: Continuum.

Sadiq, Kamal (2005) "When states prefer non-citizens over citizens," *International Studies Quarterly*, 49, 101-122.

Sadiq, Kamal (2009) *Paper Citizens*. New York: Oxford University Press. Sandel, Michael (1994) "Review of political liberalism," *Harvard Law Review*, 107, 1765-1794.

Sapiro, Virginia (1984) "Women, citizenship, and nationality: immigration and naturali-

zation policies in the United States," *Politics and Society*, 13(1), 1-26.

Saunders, Peter (2005) "Review of *Fighting Poverty in the US and Europe* by A. Alesina and E. Glaeser," *Policy*, 21(3), 60-62.

Scharpf, Fritz (1999) *Governing in Europe*. Oxford: Oxford University Press.

Scheffler, Samuel (2007) "Immigration and the significance of culture," *Philosophy and Public Affairs*, 35(2), 93-125.

Schmitt, Carl ([1932] 1963) *Der Begriff des Politischen*. Berlin: Duncker & Humblot; Eng. trans. as *The Concept of the Political*, trans. George Schwab, Chicago: University of Chicago Press, 1996 (田中浩・原田武雄訳『政治的なものの概念』未来社, 1970 年).

Schmitt, Carl ([1922] 1985) *Political Theology*. Chicago: University of Chicago Press (田中浩・原田武雄訳『政治神学』未来社, 1971 年).

Schnapper, Dominique (2006) *Providential Democracy*. New Brunswick, NJ: Transaction Books.

Schuck, Peter H. (1989) "Membership in the liberal polity: the devaluation of American citizenship," in Rogers Brubaker, ed., *Immigration and the Politics of Citizenship in Europe and North America*. Lanham, MD: University Press of America.

Schuck, Peter H., and Rogers M. Smith (1985) *Citizenship without Consent*. New Haven, CT: Yale University Press.

Scott, James C. (1998) *Seeing Like a State*. New Haven, CT: Yale University Press.

Shachar, Ayelet (2003) "Children of a lesser state," in Stephen Macedo and Iris Marion Young, eds, *Child, Family, and State*. New York: New York University Press, 345-397.

Shachar, Ayelet (2006) "The race for talent," *New York University Law Review*, 81, 148-206.

Shachar, Ayelet (2009) *The Birthright Lottery: Citizenship and Global Inequality*. Cambridge, MA: Harvard University Press.

Shachar, Ayelet, and Ran Hirschl (2007) "Citizenship as inherited property," *Political Theory*, 35(3), 253-287.

Simmel, Georg ([1908] 1971) "Group expansion and the development of individuality," in Donald Levine, ed., *Georg Simmel: On Individuality and Social Forms*. Chicago: University of Chicago Press (居安正訳「集団の拡大と個性の発達」『社会学　下』白水社, 1994 年).

Skrentny, John (1996) *The Ironies of Affirmative Action*. Chicago: University of Chicago Press.

Skrentny, John (2002) *The Minority Rights Revolution*. Cambridge, MA: Harvard University Press.

Smith, Rogers (2001) "Citizenship: political," in Neil J. Smelser and Paul Baltes, eds, *International Encylopedia of the Social & Behavioral Sciences*. New York: Pergamon, 1857-1860.

Smith, Rogers (2003) *Stories of Peoplehood*. New York: Cambridge University Press.

Smooha, Sammy (2008) "Response to Joppke," *Law and Ethics of Human Rights*, 2(1), article 7; http://www.bepress.com/lehr/.

Sniderman, Paul, and Louk Hagendoorn (2007) *When Ways of Life Collide*. Princeton, NJ: Princeton University Press.

Somers, Margaret (2009) *Genealogies of Citizenship*. New York: Cambridge University Press.

Soysal, Yasemin (1994) *Limits of Citizenship: Migrants and Postnational Membership in Europe*. Chicago: University of Chicago Press.

Soysal, Yasemin (1996) "Changing parameters of citizenship and claims-making: organized Islam in European public spheres," *Theory and Society*, 26(4), 509-527.

Spiro, Peter J. (2008) *Beyond Citizenship: American Identity after Globalization*. Princeton, NJ: Princeton University Press.

Starr, Paul (1992) "Social categories and claims in the liberal state," in Mary Douglas and David Hull, eds, *How Classification Works*. Edinburgh: Edinburgh University Press.

Stone, John (2006) "The unmentionable problem of Australian citizenship," *National Observer* [Melbourne], 70, 12-24.

Straubhaar, Thomas (2003) "Wird die Staatsangehörigkeit zu einer Klubmitgliedschaft?" in Dietrich Thränhardt and Uwe Hunger, eds, "Migration im Spannungsfeld von Globalisierung und National-Staat," *Leviathan* [special edn] 22, 76-89.

Straw, Jack (2007) "The way we are," *World Today* [Chatham House], May, 14-16.

Streeck, Wolfgang (1997) *Citizenship under Regime Competition*. Oslo: ARENA working papers, no. 6.

Sunstein, Cass R. (1995) "Rights and their critics," *Notre Dame Law Review*, 70, 727-768.

Tajfel, Henry (1970) "Experiments in intergroup discrimination," *Scientific American*, 223(5), 96-102.

Taylor, Charles (1989) *Sources of the Self: The Making of Modern Identity*. Cambridge, MA: Harvard University Press(下川潔・桜井徹・田中智彦訳『自我の源泉——近代的アイデンティティの形成』名古屋大学出版会, 2010年).

Taylor, Charles (1992) *Multiculturalism and "The Politics of Recognition"*. Princeton, NJ: Princeton University Press.

Taylor-Gooby, Peter (2005) "Is the future American?" *Journal of Social Policy*, 34

(4), 661-672.

Tebble, Adam J. (2006) "Exclusion for democracy," *Political Theory*, 34(4), 463-487.

Teles, Steven M. (1998) "Why is there no affirmative action in Britain?" *American Behavioral Scientist*, 41(7), 1004-1026.

Tilly, Charles (1985) "War making and state making as organized crime," in Peter Evans, Dietrich Rueschemeyer, and Theda Skocpol, eds, *Bringing the State Back In*. New York: Cambridge University Press.

Torpey, John (2005) *Making Whole What Has Been Smashed: On Reparations Politics*. Cambridge, MA: Harvard University Press.

Triadafilopoulos, Phil (2008) "Illiberal means to liberal ends? Immigrant integration policies in Europe." Typescript (on file with author) [to be published by *Journal of Ethnic and Migration Studies*].

Van der Mei, Anne Pieter (2002) "Regulation 1408/71 and co-ordination of special non-contributory benefit schemes," *European Law Review*, 27 (October), 551-566.

Van Oers, Ricky, Betty de Hart, and Kees Groenendijk (2006) "Netherlands," in Rainer Bauböck et al., eds, *Acquisition and Loss of Nationality*. Amsterdam: Amsterdam University Press, Vol. 2.

Van Parijs, Philippe (2003) "Cultural diversity against economic solidarity," in P. van Parijs, ed., *Cultural Diversity versus Economic Solidarity*. Brussels: de Boeck.

Veil, Simone (2008) *Comité de réflexion sur le preambule de la constitution: rapport au président de la république*. Paris.

Verschueren, Herwig (2007) "European (internal) migration law as an instrument for defining the boundaries of national solidarity systems," *European Journal of Migration and Law*, 9, 307-346.

Vertovec, Steven (2007) "Super-diversity and its implications," *Ethnic and Racial Studies*, 30(6), 1024-1054.

Vink, Maarten P., and Gerard-René de Groot (2008) "Citizenship attribution in Western Europe: international framework and domestic trends." Typescript (on file with author) [to be published by *Journal of Ethnic and Migration Studies*].

Waldron, Jeremy (1992) "Minority cultures and the cosmopolitan alternative," *University of Michigan Journal of Law Reform*, 25(3-4), 751-792.

Walzer, Michael (1970) "The problem of citizenship," in Michael Walzer, *Obligations: Essays on Disobedience, War, and Citizenship*. New York: Simon & Schuster (山口晃訳「市民性の問題」『義務に関する11の試論——不服従，戦争，市民性』而立書房，1993年).

Walzer, Michael (1983) *Spheres of Justice*. New York: Basic Books (山口晃訳『正

義の領分——多元性と平等の擁護』而立書房，1999 年）.

Walzer, Michael (1997) *On Toleration*. New Haven, CT: Yale University Press（大川正彦訳『寛容について』みすず書房，2003 年）.

Waters, Mary (1990) *Ethnic Options*. Berkeley: University of California Press.

Waters, Mary, and Zoua M. Vang (2007) "The challenges of immigration to race-based diversity policies in the United States," in Keith Banting, Thomas J. Courchene, and F. Leslie Seidle, eds, *Belonging? Diversity, Recognition and Shared Citizenship in Canada*, Vol. 3. Montreal: Institute for Research on Public Policy.

Weber, Eugene (1977) *Peasants into Frenchmen*. Palo Alto, CA: Stanford University Press.

Weber, Max ([1919] 1965) *Politik als Beruf*. Tübingen: Mohr; Eng. trans. as *Politics as a Vocation*, trans. H. H. Gerth and C. Wright Mills, Philadelphia: Fortress Press, 1965（脇圭平訳『職業としての政治』岩波書店，1980 年）.

Weber, Max ([1921] 1976) *Wirtschaft und Gesellschaft*. Tübingen: Mohr; Eng. trans. as *Economy and Society*, trans. Keith Tribe, London: Routledge, 2008.

Weil, Patrick (2001) "Access to citizenship," in Alex Aleinikoff and Douglas Klusmeyer, eds, *Citizenship Today*. Washington, DC: Carnegie Endowment for International Peace.

Weil, Patrick (2002) *Qu'est-ce qu'un Français?* Paris: Grasset.

Weiler, Joseph (1996) *The Selling of Europe*. New York University School of Law, Jean Monnet Center, Working Paper no. 96 [non-paginated]; http://www.jeanmonnetprogram.org/papers/96/9603.

Weiler, Joseph (1999) *The Constitution of Europe*. Cambridge: Cambridge University Press.

Weinstock, Daniel M. (2008) "The theory and practice of citizenship in the 21st century: a few international trends," *Canadian Diversity*, 6(4), 3-6.

Wind, Marlene (2009) "Post-national citizenship in Europe: the EU as a 'welfare rights generator'?" *Columbia Journal of European Law*, 15(2).

Wirth, Louis (1945) "The problem of minority groups," in Ralph Linton, ed., *The Science of Man in the World Crisis*. New York: Columbia University Press（中野正訳「少数民グループの問題」池島重信監訳『世界危機に於ける人間科学 下』新泉社，1975 年）.

Wolfrum, Rüdiger, and Volker Röben (2006) "Gutachten zur Vereinbarkeit des Gesprächsleitfaden für die Einbürgerungsbehörden des Landes Baden-Württemberg mit Völkerrecht." Typescript (on file with author).

Wonjung Park, Julian (2008) "A more meaningful citizenship test? Unmasking the construction of a universalist, principle-based citizenship ideology," *California Law Review*, 96, 999-1047.

Young, Iris Marion (1990) *Justice and the Politics of Difference*. Princeton, NJ:

Princeton University Press.
Zolberg, Ari, and Long Litt Woon (1999) "Why Islam is like Spanish," *Politics and Society*, 27(1), 5-38.